Development and practice of
Social Welfare measurement

사회복지 측정도구의
개발과 실제

| 지은구 · 김민주 공저 |

학지사

머리말

　사회복지영역에서 측정도구에 대한 연구는 미래 한국 사회복지 발전에 대한 물질적 기초를 다지는 중요한 분야라는 점에서 많은 연구가 지속적으로 이루어져야 하는 매우 중요한 영역이다. 측정도구라는 것은 변화와 개선을 목적으로 하는 측정을 할 수 있도록 만들어진 모든 수단을 의미하며 우리는 이 수단을 이용하여 우리가 현재 어디에 위치하고 있으며 어디로 어떻게 나아가야 하는지를 정확하게 진단받을 수 있다. 측정하지 않으면 우리의 현실을 있는 그대로 정확하게 파악하는 것이 불가능하므로 측정은 곧 변화 및 발전을 위한 증거이고 기반이다.

　불행히도 사회복지영역에서 측정도구 및 측정에 대한 연구는 그동안 그리 활발하게 이루어지지 않았다. 한마디로 아직 정복하지 못한 미지의 영역이라고 할 수 있다. 2000년대 들어와서 측정에 대한 중요성이 날로 중요해지면서 모든 사회복지관련 사업이나 프로그램은 측정을 위한 기본적인 틀을 갖추도록 요구되고 있으며 심리학이나 교육학 등 측정도구가 발달된 영역으로부터 사회복지영역으로 다양한 측정도구의 도입 및 적용이 빠르게 이루어지고 있다. 측정은 사회복지의 거시영역이나 미시영역 모두에 적용되어야 하는 것으로 증거기반 사회복지실천을 위한 굳건한 토대로서 작동한다. 사회의 질이나 국민들의 삶의 질이 개선 또는 향상되는 것이 모든 사회복지 관련 사업이나 프로그램들이 갖는 공동의 목적일 것이며 이러한 목적은 반드시 성취되어야 하고 입증되어야 한다. 사회복지가 추구하는 사회적 가치 및 사회정의가 실현되기 위해서 모든 사회복지관련 집합적 또는 집단적 행동들은 가치 지향적이고 목적 지향적으로 움직여야 하며 이러한 우리의 움직임은 특정한 지침이나 방향을 가지고 있어야 하는데, 이러한 방향이나 지침을 우리에게 제시하도록 도와주는 것이 바로 측정도구라고 할 수 있다.

본 연구는 본격적으로 사회복지영역에서의 측정도구를 다루고 있다. 제1장에서는 측정도구의 필요성을 지적하고, 측정도구에 대한 소개와 측정도구의 특성을 살펴보았다. 제2장에서는 측정도구 개발의 논리 및 척도와 지수개발의 차이점을 서술하였고, 제3장과 제4장에서는 지수개발과 지수개발단계에 대한 구체적인 내용과 실례를 서술하였다. 제5장과 제6장에서는 척도개발 및 척도개발의 단계에 대한 내용 및 실례를 살펴보았으며, 제7장에서는 좋은 측정도구의 기준을 살펴보았다. 그리고 제8장과 제9장에서는 측정도구의 하나인 사회지표에 대한 자세한 내용과 우리나라의 사회복지관련 사회지표를 소개하였다. 특히 사회복지 영역에서 활용 가능한 사회지표들을 모은 사회복지자료집이 학지사 홈페이지 자료실(www.hakjisa.co.kr)에 게시되어 있으니 관심있는 독자들은 적극 활용하길 바란다. 여러모로 부족한 본 연구가 측정도구를 공부하는 학생들이나 관련 연구를 위해 노력하는 연구자 및 실무자들에게 조그마한 도움이 되길 기대해 본다.

2015년
지은구

차 례

제6장 척도개발의 단계 / 185

제7장 좋은 측정도구의 기준 / 229

제4절 좋은 측정도구가 가지고 있어야 하는 특성 / 245

제8장 사회복지지표 / 249

제1절 개관 / 251

제2절 사회지표의 개념 및 특성 / 253

제3절 사회지표의 유형 / 259

제4절 사회지표의 속성 / 263

제5절 사회지표의 장점과 단점 / 266

제6절 사회지표의 예 / 270

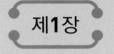

제1장

측정도구

제1절 ┆ 사회복지영역에서의 측정도구의 중요성

사회복지가 제공하는 재화와 서비스는 기본적으로 공공재이면서 동시에 사회재 그리고 가치재의 성격을 강하게 내포하고 있어 그것이 제공된다고 해도 제공의 효과를 즉시 측정한다는 것은 어렵다. 도덕적 가치나 윤리적 기준에 의해서, 옳고 그름의 사회적 가치기준이나 사회적 목적 달성이라는 기준에 의해서, 또는 사회통합을 목적으로 사회배제나 차별과 경쟁을 가능한 한 제한하기 위해서 제공되는 이러한 사회복지서비스의 결과에 대한 측정의 어려움, 나아가 측정도구 (measurement)의 부족은 사회복지영역에서 제공되는 각종 사회서비스의 결과에 대한 몰이해 내지는 왜곡된 정보를 생산해 내는 가장 큰 약점으로 작동하였다. 그리고 이는 과거 1970년대 보수주의자들이 복지국가 무용론을 주장하도록 하는 데 큰 무기로 작동하는 것을 허락하였다. 즉, 복지국가의 발전은 국민들의 삶의 질을 개선하고 증진시키는 긍정적인 역할을 수행하였지만, 1970년대 중반 이후 복지국가가 국가의 재정적 지출을 증가시키고 결국 국가의 재정을 파탄 낼 것이기에 복지국가는 후퇴하여야 한다는 복지국가 반대론자들의 논리는 각종 경제지표들에 의해서 지지를 받았다. 하지만 수십 년 동안 사회복지영역에 대한 지출이 사회적 개선과 사회발전을 가져다주었다는 경험적 증거인 사회복지관련 사회지표는 경제지표에 비해 상대적으로 덜 개발되어 일반시민들은 복지국가의 후퇴가 경제발전을 가져다줄 것이라는 환상을 갖도록 허락하였다.

1980년대 이후 사회복지영역에 과학적 실천과 증거기반(또는 근거기반, evidence-based) 실천의 중요성이 강조되고 국가재정에 대한 책임성이 점차적으로 강조되면서 사회복지의 제공을 책임지고 있는 국가를 포함해 비영리조직 등과 같은 서비스 제공 주체들은 그들이 제공하는 사회복지서비스의 긍정적인 측면에 대해 국민으로부터의 사회적 지지를 확보하기 위한 노력을 기울이는 것을 등한시 한 것이 얼마나 사회복지의 발전에 부정적인 영향을 미쳤는지에 대해 깊은 반성을 하였다. 그리고 이를 기반으로 국민들의 지지를 확보하고 사회복지서비스 제공의 정당성을 부여받기 위한 각종 사회복지관련 서비스 효과를 측정할 수 있는 측정도구들의 개발에 노력을 기울이게 되었다. 사회복지 재화와 서비스의 영향력이나 효과를 측정하기 위한 무기로서, 특히 증거를 수집하고 수집된 증거를 기반으로 보다 책임성 있는 정책이나 제도 및 사회프로그램을 제공 및 개발하기 위해서, 나아가서는 국민들의 삶의 질이 보다 개선되고 국민들이 갖는 각종 사회적 위험이 감소되고 예방되기 위해서 모든 사회복지관련 정책이나 제도 및 프로그램들은 국민에 미치는 영향력의 측면에서 그 효과가 측정되어야 하며 측정을 통한 결과물은 다시 보다 개선된 내용을 담보하도록 적용되어야 한다.

복지국가는 기본적으로 국민들의 건강한 삶과 생활의 안정을 유지할 수 있도록 도우며 각종 사회복지관련 제도나 프로그램을 제공함으로써 국민들의 삶의 질을 개선 내지는 발전시키기 위해 노력하여야 하는 당위성을 가지고 있다. 하지만 국민들은 복지국가가 단순히 이러한 일들을 수행할 것이라는 기대나 예측을 보다 객관적이고 정확한 자료(data)를 통해서 입증하는 것을 원하고 있는데, 이는 곧 사회복지 측정도구에 대한 연구와 개발의 필요성, 나아가 사회복지 측정도구의 중요성을 의미하는 것이다.

더 이상 사회복지서비스의 제공이나 서비스의 확대 여부는 도덕적인 기준으로 판단할 수 없으며 보다 객관적인 증거를 기반으로 하는, 다양한 자료를 통한 입증으로 그 판단이 이루어져야 한다. 사회복지서비스를 제공함으로써 이루어 지는 국민들의 삶의 변화나 삶의 질의 유지 내지 개선, 나아가 사회의 질의 향상 은 입증되어야 하며, 입증되기 위해서는 측정되어야 하고, 측정되기 위해서는 다 양한 수준의 측정도구들이 개발되고 활용되어야 한다. 측정도구의 적극적 개발 및 활용을 통해서 사회복지서비스의 제공(provision)에 따른 국민들의 삶의 질의 보 장 및 국민 개개인들의 삶이나 행동 등의 변화에 대한 정보를 국민들에게 알리고 정책이나 제도 및 프로그램의 정당성 및 책임성을 확보하는 것은 사회복지, 나아 가 사회의 발전에 있어 중요한 과제이자 국가적 책무다.

사회복지영역에서 측정(measure)은 증거기반(evidence-based) 사회복지 제공 의 발전을 위한 가장 기본적인 토대로 작동한다. 아무리 좋은 제도와 사회프로 그램이라고 할지라도 그 영향력 및 효과성이 입증되어야 하며, 입증되기 위해서 는 측정되어야 한다. 국민들은 아무런 어려움 없이 사회복지 제공에 따른 개인 의 삶 및 사회의 변화에 대한 각종 정보에 접근할 수 있어야 하며, 국가는 우선적 으로 국민들의 알 권리를 충족하기 위해서라도 반드시 정책이나 프로그램의 적 용과 그에 따른 결과에 대한 정보를 알기 쉽고 이해하기 쉬운 방식으로 공개하여 야 한다. 이를 위해 정부는 각종 사회프로그램 제공에 따른 결과를 나타내는 사 회지표를 공개해야 하고, 공개하지 못하는 결과는 공개할 수 있도록 측정도구를 개발하기 위해 노력하여야 한다.

사회복지 제공에 따른 효과성을 측정하기 위한 측정도구는 크게 거시사회복지 측정 및 미시사회복지측정 영역으로 구분될 수 있다. 거시사회복지측정영역은 빈곤, 사회 및 경제 불평등, 사회배제 및 사회통합 등 거시영역의 사회복지 제공 에 따른 정책적 효과의 정도를 측정하는 영역이며, 미시사회복지측정영역은 국 민 개개인, 가족 그리고 집단의 사회복지서비스 제공에 따른 서비스 효과의 정도 를 측정하는 영역이다. 거시사회복지측정영역의 측정도구로는 빈곤측정을 위해 활용되고 있는 소득10분위, 빈곤갭 등과 같은 각종 측정도구, 불평등을 측정하 는 측정도구로 지니계수 및 양극화를 측정하는 각종 측정도구, 사회통합을 위한 사회통합지수나 사회자본지수 그리고 보다 넓게는 삶의 질 지수나 행복지수 등과 같은 측정도구 등을 활용할 수 있다. 그리고 미시사회복지측정영역의 측정도구로는 가족기능척도, 가족관계척도, 자아존중감척도, 우울자가진단척도 등 수많은 척도나 지수 등의 측정도구들이 활용될 수 있다. 물론 빈곤율이나 실업률, 자살률 등과 같은 각종 단일사회지표 역시 사회문제의 심각성을 포함한 제반 사회현상을 이해하는 매우 중요한 측정도구로서 작동한다.

척도, 지수 그리고 지표를 포함한 사회복지 측정도구들은 모두 사회복지 제공에 따른 국민생활의 전반적 질의 개선 여부나 상태를 평가하는 매우 중요한 도구들이라고 할 수 있다. 측정하지 않으면 개선도 없으며, 측정하지 않으면 변화도 없다고 할 수 있다. 본 연구는 측정도구의 중요성을 기반으로 하여 측정도구인 척도, 지수 그리고 지표에 대한 포괄적인 내용을 다루기 위해 기획되었다. 특히 본 연구는 사회복지관련 영역에서 현재 활용 중인 다양한 측정도구의 실례를 설명하고 측정도구의 개발과정을 실례를 통해 제시한다는 점에서 의미가 있다고 할 수 있다.

제2절 ┆ 연구의 목적 및 방법

1. 연구의 목적

본 연구는 측정도구를 다룬다. 특히 사회복지영역에서 이루어지는 다양한 사회복지의 제공이 국민들의 삶을 어떻게 변화시키고 발전시키고 있는지를 나타내는 증거기반 사회복지실천의 확립을 위하여 측정도구의 개발 및 측정도구의 활용실례를 비교 분석하여 제시하는 것을 목적으로 한다. 본 연구의 목적을 달성하기 위하여 첫째, 측정도구인 척도, 지수 그리고 지표에 대한 선행연구를 통

하여 측정도구에 대한 정의 및 특성을 살펴보고 측정도구를 활용하기 위해 각각
의 차이점을 비교 분석하였으며, 둘째, 척도와 지수를 개발하기 위해 필요한 내
용을 살펴보았고, 셋째, 측정도구개발을 위한 단계들을 선행연구를 통해 고찰하
였으며, 넷째, 측정도구의 개발을 위한 단계를 실례를 중심으로 구체적으로 제시
하였고, 마지막으로 현재 우리나라에서 사용 중인 사회복지관련 사회지표의 출
처 및 내용을 제시하였다.

2. 연구의 방법 및 과정

본 연구는 측정도구개발을 위해 연구자들이나 실무자들에게 필요한 실천자료
로서의 역할을 수행하기 위하여 문헌연구 및 내용분석을 통한 질적 비교연구방
법을 사용하였다. 본 연구의 과정을 그림으로 나타내면 [그림 1-1]과 같다.

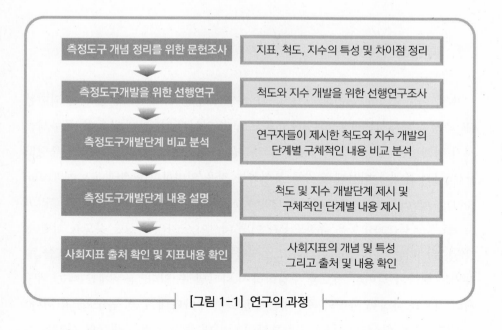

[그림 1-1] 연구의 과정

제3절 ┊ 측정도구의 개념

측정도구는 측정을 위해 필요한 수단이다. 측정을 위해서는 당연히 측정을 위한
도구로서 측정도구가 필요하다. 이 장에서는 측정도구에 대한 본격적인 소개를
중심으로 사회복지영역에서의 측정도구에 대해 다룬다. 측정도구(measurement)
에는 척도(scale), 지표(indicator), 지수(index) 등이 포함된다. 측정도구는 사회과
학 일반에서는 측정도구 또는 측정방식으로 해석되고 있고 심리학에서는 검사
도구로도 해석되고 있다. 측정도구가 지표와 지수 그리고 척도를 포함하는 개념
이므로 측정도구에 대한 개념을 이해하는 것이 중요하다. 측정도구로서 지표,
지수 그리고 척도가 혼용되는 경우가 많지만 이들 용어는 구분되는 것이 바람직
하다. 이 장에서는 측정도구와 척도 그리고 지수와 지표들의 개념을 비교 설명
한다.

1. 측정도구란?

측정도구(measurement)란 간략히 정의하면 측정을 위해 필요한 수단을 의미한
다. 측정을 위해서는 반드시 수단 또는 도구가 있어야 한다. 예를 들어, 몸무게를
재기 위해서는 체중계가 측정도구의 역할을 한다. 사전적으로 정의하면 측정도
구는 어떤 물체나 대상에 숫자를 부여하는 것을 의미한다(Pedhazur & Pedhazur,
1991). DeVellis(1991), Haynes 등(1999), Nummally와 Bernstein(1994) 그리고
Netemeyer 등(2003) 등은 측정도구가 어떤 대상이 숫자의 속성을 갖도록 심벌(상
징)을 부여하는 규정을 의미한다고 설명한다. 따라서 측정도구는 사정 또는 평
가되는 대상의 상이한 정도를 수량화하여 나타낼 수 있다. 몸무게를 재는 체중
계의 경우는 다양한 사람의 몸무게를 수량화하여 나타내 주는 측정도구가 된다.
측정도구가 대상의 속성을 수량화하여 나타내 준다는 것은 대상의 속성을 사

람들이 인식하고 이해하고 비교하기 쉽게 숫자로 나타내어 준다는 것을 의미하므로 수량화라는 것은 매우 중요한 측정도구의 성질이다. 즉, 수량화하여 나타내 주지 않으면 측정도구는 측정도구로서의 기능을 상실하게 됨을 의미한다. 모든 사회현상을 수량화하여 알기 쉽게 나타낸다는 것이 현실적으로 불가능하다는 한계가 있지만 사회현상을 이해하는 데 숫자로 나타내 주는 것만큼 알기 쉬운 방법은 현재로서는 존재하지 않는다고 할 수 있다. 그러므로 사후현실을 수량화하여 나타내 주기 위한 측정도구에 대한 연구는 끊임없이 진화하고 발전할 수밖에 없는 영역이라고 볼 수 있다. 예를 들어, 우리나라의 국민복지수준이 어느 정도인지를 알기 위해서는 국가 간 복지의 수준을 나타내 주는 복지관련 지표들을 상대적으로 비교하는 것만큼 손쉬운 방법은 없다고 할 수 있다. 따라서 한 나라의 복지수준이나 정도를 나타내 주는 빈곤율, 실업률, 영유아사망률, 자살률 등 각종 사회지표의 비교를 통하여 우리는 현재 국가의 복지수준을 이해할 수 있다.

측정도구가 없으면 어떤 대상의 속성, 나아가 사회현상을 이해하고 그 속성을 파악하는 데 어려움을 겪을 수밖에 없다. 측정도구에는 척도, 지표 그리고 지수 등이 모두 포함된다. 자기존중감척도는 자기존중감의 정도를 알기 쉽게 수량화하여 나타내어 주며, 실업률지표는 연도별 또는 분기별 실업의 정도를 수량화하여 우리에게 보여 준다. 그리고 불쾌지수는 더위에 따라서 사람들이 느끼는 불쾌감 정도를 습도를 이용하여 수량화하여 나타내 주며, 행복감지수는 나라별로 사람들이 느끼는 행복의 정도를 수량화하여 나타내 준다. 척도, 지표, 지수 등과 같은 측정도구가 없으면 우리는 특정 대상이나 현상의 속성을 제대로 이해하고 인지하는 데 어려움을 갖게 된다.

통상적으로 척도, 지수, 지표는 모두 측정도구이지만, 지표가 단일항목으로 구성되어 있는 단일측정도구라면 지수와 척도는 혼합(합성)된 항목으로 구성되어 있는 **합성측정도구**(composite measure)라는 차이점이 있다. 즉, 지표와 달리 척도와 지수는 단일항목으로 구성되어 있지 않고 여러 질문이나 항목 그리고 지표들의 합으로 구성되어 있다.

결론적으로 얘기하면, 특정 사회현상이나 어떤 대상이나 변수의 속성을 이해하고 파악하기 위해 측정도구가 필요한데 측정도구에 포함되는 것으로는 지표 이외에도 척도(scale)와 지수(index) 등이 있다. 즉, 척도와 지수 그리고 지표는 모두 어떤 대상을 수량화하여 나타내는 측정도구 중 하나다. 지표나 척도, 지수 등은 모두 양적 자료를 분석하는 데 주로 사용되는 측정도구이며 (통계적) 분석을 위해 변수(variable)가 되기도 한다.

2. 측정도구의 실천적 원칙

지수나 척도와 같은 혼합측정도구는 사회복지 제공에 따른 정책이나 프로그램의 효과성을 입증하는 근거기반(evidence-based)실천행동을 위한 기본적인 도구로서 작동한다. 프로그램의 전반적인 효과성이나 또는 프로그램으로부터 서비스나 혜택을 받는 지역사회구성원들의 삶의 질이나 개인의 삶의 변화나 행동의 변화와 같은 서비스 제공의 효과성을 평가하고 입증하기 위해서는 평가를 위한 측정도구가 필요하다. Corcoran와 Fischer(2000)는 측정도구가 사회복지 제공의 효과성을 입증하기 위해 실천적으로 활용되기 위한 기본적인 원칙들을 다음과 같이 제시하였다.

- 첫째, **만족**(utility)은 실제적으로 측정도구의 활용으로부터 얻을 수 있는 실제적인 이익이 얼마나 되는가를 나타낸다(Gottman & Leiblum, 1974). 측정도구는 실천적 적용을 통해 정책이나 프로그램 또는 서비스의 효과성과 관련된 환류(feedback)를 제공하므로 서비스가 제대로 제공되는 것을 돕는다든지 서비스를 개선하는 역할을 한다.
- 둘째, **적합성과 수용성**(suitability and acceptability)은 조사대상자들에게 측정질문이 얼마나 적합하게 만들어졌는가를 확인하는 것으로서, 측정의 대상인 지역사회구성원들이 이해하기 쉽고 그들의 지적 능력과 감정상태를 고려한

적합한 질문들로 구성되었는지를 나타낸다. 즉, 조사대상자들이 읽고 응답할 수 있는 정도의 수준으로 측정문항들이 기술되어 있어야 하며 이해하기 어려운 애매한 표현이나 어려운 단어나 문장 등의 사용은 가급적 피하는 것이 합당함을 나타낸다. 만약 측정도구가 조사대상자들의 상태나 응답을 정확하게 도출하지 못한다고 한다면 그 역할을 수행하지 못하는 것이라고 할 수 있다. 결국 측정도구의 가치는 조사대상자들의 관점을 이해하는 것으로 선택되어야 한다는 점이 중요하다고 할 수 있다.

• 셋째, 민감성(sensibility)은 측정도구가 변화에 민감하여야 한다는 것을 나타낸다. 측정하려는 대상의 변화에 맞게 측정이 이루어져야 측정결과가 정확할 수 있으며 측정이 측정하려는 대상의 변화를 정확하게 반영하지 않는다면 측정대상(개인이건 집단이나 사회건 상관없이)에 대한 정확한 측정은 이루어지지 않았다고 할 수 있다.

• 넷째, 직접성(directness)은 측정도구를 통해 산출된 측정점수가 실제 측정대상의 행동을 반영하는가를 나타낸다. 즉, 실제 측정점수가 조사대상자들의 상태, 행동이나 생각, 느낌 등을 정확하게 반영하는가를 의미하는 것이다. 예를 들어, 대구시 공무원들의 지역사회자본지수의 측정점수가 100점 만점에 78점이라고 한다면 이 점수가 대구시 공무원들의 지역사회자본에 대한 수준의 정도를 정확하게 반영하고 있는가를 나타내는 것이 직접성이라고 할 수 있다.

• 다섯째, 비반응성(nonreactivity)은 측정도구가 측정대상의 변화를 유도하면 안 된다는 것을 의미한다. 측정이 측정도구에 의해서 이루어지는 것인데, 측정도구가 측정대상의 변화를 유도하게 되면 측정결과는 사회복지 제공이 측정대상의 변화를 가져온 것인지 아니면 측정하는 과정에서 측정도구에 의해 변화가 생긴 것인지를 알 수 없게 된다. 즉, 측정도구가 측정대상의 변화를 정확하게 측정할 수 없게 된다.

• 여섯째, 적절성(appropriateness)은 측정도구의 실제적 활용에 대한 원칙에 있

어 마지막으로 지적되는 것이다. 이는 측정도구가 얼마나 사회복지 제공의 효과성이나 평가를 위한 측정에 적절한 도구인가를 나타내는 것이다.

제4절 ¦ 지표, 지수 그리고 척도

1. 단일측정도구: 지표

지표는 단일항목을 측정하는 데 사용된다. 즉, 하나의 질문으로 어떤 대상이나 변수의 속성을 파악할 수 있다면 굳이 지수나 척도를 사용하지 않고 지표를 사용한다. 예를 들어, 사회지표인 실업률, 빈곤율, 자살률 그리고 출생률은 각기 실업의 정도, 빈곤의 정도, 자살의 정도 및 출생의 정도를 일반 국민들이 이해할 수 있도록 해 주는 대표적인 단일지표(single indicator)다.

Babbie(2007)에 따르면 지표는 우리가 조사하려는 어떤 개념이 존재하는지 아니면 존재하지 않는지를 나타내 주는 하나의 사인(sign)이다. 즉, 지표는 조사하려는 변수를 나타내 주도록(변수를 반영하도록 또는 정확히 반사하도록) 우리가 선택한 하나의 관찰이다. 예를 들어, 한 나라의 국민들이 한 해에 얼마나 많이 자살하는지를 나타내 주는 것은 연도별 자살률이므로 자살률은 자살의 정도를 나타내 주는 하나의 지표다. 또한 특정인의 종교심의 정도는 그가 종교집회에 참석하였는지를 통해 알 수 있으므로 종교심의 척도는 종교집회 참석 여부가 될 수 있다. 남에 대한 동정심을 나타내 주는 지표로는 남을 배려하는가, 특정 소외집단을 위해 자원봉사활동이나 기부를 하는가 등과 같은 질문으로 알 수 있으며 각각의 질문은 모두 동정심의 정도를 나타내 주는 지표가 될 수 있다. 따라서 어떤 변수는 실업률과 같이 하나의 지표로 그 성격을 알 수 있지만 어떤 변수는 동정심과 같이 여러 지표가 모여서 그 변수의 속성을 알 수 있다. 일반적으로 하나의 지표로 하나의 현상을 설명해 주는 경우 단일측정도구라고 하며 하나 이상의 여러 지표가 모여서 특정 변수를 설명해 주는 경우 혼합측정도구라고 한다. (사회)지표는 단일측정도구에 속하며 척도와 지수는 혼합측정도구에 속한다.

지표는 최소한으로 서열이 있어야 하고 분명한 방향을 가져야 한다. 예를 들어, 실업률지표는 분명한 서열이 있고 방향이 있는데, 실업률이 상승하면 직장을 찾는 사람들의 수가 더 많아지는 것을 의미하기 때문이다. 따라서 지표는 그 숫자가 의미하는 서열이 있으며 분명한 방향을 내포한다. 결국, 지표가 아래로 내려가는지 또는 위로 올라가는지에 대한 움직임의 방향과 위로 올라가는 것이 좋은 것인지 아래로 내려가는 것이 좋은 것인지 움직임의 방향에 대한 의미를 나타내지 못하는 경우는 좋은 지표라고 얘기할 수 없다.

2. 혼합측정도구: 지수와 척도

1) 혼합측정도구

혼합측정도구(composite measure)는 단일한 항목이나 질문문항 또는 단일지표로는 대상이나 변수의 속성을 정확히 이해하고 파악하기 어려운 경우 사용되는 측정도구다. 따라서 혼합측정도구는 여러 측정항목으로 구성되어 있다. 예를 들어, 인간의 지능을 측정하는 IQ테스트는 하나의 질문문항으로 구성되어 있지 않으며 여러 문항이 혼합되어 있다. 따라서 IQ테스트는 지표라고 할 수 없다. 사회과학 일반에서 혼합측정도구가 필요한 이유에 대해 Babbie(2007)는 다음과 같이 설명하고 있다.

- 첫째, 사회현상은 복잡하고 다면적인 해석을 필요로 하여 단일한 하나의 지표로 파악하고 이해할 수 없는 경우가 많기 때문에 혼합측정도구가 필요하다. 나이나 온도 그리고 몸무게 등과 같은 단일지표(single indicator)는 알고

싶은 어떤 변수들의 속성을 충분히 설명하여 만족시키지만, 소외감, 자존감, 편견의 정도와 같은 인간의 태도나 성격 그리고 복잡한 개념이나 다면적 성격을 갖는 삶의 질이나 사회의 질 그리고 사회자본이나 사회배제 등은 하나의 단일지표로 파악하고 이해하는 것이 불가능하다고 할 수 있다. 다양하고 복잡한 사회현상을 파악하고 이해하기 위해 하나의 항목이나 질문을 사용한다면 그 현상을 정확하게 파악할 수 없어 신뢰도나 타당도에 의문이 생길 수 있지만, 여러 질문으로 구성된 혼합측정도구를 사용한다면 측정에 대한 신뢰도와 타당도는 그만큼 향상될 수 있다.

- 둘째, 사회과학에서는 연구자들이 특정 변수에 대해 보다 구체적이고 명확한 서열을 확인하고 싶어 하는 경향이 있다. 예를 들어 특정 집단구성원들이 갖는 소외라는 변수를 측정한다고 했을 때, 소외는 몸무게나 나이 등과 같은 변수와 달리 개념이 보다 복잡한 관계로 하나의 측정변수로 측정하기보다는 여러 측정변수로 측정하여야 집단구성원들의 소외를 보다 구체적인 서열로 측정할 수 있다.

- 셋째, 척도와 지수 등과 같은 혼합측정도구는 자료분석에 있어 보다 효과적인 방안을 제공해 준다. 단일항목을 나타내는 하나의 지표는 주어진 변수에 대해 한 단면만을 보여 주지만 여러 측정항목으로 구성된 혼합측정도구인 척도와 지수 등은 좀 더 포괄적이고 정확한 정보를 우리에게 제공해 줄 수 있다. 예를 들어, 어떤 사건에 대한 한 신문의 논평은 그 사건에 대한 한 사람의 생각만을 우리에게 제공해 주므로 그 사건에 대해 보다 심도 있고 포괄적으로 알고 싶다면 다른 신문들의 논평을 같이 살펴보는 것이 좋은 것과 같은 이치다.

사회과학 일반에서 혼합측정도구로 가장 많이 사용하는 것이 척도와 지수다. 간혹 척도와 지수는 비슷한 성격을 갖고 있어 교차적으로 구분 없이 사용되기도 하지만 척도와 지수는 분명 차이점도 존재한다. 척도와 지수의 차이점에 대해서 보다 구체적으로 살펴보기로 한다.

2) 지수

지수(index)는 대표적인 혼합측정도구이다. 지수가 지표(indicator)와 다른 점은 **다항목측정도구**(multi-item instrument)라는 점이다. 다항목측정도구라는 것은 하나의 구성개념을 측정하는 데 있어 지수가 하나의 항목이나 질문만을 나타내는 것이 아니라 여러 항목 또는 여러 질문으로 구성되어 있는 것을 말한다. 즉, 측정되는 대상, 변수 또는 물건이나 개념의 양에 기초해서 하나의 가치 또는 값을 부여하는 것이다. 따라서 지수는 여러 변수(항목)에 의해서 이루어진다. 예를 들어, 사회계급지수가 직업, 교육 그리고 거주지역이라는 변수들에 의해서 구성되는 구성개념이라고 한다면 사회계급지수는 직업, 교육, 거주지역이라는 각각의 측정영역별로 구성되어 있는 질문문항이나 지표들로 이루어진다. 지수의 특징으로는 각각의 변수가 항상 상호 간에 강력한 관계를 나타내지 않아도 상관이 없다는 점 또한 지적될 수 있다(Zikmund et al., 2010, p. 303). 즉, 사회계급지수의 변수인 교육과 거주지역의 상관관계가 높지 않을 수 있으며, 사회자본지수의 변수가 신뢰, 안전, 네트워크, 공유된 규범, 사회참여라고 가정한다면 안전과 사회참여 상호 간에 관계가 낮거나 없어도 상관없다는 것이다.

Babbie(2007)에 따르면 지수는 어떤 태도의 양이나 정도를 측정하기 위해 사용하는 점수들의 합의 결과다. 예를 들어, 사회적 자본을 측정하기 위해서는 사회적 자본이라는 개념을 구성하는 구성개념들을 확인하고 각각의 구성개념을 측정할 수 있는 측정항목들을 선정하여야 한다. 신뢰, 참여, 네트워크 등이 사회적 자본을 구성하는 개념이라고 한다면 사회적 자본을 측정하는 지수는 여러 구성개념을 측정하기 위한 항목들로 구성된다. 또한 특정 행동들을 아동학대라고 생각하는가에 대한 질문에서 아동학대를 구성하는 구성개념에 대한 질문항목들에서 '예'라고 대답한 것을 모두 합해서 나타내는 경우 역시 지수의 대표적인 예다. 소비자물가지수, 신체리듬지수, IQ테스트의 점수(지능지수)나 TOEFL 점수 등은 모두 지수에 해당된다. 소비자물가지수는 소비자(도시가구)들이 소비생활을 영위하기 위하여 구입하는 일정량의 상품과 서비스의 가격변동을 종합적으로 파악하기 위하여 작성하는 지수로서, 농산물, 축산물, 수산물, 가공식품, 석유류, 전기, 수도, 가스, 집세 및 공공서비스, 개인서비스 등의 항목들로 구성되어 있다.

여러 항목으로 구성된 질문에서 응답자들은 자신에게 맞는 대답을 하여야 하므로 지수는 응답자들이 질문에 정확하게 대답한 정도를 반영한다고 할 수 있다. 지수가 응답자들이 질문에 정확히 대답한 정도를 나타낸다는 점에서, Zikmund 와 동료들(2010)은 지수가 조사자가 관찰하려고 하는 것과 얼마나 연관된 개념이 측정되는가를 나타내 준다고 강조하였다.

3) 척도

척도(scale)는 수량적 속성을 측정하는 측정도구 중 하나로 지수와 마찬가지로 대표적인 혼합측정도구다. 일반적으로 척도는 측정되어야 하는 대상(또는 변수)들에게 상이한 값을 제공하는 도구로 알려져 있다. 우리는 척도를 사용해서 어떤 대상의 수량적 속성을 파악하게 된다. 여러 항목 또는 변수로 구성되어 있는 혼합측정도구라는 특징 이외에, 척도의 중요한 특징 중 하나는 그것을 구성하는 변수들 또는 질문문항들이 모두 경험적 또는 논리적 구조를 갖는다는 점이다. 이는 모든 질문문항이나 변수가 상호 간에 연관이 있으며 상관관계가 있어야 함을 의미한다. 척도가 갖는 또 다른 특징은 그것이 응답의 유형(pattern)에 따라 점수를 합산하는 것이라는 점이다. 즉, 척도를 구성하는 모든 질문에 대한 응답은 응답의 강도(예를 들어 전혀 좋아하지 않는다, 그저 그렇다, 굉장히 좋아한다) 등과 같은 특정한 유형에 따라 이루어져 있다. 따라서 척도의 특징은 다음과 같이 정리될 수 있다.

- 첫째, 척도는 여러 변수 또는 질문문항으로 구성된 혼합측정도구다.
- 둘째, 척도는 질문문항들 또는 변수들이 논리적 구조를 가진다.
- 셋째, 척도는 질문에 대한 응답에 있어 특정한 응답의 유형(pattern)을 가진다.

정보 또는 자료는 심리학자인 Stevens가 1946년도에 제시한 네 가지의 척도, 즉 **명목척도, 서열척도, 등간척도** 그리고 **비율척도**로 수집된다. Stevens(1946)는 모든 측정도구는 이 네 가지 유형의 척도에 의해서 수행될 수 있음을 강조하였다. 즉, 측정을 할 수 있는 도구인 척도는 네 개의 유형으로 구분되며 어떤 유형의 척도가 사용되느냐에 따라 상이한 정보가 수집된다. 즉, 사용한 척도에 따라 상이한 정보가 수집되므로 척도는 우리에게 다양한 정보를 제공해 준다.

3. 척도와 지수의 공통점과 차이점

척도와 지수는 구별하기가 어려워 일부 사람은 척도와 지수를 같다고 인식하기도 하지만 척도와 지수는 분명한 차이점이 존재하므로 당연히 척도와 지수를 개발하는 데 있어 그 차이점을 이해하는 것이 중요하다. 척도와 지수는 일반적으로 보면 모두 서열이나 순위(order)를 나타내는 측정도구이고 여러 항목(질문문항이나 변수)으로 구성된 혼합측정도구이지만 척도가 지수보다 순위관계를 더욱 명확하게 나타낸다는 특징이 있다. 척도와 지수의 공통점 및 차이점을 살펴보면 다음과 같다.

1) 척도와 지수의 공통점

척도와 지수는 모두 혼합측정도구이고 순서측정도구라는 대표적인 공통점이 존재한다. 척도와 지수의 공통점을 구체적으로 설명하면 다음과 같다.

- 첫째, 척도와 지수는 모두 순위나 순서를 측정하는 순서측정도구(ordinal measure)다. 즉, 변수의 분석단위가 순위(ranking) 또는 순서(order)를 나타낸다. 예를 들어, 사회경제적 지위, 소외감, 종교심 등과 같은 변수를 측정하는 척도와 지수는 모두 특정 개인의 사회경제적 지위나 소외감 또는 종교심의 정도를 비교할 수 있는 상대적 격차를 나타내 준다.

- 둘째, 척도와 지수는 모두 혼합(합성)측정도구다. 즉, 척도와 지수라는 측정도구는 하나 이상의 자료항목(data item)으로 구성되어 있다는 것이다. 이미 지적한 바와 같이 인간의 지능을 측정하는 IQ테스트는 많은 질문항목으로 구성되어 있으며, 사회자본이나 삶의 질이나 행복을 측정하는 척도나 지수와 같은 측정도구 역시 정도의 차이는 있지만 많은 질문항목으로 구성되어 있다.

2) 척도와 지수의 차이점

척도와 지수의 차이점을 인지하는 것은 특히 척도와 지수를 개발하는 데 있어 매우 중요한 요인으로 작동한다. 측정도구를 활용하여 측정하는 것은 구체적인 답을 얻기 위해 질문을 하는 것과 같다. 척도와 지수의 차이점은 구체적인 답을 얻는 데 있어 지수는 응답의 정확성 정도만을 중요시하는 반면 척도는 응답의 정확성뿐만 아니라 응답의 일정한 유형(pattern)을 강조한다는 점이다. 이러한 가장 일반적인 차이점 외에 반드시 인지하여야 하는 두 측정도구의 차이점은 다음과 같다.

- 첫째, 지수는 개별적 속성을 나타내는 또는 개별적 속성에 할당된 점수를 합하는 것이다. 예를 들어 편견을 측정한다고 했을 때 각각의 응답자가 편견에 대해 동의한 질문항목의 점수를 합하는 것이 지수다. 지수는 질문에 대한 응답에 있어 응답의 일정한 형태, 즉 유형이 없다. 즉, 지수는 하나의

변수를 측정하기 위하여 여러 개의 질문문항으로 구성되는데, 이 문항들에 대한 응답에는 특정한 유형이 있는 것이 아니라 어떤 질문문항은 '예'와 '아니요'에서 그리고 어떤 질문문항은 네 개의 보기 중에서 하나를 고르는 식으로 되어 있는 경우가 대표적이다. 따라서 지수를 구성하는 질문문항들에 대해 응답자들이 얼마나 정확하게 응답하였는지가 지수의 정확도를 나타내주는 특징이라고 할 수 있다. 결국 지수는 응답자들이 질문에 정확하게 대답한 정도를 나타낸다.

- 둘째, 척도는 응답의 유형(pattern)에 따라 점수를 합산하는 것이다. 예를 들어, 리커트 4점 척도는 각 질문 항목에 대한 응답을 1, 2, 3, 4번에서 골라 선택(1, 2, 3, 4번에서 하나를 고르는 응답의 유형)하고 선택한 응답을 합산하는 방식의 척도인데, 응답에 있어 1점은 '전혀 동의하지 않는다' 그리고 4점은 '전적으로 동의한다' 등과 같이 응답의 유형이 동의의 강도를 나타낸다는 특징이 있다. 즉, 리커트척도의 응답의 유형은 강도다. 대표적인 척도 중 하나인 거트만척도 역시 응답의 유형은 강도를 나타낸다. 이 외에도 대표적인 척도로는 보가더스 사회거리척도(Bogardus Social Distance Scale), 의미차별척도(Semnatic Differential Scale), 서스톤척도(Thurstone Scale) 등이 있다.

- 셋째, 척도와 지수는 모두 순위나 서열을 나타내는 혼합측정도구이지만 척도를 구성하는 변수들 또는 질문문항들은 모두 경험적 또는 논리적 구조를 갖는다는 점에서 척도가 지수보다 순위를 보다 명확하게 나타낸다는 특징이 있다. 척도를 구성하는 질문문항들에 대한 대답은 모두 일정한 유형이 존재하므로(응답의 강도를 나타내는 리커트척도와 같이) 대답의 강도를 보다 명확히 확인할 수 있다. 척도는 대답의 강도가 고려되면서 질문문항들도 강도를 나타내는 질문들로 구성되므로(의미차별척도나 거트만척도 등과 같이) 질문과 질문 사이에 논리적 관계가 중요시된다. 하지만 지수를 구성하는 질문문항에 대한 대답은 대답의 강도보다는 질문에 대해 정확히 대답하였는가만을 나타내며 질문이 측정하려는 개념을 정확히 측정하는가에 대한 타당성

만을 고려한다.

위에서 지적한 지수와 척도의 차이점 중 중요하게 인지하여야 하는 것은 바로 척도의 질문문항들은 논리적인 연계를 갖는다는 점이다. 척도를 구성하는 질문 문항들은 모두 일정한 유형(pattern)을 가지고 있으며 문항들 상호 간에 유기적인 관계를 갖는다. 반면에, 지수를 구성하는 질문문항들은 내적타당도를 중요시하지만 질문항목들 사이에 일정한 유형이 존재하지 않는 경우가 일반적이다.

4. 척도, 지표 그리고 지수의 비교

척도와 지수는 복합측정도구이고 지표는 단일한 변수나 항목을 나타내는 단일측정도구라는 차이점 때문에 지표와 척도 또는 지표와 지수는 구별하기가 쉽지만 같은 복합측정도구인 척도와 지수는 그 활용에 있어 구분하기가 어렵고 현실적으로도 구분하지 않고 활용되는 경우가 있다. 하지만 척도와 지수의 경우 지수가 응답의 정확도를 중요시하고 척도가 응답의 유형을 중요시한다는 가장 기본적인 차이점을 지니고 있다. 특히 척도, 지수와 지표는 모두 많은 것인지 적은 것인지, 높은 것인지 낮은 것인지, 또는 좋은 것인지 나쁜 것인지 등과 같은 응답에 있어 분명한 방향을 나타낸다는 특징이 있다. 〈표 1-1〉은 척도와 지수 그리고 지표의 특징 및 대표적인 사용의 예를 나타내 준다.

〈표 1-1〉 척도, 지표, 지수의 특성 및 차이점

	척도	지수	지표
측정도구의 성격	혼합측정도구	혼합측정도구	단일측정도구
측정도구의 표시	명목, 순위, 비율, 등간을 나타냄	순위, 방향성 그리고 합계를 나타냄	순위, 방향성을 나타냄

측정을 위한 질문문항의 특성	변수 또는 질문항목들 사이에 논리적 구조가 존재함	변수 또는 질문항목들 사이에 논리적 구조가 없음	하나의 질문문항으로 이루어짐
측정에 따른 응답의 특성	응답의 유형이 있음: 응답의 강도 등	응답의 유형이 없음: 질문에 정확히 대답한 정도가 중요	응답의 유형이 없음
예	자아존중감척도, 가족기능척도, 사회관계척도 등	사회자본지수, 사회계급지수, 소비자만족지수, 불쾌감지수 등	실업률, 빈곤율, 자살률 등

5. 척도와 지수의 논리적 특성

일반적으로 척도보다 지수를 개발하는 것이 용이하여 지수가 척도보다 많이 활용되는데, 이는 척도가 일반적으로 자료로부터 척도를 구성할 수 있는 변수나 요인 또는 지표나 질문항목들을 찾기가 어렵다는 한계 때문이다(Babble, 2007). 즉, 지수는 지수를 구성하는 변수들 사이에 또는 지표들 사이에 논리적 구조가 낮거나 존재하지 않아도 문제가 없어 개별적인 지표나 변수들로 지수를 구성하는 것이 가능하지만, 척도는 응답의 유형이 중요하므로 질문문항에 따라 응답의 유형을 설정하여야 하고 개별 변수들 간의 **논리적 관계**가 유지되어야 척도의 구성이 가능하기 때문이다.

개인이 취할 수 있는 정치행동을 측정할 수 있는 측정도구로서 지수를 구성하는 경우와 척도를 구성하는 경우의 차이를 살펴보면 척도와 지수의 논리적 차이를 보다 명확히 이해할 수 있을 것이다.

1) 지수의 논리: 정치행동지수의 예

다음의 정치행동들 중 해당하는 항목에 체크해 주시기 바랍니다.

1. 정당사무실에 편지를 쓴다.

2. 정치적 청원서에 사인을 한다.

3. 정당에 기부금을 낸다.

4. 정당후보에게 기부금을 낸다.

5. 사람들에게 자신이 지지하는 정당후보자에게 투표할 것을 설득한다.

해설

각각의 문항 점수는 1점이다. 위의 정치행동에 대해 응답자들은 자신에게 해당하는 항목에 체크를 하게 되고 체크한 항목들을 합산하면 개인의 정치행동에 대한 지수가 된다. 각각의 질문문항은 정치행동이라고 생각되는 행동들을 단순하게 나열한 것으로 질문문항들 사이의 논리적 구조는 중요하지 않다.

2) 지수의 예

미국의 The Council on Quality and Leadership(CQL)은 2005년 사회자본지수를 발표하였다. CQL이 제시한 사회자본지수는 특히 Putnam의 교량 및 결합자본의 개념에 영향을 받아 3개의 교량사회자본 측정항목과 5개의 결합사회자본 측정항목의 총 8개 측정항목으로 구성되어 있다. 이 8개의 사회자본 측정지수는 2005년도 판 CQL에서 자체 개발한 인적결과측정(Personal Outcome Measure)에서 도출되었다(지은구, 김민주, 2014).

〈표 1-2〉 CQL의 사회자본지수

	사회자본 측정항목
결합사회자본	1. 사람들은 친밀한 관계를 가지고 있다.
	2. 사람들은 지역사회의 삶에 참여한다.
	3. 사람들은 친구가 있다.
	4. 사람들은 존중받는다.

	5. 사람들은 네트워크를 통한 자연적인 지지에 연관되어 있다.
교량사회자본	6. 사람들은 통합된 환경에서 살고 있다.
	7. 사람들은 지역사회의 다른 구성원들과 상호 행동한다.
	8. 사람들은 상이한 사회적 규칙을 수행한다.

위의 측정결과에 대한 분석은 다음과 같다(설문에 참가한 집단의 수가 총 13명이고 각 항목에 대한 대답에서 각각 상이한 대답을 한 경우임).

〈표 1-3〉 사회자본지수 계산의 예

	사회자본 측정항목	샘플집단에서 긍정적인 대답을 한 사람의 수	샘플집단의 수
결합 자본	1. 사람들은 친밀한 관계를 가지고 있다.	10	13
	2. 사람들은 지역사회의 삶에 참여한다.	9	13
	3. 사람들은 친구가 있다.	8	13
	4. 사람들은 존중받는다.	7	13
	5. 사람들은 네트워크를 통한 자연적인 지지에 연관되어 있다.	6	13
	소계	40	65
교량 자본	6. 사람들은 통합된 환경에서 살고 있다.		13
	7. 사람들은 지역사회의 다른 구성원들과 상호 행동한다.		13
	8. 사람들은 상이한 사회적 규칙을 수행한다.		13
	소계	15	39
	총계	55	104

■ 사회자본지수: $\dfrac{\text{샘플집단에서 긍정적인 대답을 한 사람의 수}}{\text{샘플집단의 수}}$

$$= \frac{55}{104} = 52\%$$

■ 결합사회자본: 1번에서 5번까지 항목의 합

$$= \frac{40}{65} = 61.5\%$$

■ 교량사회자본: 6번에서 8번까지 항목의 합

$$= \frac{15}{39} = 38.4\%$$

💡 해설

위의 사회자본지수는 사회자본을 두 영역으로 나누어 변수를 설정하여 측정한다는 특징이 있다. 1번 문항에서 5번 문항까지는 결합자본을 나타내는 질문문항이며 6번 문항에서 8번 문항까지는 교량자본을 나타내는 질문문항이다. 특히 각각의 문항은 깊은 상관관계가 있다고 할 수 없다. 예를 들어 2번 문항(사람들은 지역사회의 삶에 참여한다)과 6번 문항(사람들은 통합된 환경에서 살고 있다)은 깊은 관계가 있다고 보기 어렵다. 즉, 질문문항들 사이에 논리적 구조가 존재하지 않는다. 또한 대답도 단순히 긍정적인 대답의 여부만을 고려하여 측정하여 긍정적인 대답에 대한 강도를 짐작하기 어렵다.

3) 척도의 논리: 정치행동척도의 예

다음의 정치행동들(가, 나, 다, 라, 마) 중 본인에 해당하는 항목에 체크해 주시기 바랍니다.

직접 출마한다.	아니요	아니요	아니요	아니요	예
정당 캠페인에 참가한다.	아니요	아니요	아니요	예	예
정당에 기부한다.	아니요	아니요	예	예	예

투표한다.	아니요	예	예	예	예
	가(0점)	나(1점)	다(2점)	라(3점)	마(4점)

💡 해설

투표를 하지 않는다면 정당에 기부도 하지 않을 것이고 정당의 캠페인에도 참여하지 않을 것이며 직접 선거에 출마하지도 않을 것이라는 것이 정치행동척도의 전제다. 즉, 보기에서 제시된 정치행동들이 투표를 하는 낮은 행동으로부터 직접 선거에 출마하는 높은 행동으로 정치행동의 강도가 제시되어 있다. 강도가 높은 행동을 하면 당연히 강도가 낮은 행동을 한다는 것이 기본 가정이다. 즉, 질문문항이 논리적으로 상호 연관되어 있다. 따라서 위의 정치행동은 행동의 강도에 따라 점수가 구분된다. 즉, 응답의 유형은 정치행동의 강도다. 만약 내가 (나)에 해당한다면 나의 정치행동척도 점수는 1점이 된다.

4) 척도의 예: 가족기능척도

1987년에 Tavitian과 동료들은 **가족기능척도**(Family Function Scale: FFC)를 개발하여 제시하였다. 그들이 제시한 가족기능척도는 총 40문항으로 구성되어 있으며 대답의 유형은 리커트 7점 척도다(Corcoran & Fischer, 2000, p. 308).

1. 결코 그렇지 않다.
2. 대체로 그렇지 않다.
3. 거의 그렇지 않다.
4. 때때로 그렇다.
5. 종종 그렇다.
6. 대체로 그렇다.
7. 항상 그렇다.

* 다음의 질문에 해당하는 곳에 체크하시오.

1	생일은 가족에게 중요한 사건이다.	1	2	3	4	5	6	7
2	우리 가족의 아이들은 서로 싸운다.							
3	내 가족구성원들은 무언가를 하라고 하면 다시 상기시켜 주어야 한다.							
4	내 가족구성원들은 내가 필요한 것을 충분히 돌보지 않는다.							
5	우리 가족은 휴일을 같이 보낸다.							
6	내 가족구성원들은 돈 때문에 싸운다.							
7	내 가족구성원은 나를 있는 그대로 받아들인다.							
8	내 가족구성원 중 한 명이 화가 나면 나는 걱정된다.							
9	내 가족은 내가 얘기할 때 들어 준다.							
10	다른 가족구성원과 의견이 다르면 나는 걱정된다.							
11	나는 내 가족구성원에게 존경받는다고 느낀다.							
12	우리는 가족의 습관이나 전통에 귀를 기울인다.							
13	무엇인가가 잘 안 되면 나는 아픔을 느낀다.							
14	우리 가족은 기념일이나 졸업과 같은 행사를 축하한다.							
15	우리 가족은 서로를 공격한다.							
16	내 개인적 관계에 대한 질문을 받으면 가족에게 말을 한다.							
17	내가 슬픈 것을 가족이 알게 한다.							
18	가족구성원 중 한 명의 기분이 전체 가족원에게 영향을 준다.							
19	나는 가족구성원들에게 내가 화난 것을 알게 한다.							
20	우리 가족은 서로 소리친다.							
21	가족구성원은 나를 희망 없는 사람이라고 본다.							
22	우리 가족에게 일어난 고통스러운 사건을 잊기가 어렵다.							
23	가족구성원들은 내 것을 동의 없이 사용한다.							
24	성(sex)과 관련하여 무엇이 옳고 그른 것인가를 서로 이야기한다.							
25	우리 가족구성원 서로서로는 먹는 습관에 비판적이다.							

26	우리 가족구성원이 잘못되면 가족들 중 누군가는 욕을 먹는다.							
27	우리 가족구성원은 육체적 성장의 변화에 관해 얘기를 한다.							
28	가족구성원에 화가 나면 가족에게 말을 한다.							
29	우리 가족은 하루에 최소 한 끼는 같이 식사를 한다.							
30	가족재결합은 나에게 중요하다.							
31	가족문제를 생각하면 잠이 안 온다.							
32	우리 가족의 역사에 관심이 있다.							
33	가족구성원들에게 사랑받는다고 느낀다.							
34	내 가족 일이 잘 안 되면 그것이 나의 식욕에 영향을 준다.							
35	내가 두려운 것을 가족이 알게 한다.							
36	우리 가족은 내가 하는 것에 흥미가 없다.							
37	가족구성원의 기분을 아는 것은 중요하다.							
38	내 집에서 나는 이방인 같다.							
39	우리는 다른 가족과 친하다.							
40	우리 가족구성원은 나와 함께 그들의 문제를 논의한다.							

해설

위의 가족기능척도의 질문은 총 40개로 되어 있으며 각각의 질문에 대한 대답은 7개 중에서 하나를 고르는 것으로 응답의 유형은 강도를 나타낸다. 특히 1번 문항에서 40번 문항까지 모든 문항은 가족기능을 측정할 수 있도록 가족기능이라는 영역에서 모두 논리적으로 관련이 있는 행동질문들로 구성되어 있다.

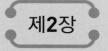
제**2**장

측정도구의 개발

제1절 ┊ 개관

측정도구를 개발하기 위해서는 측정도구가 가지고 있어야 하는 특성을 정확하게 반영하여야 한다. 일반적으로 척도는 일관성 있는 결과를 가지고 와야 하며 정확성이 있어야 한다. 대표적인 측정도구인 척도와 지수는 논리와 사용에 있어 미세한 차이가 존재하므로 이를 정확하게 이해하는 것도 중요하다. 이 장에서는 측정도구 개발을 위한 전단계로서 척도와 지수의 논리적 차이를 살펴보기로 한다.

제2절 ┊ 측정도구개발의 논리 및 과정

측정을 위한 도구(measure)를 개발하는 것은 결론부터 말한다면 매우 어려운 작업의 여러 과정을 거친다. 측정도구는 지수든 척도든 신뢰할 수 있는 도구이어야 하며 기대하는 결과를 가져올 수 있는 타당한 도구이어야 한다. Viswanathan (2005)은 측정도구가 측정하려는 측정개념(또는 변수)을 측정하는 데 있어 일관성 (consistency)과 정확성(accuracy)이 가장 중요한 토대임을 강조하였는데, 그에 따르면 일관성은 신뢰도를 의미하는 것으로서 일관성이 낮으면 **체계적 실수**(systemic error)가 발생하게 되고 정확성은 타당도를 의미하는 것으로서 정확성이 낮으면 무작위 또는 **무계획 실수**(random error)가 발생하게 된다.

측정하려는 것을 측정하기 위한 도구가 존재하지 않는 경우, 즉 측정하려는 것을 정확히 측정하기 위해서 측정도구를 개발하는 것이 중요하다. 예를 들어 체중계와 같이 하나의 개념을 정확히 나타내는 측정도구가 존재한다면 굳이 측정도구를 개발할 필요는 상대적으로 낮아지지만 사회과학 일반, 나아가 사회복지 일반 영역에서 측정하고 싶은 것은 측정도구의 부재로 측정하지 못하는 경우가 많아 사회복지 정책 및 서비스의 영향력 및 사회복지의 현 수준을 국민들에게 정확히 알리는 것이 어려운 것이 현실이다. 사회복지영역에서 우리가 측정하려고 하는 것을 측정하기 위한 측정도구의 개발은 상대적으로 발전되지 않은 영역이다.

사회자본이나 삶의 질과 같은 추상적 개념을 측정하기 위해서는 가장 중요하게 사회자본이 무엇인지 그리고 삶의 질이 무엇인지에 대한 개념을 정확히 이해하여야 하고 사회자본이나 삶의 질을 구성하는 구성영역, 즉 구성요소를 정확히 파악하여야 한다. 구성영역을 확인하게 되면 사회자본이나 삶의 질을 구성하는 각각의 구성영역에 맞는 질문항목을 영역별로 도출하고, 생성된 질문항목들의 신뢰도와 타당도 그리고 공통성(차원성)을 검증하게 되면 최종 측정도구가 탄생하게 된다. 즉, 사회자본이 신뢰, 네트워크, 참여로 구성되는 개념이라고 한다면 각각의 구성개념을 측정하는 질문항목들을 도출하고, 하나의 구성영역에서 도출된 질문항목들 간의 관계 및 다른 구성영역의 질문항목들과의 상호 일치를 확인한 후(공통성 내지는 차원성 점검), 각각의 구성영역에 포함되는 질문항목들 간의 일관성을 점검하고 전체 질문항목이 측정하려는 것을 정확히 측정할 수 있는지를 점검하면 최종 측정도구가 탄생하게 된다.

물론 측정하려는 구성요소들 사이에 어떤 요소가 더욱 중요하고 어떤 요소는 상대적으로 덜 중요할 수도 있으므로 구성요들 간의 상대적 가중치를 주는 것도 측정도구 개발에 있어 중요한 과정이다. 예를 들어 삶의 질의 측정요소가 범죄율, 빈곤율, 자살률, 사회복지지출 등으로 구성된다고 가정한다면, 각각의 측정요소가 공통적으로 25%의 중요성을 가지는지 아니면 이 4개의 요소들 중 더욱 중요한 요소가 있어 그에 더 많은 점수를 주어야 하는지 등을 결정하고 얼마만큼의 점수를 주어야 하는지 등을 결정하는 것을 가중치 또는 상대적 가중치라고 할 수 있다. 물론 학자들에 따라서는 측정요소 간 가중점수를 주는 것을 측정도구개발의 단계에 포함시키는 경우도 있지만 일반적으로는 측정도구개발 과정에 포함시키지 않는 경우가 많다.

결론적으로 서술한다면, 지수든 척도든 측정도구를 개발하기 위해서는 먼저 측정하려는 것의 개념을 정확히 이해하고 개념이 포함하는 구성영역을 명확히 파악한 후 추상적 개념을 측정하기 위한 질문항목이나 지표를 선정한다. 그다음 측정하는 측정질문항목이나 지표들이 추상적 개념을 얼마나 정확하게 측정하는지를 확인하고 내적일관성 신뢰도, 실험-재실험 신뢰도, 차원성 그리고 타당도를 점검하여 개발하려고 하는 측정도구의 질문항목을 삭제하거나 수정 또는 보완하면 최종 활용 가능한 측정도구가 탄생하게 된다. 일반적으로 측정도구의 신뢰도는 크롬바흐 알파 값을 통해서 검증하며, 측정도구가 구성하는 질문항목들에 대한 일차원성과 다차원성과 같은 공선성은 선행연구나 전문가를 통한 액면타당도 검증이나 내용타당도 검증, 나아가 SPSS 등의 통계패키지 프로그램을 사용하여 쉽게 검증할 수 있으며, 타당도는 판별 및 수렴 타당도를 계산하는 별도의 방법을 통해 검증한다. 측정도구의 개발과정을 그림으로 나타내면 [그림 2-1]과 같다.

Viswanathan이 제시한 이러한 측정도구개발의 과정은 물론 지수나 척도의 개발에 공통적으로 적용할 수 있지만 사실상 지수개발보다는 척도개발의 과정이 더욱 적합하다고 할 수 있다. 이는 지수와 척도의 개발이 비슷한 과정을 거치지만 지수는 내용타당도를 보다 중요시하는 반면 척도는 구성타당도를 보다 중요시한다는 점, 그리고 척도가 지수에 비해 경험적 · 통계적 방법을 더욱 많이 활용한다는 측면이 있기 때문이다. 보다 구체적으로 지수와 척도 개발의 차이점 및 유사점을

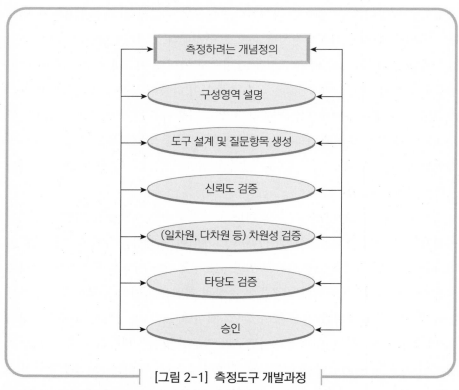

[그림 2-1] 측정도구 개발과정

자료: Viswanathan (2005), p. 6, [그림 1-1]에서 재인용.

비교해 보기로 한다.

제3절 │ 척도와 지수 개발에 있어 차이점

하나의 단일한 지표가 측정하려는 하나의 개념을 완벽하게 대변할 수 없다는 한계를 극복하기 위하여 여러 지표로 구성된 혼합측정도구인 척도나 지수가 필요하게 되었다. 즉, 사람의 몸무게는 몸무게를 측정하는 하나의 지표(킬로그램이나 파운드)가 존재하지만, 보다 다면적이고 추상적인 측정영역으로 한 사회의 '사회복지수준'이나 개개인들의 '삶의 질' 또는 '사회자본수준'이나 '자존감' '행복감' 등은 측정하는 하나의 질문항목이나 지표가 존재하지 않으므로 여러 질문항목이나 지표로 구성된 혼합측정도구의 개발을 필요로 한다.

앞에서 지적된 척도와 지수의 기본적인 상이성은 척도와 지수의 개발에 있어 척도를 개발하는 것이 지수를 개발하는 것보다 어렵고 더욱 많은 시간적 노력을 필요로 한다는 점을 나타내 준다. 일반적으로 지수는 주어진 자료(data)만 있으면 개발하는 것이 용이하지만(예를 들어 빈곤율이나 실업률, 자살률 등과 같은 자료), 척도는 자료가 주어진다고 해서 그 자료를 이용해 모두 척도로 개발하는 것이 가능하지는 않다. 특히 척도와 지수가 모두 순위를 나타낸다고 해도 지수보다 척도가 보다 많은 정보를 조사자들에게 나타내 주는데, 이는 척도가 경험적 및 논리적 관계를 통해 질문문항들을 선정하기 때문이기도 하며, 지수와 척도는 모두 지표(또는 질문문항)들을 모은 것이지만 척도와 달리 지수는 단순히 지표들(또는 질문문항들)을 모은 것이기 때문이기도 하다. 또한 지수는 응답의 유형을 중요시하지 않는 반면 척도는 응답의 유형이 명확하여야 한다는 점도 척도개발의 특성을 나타내 준다. 따라서 지수나 척도를 이용하여 특정 현상이나 개념을 측정하면 측정값으로 지수 값이나 척도 값이 산출되는데 일반적으로 척도 값이 지수 값보다 더욱 명확하다고 할 수 있다.

척도와 지수의 상이한 특성은 척도와 지수의 개발에도 영향을 주는데 지표들 사이의 관계를 경험적 그리고 논리적으로 검증하는 척도를 개발하는 것이 지수를 개발하는 것보다 더욱 어려운 과정을 거친다고 할 수 있다. 통상적으로 지수를 만드는 것은 지수건설(index construction)이라는 용어를 쓰며, 척도를 만드는 것은 척도개발(scale development)이라는 용어를 사용한다. 그리고 지수나 척도와 같은 측정도구를 개발하는 것은 측정도구개발(measure development)이라고 한다.

측정도구인 지수나 척도는 모두 측정하려는 개념이 다면적이거나 복잡하고 추상적인 측면을 가지고 있어 단일한 질문이나 지표로는 구성개념을 측정하는 것이 불가능하고 측정하려는 질문들이나 지표들이 혼합되어 모여 있으므로 측정하려는 개념이 정확하게 구성 개념화되어 있는지가 중요하다. 결국 지수나 척도는 모두 측정하려는 개념을 구성 개념화하는 것이 매우 중요시되므로 **내용타당도**(content validity) 및 **구성타당도**(construct validity)를 매우 중요한 기준으로 본다. 특히 척도는 지수보다 구성개념을 측정하는 측정질문들의 경험적이고 논리적인 측면을 강조하는 경향이 있어 구성타당도, 특히 구성타당도를 검증하는 수렴 및 판별 타당도를 매우 중요하게 고려하는 것이 일반적이다.

즉, 측정도구로서 척도는 수렴 및 판별 타당도 등 구성타당도를 매우 중요한 기준으로 삼는 반면, 지수는 측정도구의 질을 나타내는 구성타당도보다는 측정도구의 내적 및 외적 타당도를 보다 강조한다는 측면이 있다. 지수가 구성타당도보다 내적 및 외적 타당도를 보다 강조하는 이유는 척도보다 경험적·논리적 측면이 약하기 때문이다. 즉, 지수가 측정질문항목들을 혼합하여 질문에 대해 정확한 대답을 하였는지를 강조하고 나아가 질문항목들이 측정하려는 추상적 개념이나 변수를 정확히 측정하였는지를 강조(즉, 측정도구가 의도하는 것을 정확히 측정하는 것이 타당한지를 액면이나 내용 타당도를 통해 검증)하는 반면, 척도는 척도를 구성하는 질문항목들 사이의 관계나 측정하려는 개념을 구성하는 구성요소들 사이의 관계 그리고 응답의 유형(pattern) 등을 경험적으로 보다 명확하게 제시하여 밝혀야 하므로 구성타당도를 보다 강조하게 된다. 물론 학자들에 따라 지수를 개발함에 있어 구성타당도를 강조하는 경우도 있다.

위와 같은 지수와 척도의 차이점은 결국 지수와 척도의 개발이 비슷한 측면을 내포하지만 상세하게 들여다본다면 상이한 내용 역시 포함한다는 것을 의미한다. 〈표 2-1〉은 지수와 척도의 개발에 있어 강조점 및 상이점을 나타낸 것이다.

✎ 〈표 2-1〉 지수와 척도 개발에 있어 강조점 및 차이점

	지수	척도
특징	질문에 대한 정확한 대답 강조	질문유형 결정: 질문유형에 맞는 대답 강조
논리	질문항목들 사이의 경험적 · 논리적 구조가 약함	질문항목들 사이에 경험적 · 논리적 구조가 강함
타당도 (측정도구의 타당도)	내용타당도 중시 (내적 및 외적 타당도 중시)	구성타당도 중시 (판별 및 수렴 타당도 중시)
신뢰도	질문항목들 간의 내적일관성 중시	질문항목들 간의 내적일관성 중시

통상적으로 측정도구, 특히 척도의 질(quality)이 어떠한지를 검증하기 위해서 타당도를 조사한다. 척도의 질은 척도가 산출한 측정값이 믿을 만한 것인지를 나타내는 것으로 이를 결정하기 위해서는 타당도, 특히 구성타당도를 검증한다. 반면에, 지수의 질이 어떠한지를 검증하기 위해서는 내적 및 외적 타당도를 조사한다. 지수의 질은 지수가 측정하려는 것을 정확히 측정하고 있는지를 나타내는 것으로서 여기서 내적 및 외적 타당도는 조사설계의 타당도를 의미한다. 일반적으로 조사설계의 타당도는 실험조사가 조사자가 생각하고 있는 가설, 즉 실험가설이 옳다는 것을 경험적으로 타당하게 보여 주는 것을 의미한다. 따라서 지수건설의 내적 및 외적 타당도는 지수를 구성하는 질문들이나 지표들이 측정대상자들을 상대로 측정하려는 것을 내적으로나 외적으로 정확하게 측정하고 있는지를 나타내 준다.

요약하면, 지수와 척도는 모두 전체문항들 사이의 관계가 중요하고 지수나 척도를 구성하는 항목들이 일관되게 측정하려는 것을 정확하게 측정하는 질문들로 구성되어 있는지(타당도)를 강조한다. 특히 지수는 척도와 달리 질문에 정확하게 대답하였는지를 보다 강조하고, 척도는 질문의 유형에 따라 그에 맞는 대답, 즉 질문의 유형에 맞는 대답을 하였는지를 강조하여 측정질문에 있어 경험적

이고 논리적인 측면을 보다 강조한다는 점이 특징이다. 이는 척도가 구성하는 질문유형에 따라 나타난 측정값이 믿을 만한 것인지를 검증하는 타당도 검사(예를 들어 판별타당도와 수렴타당도)를 보다 강조한다는 것을 의미한다. 물론 지수든 척도든 질문문항들 중에 같은 질문을 하는 문항들은 당연히 제거되어야 한다.

결국 척도는 측정도구의 질을 점검하는 구성타당도가 중요시되며 구성타당도의 입증을 통해 척도가 정확하게 측정하려는 것을 측정하였음을 입증하는 것이 강조되고, 지수는 내적 및 외적 타당도의 검증을 통해 측정질문이 정확하게 측정을 하는 조건에 부합하는지를 강조한다. 따라서 지수는 정확하게 측정하지 못하게 하는 내적 및 외적 요인을 제거하는 것이 중요하다.

제4절 ¦ 소결

가장 대표적인 측정도구인 척도와 지수는 모두 혼합측정도구이면서 동시에 질문에 대한 정확한 대답을 얻어야 한다는 정확성을 중요시한다. 특히 지수는 질문에 정확히 대답한 정도를 매우 중요시한다는 특성이 있는 반면, 척도는 질문유형에 맞는 대답을 하는지의 정도를 중요시한다는 특성이 있다. 지수는 내적 및 외적 타당도를 보다 강조하는 반면 척도는 구성타당도를 중요시한다는 점도 두 측정도구의 차이점이라고 할 수 있다. 하지만 측정질문들이 동일한 질문을 하지 않으면서 일관성 있는 대답을 유도하도록 구성되어 있어야 한다는 점은 척도와 지수가 반드시 견지하여야 하는 중요한 내용이다.

측정도구는 추상적 개념을 측정하기 위함이 가장 중요한 목적이므로 측정도구를 개발하기 위해서는 먼저 측정하려는 개념을 정확히 이해하고 개념이 포함하는 구성영역을 명확히 파악한 후(구성개념의 정의 또는 구성개념의 명확화) 추상적 개념을 측정하기 위한 질문항목이나 지표를 선정한다. 그다음 측정질문항목이나 지표들이 추상적 개념을 얼마나 정확하게 측정하는지를 확인하기 위해 내적일관성 신뢰도, 실험-재실험 신뢰도, 차원성 그리고 타당도를 점검하여 개발하려고 하는 측정도구의 질문항목을 삭제하거나 수정 또는 보완하면 최종 활용 가능한 측정도구가 탄생하게 된다.

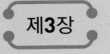

지수의 개발

제1절 ¦ 개관

　사회현상을 수량화하여 나타낼 수 있도록 하는 지수를 개발하는 것은 사회구
성원들에게 사회현상을 보다 객관적으로 이해할 수 있도록 돕는 매우 중요한 작
업이다. 앞 장에서 지수를 건설하는 것이 척도를 개발하는 것보다 용이하다는
점을 지적하였지만 이것이 척도개발에 비해 지수개발이 더욱 손쉽게 이루어진
다는 것을 의미하는 것은 아니다. 사실 지수든 척도든 측정도구의 개발이라는
점에서는 같으며 측정도구의 개발은 장시간의 노력과 높은 정도의 전문적 식견
을 필요로 한다는 점에서 누구나 손쉽게 접근할 수 있는 영역은 결코 아니라고
할 수 있다. 사회복지 제공에 따른 개인이나 집단 그리고 사회의 변화나 개선의
정도를 측정하기 위한 적합한 지수가 존재한다면 그것을 활용하여 적용하면 되
지만, 원하는 지수가 존재하지 않는다면 그에 적합한 측정도구로서 지수를 개발
하는 것은 사회복지 제공에 따른 효과성과 사회복지정책의 책임성, 나아가 사회
복지 제공에 따른 변화와 개선 여부 확인이라는 측면에서 매우 결정적이다.

　이 장에서는 지수의 속성에 대해 보다 상세하게 살펴본 후 지수를 개발하기
위해 학자들이 제시한 여러 지수개발의 모형을 소개한다. 이 장에서 소개되는
지수개발의 모형들은 합의된 모형이 아니라 지수개발의 합의된 과정을 도출하

기 위한 과정의 일환으로 이루어지는 것으로서 지수개발 모형의 소개는 모형들을 비교 분석하여 보다 합리적인 모형을 찾기 위한 방안으로 이해할 수 있다.

제2절 | 다중속성지수와 지표(또는 질문문항)선정

1. 지수와 지표

앞에서 지수는 질문에 정확한 대답을 한 정도를 강조한다고 언급하였다. 개인의 생각이나 감정, 나아가 사회현상을 정확하게 수량화하여 나타낸다는 것은 어려운 것이 현실이지만 지수개발을 통하여 어느 정도는 우리 사회가 가진 현상이나 사회구성원들의 감정이나 생각들을 수량화하여 나타낼 수 있다. 지수는 지표나 질문항목들이 모여 있는 혼합측정도구이므로 지표가 없으면 지수개발은 어렵다고 할 수 있으며 지표가 없는 경우는 질문항목을 개발하여 지수를 개발하게 된다.

예를 들어, 삶의 질을 측정하는 삶의 질 지수(Quality of life index)를 구성하는 지표들은 모두 삶의 질을 측정하려고 하는 구성개념을 측정하는 데 도움이 되는 지표들로만 구성되어 있어야 한다. 삶의 질은 하나의 지표나 질문항목으로 측정하는 것이 불가능하므로 당연히 혼합측정도구인 지수나 척도의 개발을 필요로 한다. 특히 지수개발에 있어 삶의 질과 관련이 없는 지표는 당연히 포함되어서는 안 된다. 만약 삶의 질을 측정 가능하도록 하는 지표들이 존재하지 않는다면 삶의 질 지수를 개발하는 것 또한 어렵게 된다. 따라서 삶의 질과 관련이 있는 사회지표나 자료들이 존재하지 않는 경우 삶의 질 지수는 삶의 질을 측정하도록 하는 다양한 질문문항을 선정하여 측정하여야 한다.

The Economist Intelligence Unit이 발표한 삶의 질[1]을 측정하는 다양한 지표는 모두 10개 영역에서 선정되며 지표들을 합하여 측정하도록 설계되어 있다.

지표들은 첫째, 1인당 GDP, 둘째, 기대수명, 셋째, 이혼율에 기초한 가족생활의 질, 넷째, 정치적 자유, 다섯째, 실업률로 측정되는 직업안정, 여섯째, 기후, 일곱째, 살인사건비율, 범죄율 등으로 측정되는 개인의 신체적 안전, 여덟째, 지역사회조직에의 참여에 기초하는 지역사회 삶의 질, 아홉째, 부패율로 측정되는 협치, 열째, 의회의 여성의원들의 수로 측정되는 성 평등 등이다. 여기서 제시되는 지표들은 대부분 삶의 질과 연관이 있는 사회지표들로 구성되어 있음을 알 수 있다. 우리나라는 2013년 조사대상국 전체 80개국 중에 19위(7.25)를 차지하였으며 스위스가 1위(8.22)를 차지하였다.

사회통합의 정도를 알려 주는 사회통합지수 역시 혼합측정도구로서 다양한 지표로 구성되어 있다. 〈표 3-1〉은 지은구와 김민주(2014)가 제시한 사회통합지수로서, 그들은 사회통합이 사회포용과 사회자본으로 구성되어 있으며 각기 여러 지표로 구성될 수 있음을 제시하였다.

◆ 〈표 3-1〉 사회통합지수의 측정영역 및 측정지표

사회통합 측정영역	측정지표분류	활용할 수 있는 측정지표	지표의 성격
사회포용	• 소득불균형 및 소득양극화 정도 • 노동시장차별 및 고용 • 임금격차 • 빈곤정도 • 사회복지 및 의료서비스 수준 • **갈등수준** • 교육기회 • 정치참여	– 소득10분위 비율	객관
		– 정규직 대비 비정규직 비율 – 여성과 남성의 임금격차 – 실업률, 1년 이상 장기 실업률 – 비정규직의 정규직 이동률	객관
		– 지니계수, 중위소득 50% 이하 가구비율, 빈곤갭지수	객관
		– 자신의 소득(또는 가구소득)에 대한 적절성 여부	주관

---

1) '삶의 질 지수'는 '태어나는 장소 지수'로 2013년 이름이 변경되었다. 즉, 어느 국가에서 태어나는 것이 개인들의 삶의 질에 더 좋은 것인지를 나타낸다.

– 의료보장성 및 접근성, 의료본인부담금 – 기대수명 – 영유아 사망률 – 인구대비 사회복지서비스를 제공받는 사람의 수	객관
– 노후소득보장률, 노인자살률 – 아동빈곤율, 청소년자살률 – 국공립보육시설 비율, 보육료예산 – 장애인취업률 및 비장애인과의 임금격차 – 일반가구수입 대비 장애인가구소득비율	객관
– GDP 대비 사회복지지출, 정부지출 중 사회복지지출비율, 사회복지지출 중 사회서비스지출비율	객관
– 인구대비 사회복지사, 학교사회복지사 및 정신보건사회복지사의 수 – 사회복지전담공무원 1인당 대상자 수 – 경찰공무원의 수 – 인구대비 공무원 수(공무원 수의 적절성)	객관
– 국민이 필요로 하는 사회복지서비스 제공여부 – 국민이 인식하는 사회복지수준 – 국민이 인식하는 사회복지서비스의 필요수준	주관
– 노숙인 수 – 소득대비 주거비 부담비율	객관
– 학업성취도 및 중도탈락률 – 상급학교 진학률	객관
– 삶의 질 지수, 박탈지수(deprivation index) 또는 다중박탈지수(index of multi-deprivation)나 지역박탈지수 등	객관
– 여성에 대한 사회복지혜택 수준(출산 휴가 등)	객관

		– 각종 선거(지자체장, 국회의원, 대통령) 투표참여율	객관
		– 정당참여율과 노동조합참여율	객관
사회자본	• 공공조직과 시민조직 및 다른 사람에 대한 신뢰 • 문화적 다양성에 대한 인식 • 각종 폭력피해 및 범죄 • 사회적 관계(네트워크)	– 부패인식지수(Corruption Perceptions Index: CPI)	주관
		– 판사, 공무원, 교사, 경찰, 동료, 이웃주민, 종교단체 교우, 점원 등 타인에 대한 신뢰도 – 기업인들에 대한 신뢰도 – 부자들에 대한 인식수준	주관
		– 가족친화지수, 이혼율, 자살률, 한부모가족비율 – 이주여성가족비율 – 인구대비 외국인 수	주관
		– 아동, 노인, 부녀자, 청소년 폭력발생건수 – 강력범죄 발생건수 – 지역사회가 얼마나 안전한 장소인가에 대한 주관적 인식	객관/주관
		– 타인종이나 타문화에 대한 수용정도, 관용지수(tolerance index) – 외국인혐오지수	주관
		– 친구나 가족 등과의 연락횟수 – 각종 사교모임참석 횟수 – 연락 가능한 전화번호의수 – 문화 및 예술 활동 참석횟수	객관
	• 사회참여: 친사회적 행동 (자원봉사 및 기부활동) • 조직 참여 활동 • 사회교류 및 관계(정보접근성) • 공유된 규범	– 국민 1인당 월 자원봉사활동 시간 – 국민 1인당 연 기부총액	객관
		– 시민 사회단체 가입률 – 국민 1인당 참여하는 조직이나 단체의 수 – 부녀회, 노인회, 학부모회 등 자치조직 참여여부	객관

		– 정보격차지수 – 인터넷이용률 및 인터넷가입인구비율	객관
		– 예의나 질서와 같은 사회의 규범을 해치 는 반사회적 행동에 대한 주관적 인식	주관

자료: 지은구, 김민주(2014), p. 259에서 재인용.

위의 예를 보면 삶의 질 지수든 사회통합지수든 지수의 가장 큰 특징은 추상적 개념을 측정하기 위한 다양한 지표로 지수가 구성되며 지표는 모두 동일한 기준이나 같은 유형의 응답 패턴을 가지고 있지 않다는 점이다. 즉, 지표 중 자살률이나 실업률 등은 퍼센티지(%)로 나타나고 1인당 GDP는 화폐가치인 액수로 나타난다. 또한 주관적 인식에 대한 질문이나 각종 사교모임 참석 횟수 또는 연락 가능한 전화번호의 수 등과 같은 질문에 대한 응답은 주어진 결정값, 즉 수(number)로 나타난다. 따라서 응답유형이 일정한 패턴(명목척도, 서열척도, 등간척도, 비율척도 등)을 가진 응답 값으로만 구성된 척도와 다양한 유형의 응답 값으로 구성된 지수는 차이가 있음을 알 수 있다.

또한 지수를 구성하는 지표들(질문문항들) 사이의 논리적 연관성 역시 확인되어야 한다. 즉, 질문항목들 사이의 논리적 측면 역시 지수를 구성하는 지표(질문항목)들 사이에는 척도와 비교하여 깊은 연관이 없다고 할 수 있다. 예를 들어 사회포용에 해당되는 기대수명지표와 투표참여율지표 사이에 논리적 관계가 성립되어 있다고 보기 어렵다. 결국 기대수명과 사회참여가 제각각 다면적 영역을 가진 사회포용의 한 측면을 설명해 주는 지표로서 인정된다고 해도 이 두 개의 질문문항 사이에는 논리적 관계가 성립되어 있다고 보기는 어렵다.

2. 지표선정과 다중속성지수

지수는 혼합측정도구로서 여러 질문항목이나 지표로 구성되어 있다. 지수를 개발한다는 것은 측정하려는 것을 정확하게 측정하여야 하므로, 측정하려는 개념을 얼마나 정확하게 반영하는 질문항목이나 지표들을 찾아서 지수를 구성하는가가 매우 중요하다. 지수를 개발함에 있어 측정하려는 변수나 개념의 속성은 일반적으로 다양한 속성을 지닌다. 이는 지수가 위에서 언급한 바와 같이 혼합 측정도구에서 여러 질문항목이나 지표로 구성되어 있기 때문이다. 따라서 다양한 속성을 지닌 변수나 개념을 측정하기 위해서는 다양한 속성의 개념을 측정하는 **다중속성지수**(multi-attributed index)를 개발하여야 한다.

다중속성지수는 여러 질문항목이나 지표로 구성되는데 만약 여러 지표(또는 질문)가 동일한 내용을 측정(또는 질문)한다고 하면 이는 지표의 **중복성** 또는 지표의 공통성에 문제를 일으키게 된다. 따라서 지수건설에서 가장 중요하게 고려되어야 하는 것은 지표(또는 질문)선정에 있어 중복되는 지표를 삭제하는 것이라고 할 수 있다. 또한 다중속성지수는 여러 질문항목이나 지표로 구성되어 있지만 이 모든 지표나 질문항목이 지수가 측정하려는 모든 영역을 포괄적으로 모두 다루어야 한다는 측면에서 지수의 **포괄성** 역시 중요하다. 즉, 중복성과 포괄성은 다중속성의 지수건설에 있어 매우 중요한 원칙이라고 할 수 있다(Hajkowicz, 2006; Keeney & Raiffa, 1993). 하나의 추상적 개념은 다양한 속성으로 구성되어 있는 것이 일반적이므로 다양한 속성을 측정할 수 있는 지수의 건설, 즉 측정하려는 것을 정확하게 측정하는 지수를 건설하기 위해서는 결국 중복성과 포괄성이 중요한 토대가 된다.

Hajkowicz(2006)는 추상적 개념을 측정하는 지수건설에 있어 여러 영역을 동시에 측정하는 다중속성지수의 중요성을 강조하였다. 특히 그는 다중속성지수를 개발하는 데 있어 Keeney와 Raiffa(1976, 1993)가 제시하였던 다중속성만족이론(multi-attribute utility theory)을 적용하였는데, 다중속성만족이론은 지수가 다중영역의 지표(질문항목)들로 구성되어 있어 정책결정가들이나 연구자들에게 더욱 많은 정보와 통합적 시각을 제공한다는 것을 강조하는 이론이다. 따라서 여러 영역을 포괄하는 하나의 측정도구로서 지수를 개발함에 있어 지표나 질문항목을 수없이 첨삭하는 과정은 중복성을 극복하고 포괄성을 고려하기 위한 가장 기초적인 작업과정이라고 할 수 있다.

제3절 ¦ 가중치

1. 지표선정과 지표의 가중치

지수나 척도를 구성하는 지표 또는 질문항목들이 최종적으로 선정되면 조사대상자들이 질문에 대한 자신들의 인식을 바탕으로 각각의 질문항목에 대해 응답을 하게 된다. 모든 질문에 응답을 하게 되면 응답점수가 도출되고, 모든 응답점수를 합하게 되면 통상 응답자를 대상으로 이루어진 측정의 점수를 알 수 있다. 통상적으로 질문항목들에 대한 점수는 **지수 값** 또는 **척도 값**이 되며 지수 값또는 척도 값은 모든 질문 또는 지표에 대한 점수를 합하여 나타나고 제시된다. 응답자들이 척도가 구성하는 질문문항들에 대해 자신들이 선택한 응답항목의 점수를 합하는 방식은 가장 손쉽게 질문문항의 값, 즉 척도 값을 구하는 방식이지만 이 방식에는 모든 질문문항이 공동으로 더 중요한 또는 덜 중요한 질문문항이 없이 동일한 수준의 값을 지닌 질문문항이라는 전제가 우선되어야 한다.

만약 하나의 지수나 척도를 구성하는 질문문항들 중에 어떤 질문문항이 다른 질문문항에 비해 더욱 중요하다고 한다면 모든 질문문항에 똑같은 값을 책정하는 것은 측정실수를 가져오게 하는 결정적인 이유일 것이다. 지수나 척도를 구성하는 모든 질문문항에 동일한 값을 주는 방식은 모든 질문항목의 값을 합산하여 측정값을 나타내 준다는 특징이 있다. 이러한 척도나 지수의 값을 합산하여 나타내 주는 방식은 다음과 같은 문제점을 내포한다. 첫째, 지수 값이나 척도 값을 구하는 합산방식은 질문문항의 속성, 즉 어떤 질문은 다른 질문에 비해 더욱 중요할 수 있다는 속성을 반영하지 못한다. 둘째, 합산방식은 비슷한 영역이나 개념을 측정하는 지수들이나 척도들의 값을 상호 간에 비교하는 것을 어렵게 한다(Streiner & Norman, 2003). 점수를 합산하는 방식에 대한 첫 번째 문제, 즉 모든 질문이 동일한 값을 갖지 않는 경우에 대한 해결방안으로 등장한 것이 바로 모든 질문들에 가중치를 주어(weighting) 값을 계산하는 것이고, 두 번째 문제, 즉 지수 값이나 척도 값의 상대적 비교를 위한 방식으로는 기준(criterion)을 사용하는 방식과 규준(norms)을 설정하는 방식 등이 있다(Hajkowicz, 2006).

2. 지표의 가중치와 민감성

지수건설에 있어 지표나 질문의 상대적 중요성을 가리는 것 역시 매우 중요하다. 지수가 여러 영역을 포괄하는 다양한 지표나 질문항목으로 구성되어 있으므로 모든 지표가 동일한 중요성을 가진다고 가정한다면 모든 지표가 동일한 가중치 값을 가진다고 볼 수 있지만, 지수를 구성하는 지표들 중에 어떤 지표가 다른 지표들보다 더 중요한 지표라고 한다면 그 지표값이 다른 지표 값과 동일한 가치를 갖는다는 것은 문제가 있다. 지표들 간의 상대적 중요성을 가리는 것, 즉 지표의 가중치를 구하는 것을 일반적으로 민감성분석(sensitivity analysis)이라고 한다(Hajkowicz, 2006). 일반적으로 질문항목들이 모두 동일한 중요성을 갖는다는 것이 전제된다면 질문항목들에 대한 응답에서 응답자들이 선택한 응답의 값을 모두 더하면 그 합이 척도의 값이 되지만, 질문항목들이 상대적 중요성을 갖는다고 생각한다면 단순하게 응답에 대한 총합을 구하는 방식으로는 질문들의 상대적 중요성을 알 수가 없다.

지수나 척도를 구성하는 여러 질문문항이 각각의 중요성에 따라 다른 값을 갖는다고 한다면 상이한 응답 값을 주기 위해서는 어떤 질문문항들이 더욱 중요한 질문문항인지 구별할 수 있는 기준이 필요하다. 일반적으로 가중치를 두는 방식은 이론적 방식과 통계적 방식이 있다(Streiner & Norman, 2003). 이론적 방식은 전문적 지식이나 기술을 가진 전문가들의 의견을 수렴하거나 그동안 진행되어 온 선행연구를 통해서 또는 직관적으로 어떤 질문문항이 더욱 중요한 것인지를 결정하는 방식을 말하는데, 통계적 방식보다 가중치를 두는 것이 간편하여 더 많이 활용되는 방식이라고 알려져 있다. 일반적으로 통계적 방식으로는 가장 많이 활용되는 것으로 다중회귀분석을 통해 다양한 독립변수들 중에서 가장 많이 종속변수에 영향을 미치는 변수(또는 질문문항)를 찾는 방식과 질문문항들의 상대적 중요성을 검증하고 가중치를 적용하기 위해 활용하는 이원비교 방식의 AHP (Analytic Hierarchy Process)분석 방식 등이 있다.

Streiner와 Norman(2003)은 질문항목(또는 지표)들에 가중치를 두는 것은 질문항목들을 척도 값(또는 지수 값)으로 전환시키는 것을 의미한다고 하였는데, 이는 질문항목들에 대해 응답자들이 응답을 하고 응답한 결과를 수량화하여 나타나는 데 있어 모든 질문항목이 동일하게 중요한지 아니면 어떤 질문항목이 더 중요하고 덜 중요한지를 수량화하여 나타내 주는 것을 말한다고 할 수 있다. 그들은 가중치를 두는 데 있어 고려하여야 할 점을 두 가지로 나누어 설명하였다. 첫 번째 고려점은 측정하려는 것의 속성을 모두 포함하는 다양한 측면을 반영하는 상이한 수의 질문항목들을 고려하는 것이고, 두 번째 고려점은 질문항목들 중 높은 상관관계를 갖는 질문들을 고려하는 것이다.

가중치를 두는 데 있어 측정하려는 것의 속성을 모두 포함하는 다양한 측면을 반영하는 상이한 수의 질문항목들을 고려하는 것은 질문항목의 수를 고려하는 것으로 예를 들면 다음과 같다. 노인요양서비스를 제공하는 데 있어 서비스를 신청한 노인들의 요양등급을 결정하기 위해 건강상태를 점검하는 척도의 질문항목들에 대해 가중치를 결정한다고 했을 때, 척도를 구성하는 질문항목들 중에 노인의 신체활동에 대한 질문이 5개가 있고 노인의 정서적 상태를 묻는 질문이 1개가 있다고 한다면 당연히 5개로 구성된 신체활동에 대한 질문이 1개로 구성된 정서적 상태에 대한 질문보다 5배 내지는 더욱 중요하다는 것을 알 수 있다. 이는 곧 신체활동에 대한 질문이 정서적 상태에 대한 질문보다 노인등급판정에서 더 중요한 질문이라는 것을 의미한다고 할 수 있다. 만약 반대로 정서적 상태에 대한 질문이 노인요양등급판정에서 더욱 중요한 질문이라고 한다면 당연히 가중치는 정서적 상태에 더 많이 주어진다. 하지만 위의 경우에도 여전히 해결하여야 하는 문제가 남게 된다. 이는 같은 영역에서의 질문들이 모두 동일한 값을 갖는가에 대한 문제다. 즉, 위의 예에서 신체활동에 대한 질문이 총 5개로 구성된다면 이 5개 질문이 모두 동일한 중요성을 갖는가에 대한 문제라고 할 수 있다.

질문문항들의 상대적 중요도, 즉 가중치를 두는 데 있어 질문항목들 중 높은 상관관계를 갖는 질문들을 포함하는 것을 고려하는 것을 예로 들면 다음과 같다. 청소년들의 성장기에 겪는 어려움을 측정하는 척도에서 다음과 같은 질문들이 있다고 가정하자.

① 종종 학교에 지각한다.
② 선생님에게 대꾸한다.
③ 종종 싸움을 한다.
④ 선생님의 말에 복종하지 않는다.
⑤ 선생님을 무시한다.

위의 질문들을 살펴보면 질문들 중 2, 4, 5번은 상호 간에 상관관계가 높은 질문들이라는 것을 알 수 있다. 따라서 세 질문 중 어느 한 질문에 대해 응답점수가 높으면 당연히 다른 질문에도 응답점수가 높을 수 있다. 즉, 2번 질문에 대해 응답점수가 높으면 당연히 4번과 5번 질문에 대한 응답점수도 높을 수 있다는 것이다. 이 경우 2, 4, 5번 문항에 대한 응답점수가 당연히 높게 나오게 되고 질문문항들 중 관련된 세 문항이 더욱 중요한 문항이라고 생각할 수 있다. 그렇지만 위의 상관관계가 높은 세 질문이 모두 동일한 내용을 갖는 질문이라고 판단된다면 당연히 세 질문 중 두 개의 질문은 동일한 것을 묻는 질문이므로 제거되어야한다.

3. 측정값의 상대적 비교: 기준과 규준

지수 값이나 척도 값의 상대적 비교를 위한 방식은 기준(criterion)을 사용하는 방식과 규준(norm)을 설정하는 방식으로 구분된다. 이 두 방식에 대해 살펴보면 다음과 같다.

1) 기준을 활용한 측정값의 비교

기준을 활용하여 상대적 비교를 하는 것은 나의 점수가 (전문가들에 의해서) 설정된 기준을 중심으로 일정 기준점수에 부합하는지(기준점수보다 어느 정도 높은지 또는 낮은지)를 통해 도출된 측정값의 위치를 알 수 있도록 하는 방법이다. 이러한 방식은 **기준 관련 평가방식(Criterion-referenced evaluation)**이라고 불린다 (Thorndike, 2005). 기준은 특정 분야의 전문적 지식과 기술을 가진 전문가들에 의해 설정될 수도 있고 최저생계비와 같이 특정 방식을 통해 도출된 것일 수도 있다.

예를 들어 ○○지역사회복지관에서 근무하는 1,000명의 사회복지사를 대상으로 사회복지사가 인지하는 사회자본을 측정한 결과 사회복지사인 철수의 사회자본 측정 점수가 189점이라고 한다면 과연 189점이 무엇을 의미하는지, 다른 사회복지사들과 비교하여 자신의 점수가 높은 것인지 낮은 것인지, 자신보다 점수가 더 높은 사회복지사는 어느 정도인지 등에 대해서 알기 위해서는 측정값의 기준이 되는 점수가 반드시 존재하여야 한다.

기준 값의 결정은 통상 특정 영역에 있는 전문적 식견을 가진 전문가들의 결정이나 판단 또는 집단의 내부기준에 의해서 이루어지는 경우가 일반적이다. 예를 들어 '삶의 질'을 측정하는 측정지수가 총 3개 영역의 점수 합으로 이루어진다고 가정하자. 이 3개 영역이 첫째, 사회복지서비스의 정도, 둘째, 안전의 정도, 셋째, 경제적 보장의 정도라고 설정하고 세 개의 영역이 각각 5개의 질문으로 구성되고 각각 5점 만점의 리커트척도로 측정한다고 하면, 영역별 최고점수는 25점이고 삶의 질 점수의 최고점수는 세 개 영역에서 75점이 된다. 삶의 질 지수의 상대적 비교를 위한 기준을 설정하기 위해 전문가들로부터의 의견을 종합하여 최소 영역별 10점 이상 그리고 총합점수가 30점 이상이 되면 개인들이 느끼는 삶의 질이 좋은 것이고 20점에서 29점 사이이면 보통, 그리고 20점 이하이면 수준 이하라고 결정할 수 있다. 이러한 기준 설정방식은 앞서 설명한 측정질문들의 가중치를 계산하는 이론적 방식과도 같은 방식이라고 이해될 수 있다.

기준을 활용하여 측정값을 비교하는 방식의 가장 큰 결점은 기준이 전문가들에 의해 주관적으로 결정되므로 주관적이고 안정적이지 못하여 객관적 기준이라고 하기에 무리가 있다는 점이다. 이는 또한 삶의 질을 측정하는 다른 비슷한 종류의 측정척도나 지수와의 비교 역시 객관적인 점수의 기준이 상호 간에 존재하지 않아서 어렵다는 결점을 지닌다.

2) 규준을 활용한 측정값의 비교

측정점수의 상대적 비교를 위해 규준(norms)을 활용하는 방식은 **규준 관련 평가방식(Norms-referenced evaluation)**이라고 불리는데, 이는 측정값의 상대적 비교를 위하여 가장 일반적으로 활용되는 방식이다. 지수나 구성하는 질문문항들 사이의 상대적 중요성을 감안하여 가중치를 두는 것과 마찬가지로 척도를 통해 측정한 점수의 총합 내지는 합산점수가 다른 사람들의 점수와 비교해서 어느 정도 수준인지를 아는 것은 매우 중요하다(Thorndike, 2005).

만약 한 사람의 IQ가 130이라고 한다면 그 사람의 IQ가 다른 사람들과 비교해서 높은지 아니면 낮은지를 비교할 수 있는 기준점이 존재하여야 자신의 IQ가 어느 정도의 위치에 있는지 알 수 있다. 대학수능시험이 400점 만점이라고 했을 때 한 학생의 점수가 320점이라고 한다면 그 학생은 전체 시험응시자 중에서 자신의 점수가 어느 정도의 위치에 있는지를 아는 것이 중요한 것과 같은 이치다.

이는 결국 지수나 척도를 통해 측정된 측정값을 이해하고 해석하는 것을 규준을 통해서 수행한다는 것을 의미하는 것이다.

규준을 이용하여 다른 사람이나 집단과 자신의 측정값을 상대적으로 비교하는 규준비교방식은 점수규준, 나이(또는 성별)규준, 퍼센타일 규준 그리고 표준점수나 표준화된 점수(z점수와 t점수)를 통한 규준 등의 여러 유형이 있다. 각각의 유형은 모두 특징이 있으므로 이들 규준유형에 대해 자세히 알아보기로 한다.

3) 규준의 유형

(1) 평균점수: 점수규준

점수규준(grade norms)은 점수등가(grade equivalent)와 같은 의미로서 평균점수를 의미한다. 즉, 100명의 사회복지사에게 사회자본지수를 활용하여 조사한 결과 가장 높은 점수가 300점이고 가장 낮은 점수가 130점이었으며 100명의 점수를 합하여 평균을 구한 점수인 평균점수가 205점이라고 한다면, 점수규준은 205점이 된다. 따라서 한 사회복지사의 사회자본지수 값이 245점이라고 한다면 그 사회복지사의 사회자본의 정도는 평균 이상으로 높다는 것을 알 수 있다. 일반적으로 평균점수를 점수규준으로 사용하는 것은 간편하다는 측면에서 활용되는 방법이지만 점수규준(평균점수)은 다음과 같은 한계점을 지니고 있다.

- 첫째, 사회자본 120점에서 130점으로의 향상이 사회자본 240점에서 250점으로의 향상과 같은 수준의 향상이라고 할 수 없다.
- 둘째, 사회복지사의 사회자본의 평균점수가 205점이라고 해서 다른 집단의 구성원들도 같은 평균점수가 나올 수 있는 것이 아니므로 상대적 비교가 어렵다.

결국 점수규준은 한 집단의 구성원들에게 지수 값이나 척도 값의 수준을 평균점수로 환산하여 각각의 위치나 순위를 구별하는 것이 용이하다는 측면이 있지만, 집단 간 비교가 어렵다는 점과 점수의 격차가 동일한 수준의 향상이나 퇴보를 의미하는 것은 아니라는 점에서 제한적으로 사용되는 규준이라고 할 수 있다.

(2) 나이/성별 규준

나이/성별 규준은 나이/성별 등가라고도 불리며 지수 값이나 척도 값을 나이 또는 성별로 전환한 점수다. 예를 들어 청년이 노인보다 더 육체적으로 강하다든지 또는 남성이 여성보다 더 육체적으로 강하다든지 등의 나이와 성별에 따른 일반적인 가정이나 생각 등에 대한 전제를 규준에 반영한다. 이는 곧 나이 또는 성별에 따라 다른 규준을 정하는 것이 필요함을 의미한다. 결국 규준을 설정하는 데 있어 나이 특성이나 성별 특성을 고려하여 정하는 것이 나이/성별 규준이다. 신장의 차이나 몸무게의 차이 그리고 사용하는 단어의 차이 등은 모두 나이에 따라 다르므로 나이에 따른 상이한 규준을 정하는 것이 필요함을 나타내 준다. 이러한 차이는 동시에 남성과 여성, 소년과 소녀 등과 같은 성별의 차이 등을 반영하는 상이한 규준이 필요함을 의미하는 것이다.

(3) 퍼센타일 규준

퍼센타일(percentile)은 특정 값 이하의 점수를 가진 사람들의 퍼센티지(%)를 의미한다. 자신보다 더 낮은 점수를 가진 사람이 없다고 한다면 그 사람은 0퍼센타일이 된다. 한 집단구성원들의 몸무게나 키를 퍼센타일로 나타낸다면 그 자신의 몸무게나 키가 집단에서 어느 정도의 위치에 있는지를 알 수 있다. 예를 들어 사회복지사 20명을 대상으로 사회자본을 측정한 결과 값을 퍼센타일로 나타내면 〈표 3-2〉와 같다.

✏️ 〈표 3-2〉 사회복지사 20명의 사회자본 퍼센타일의 예

대상자	사회자본 점수	퍼센타일	대상자	사회자본점수	퍼센타일
1.	37	95	11.	17	42.5
2.	32	90	12.	17	42.5
3.	31	85	13.	16	30
4.	29	80	14.	16	30
5.	26	75	15.	16	30
6.	23	67.5	16.	15	25
7.	23	67.5	17.	13	20
8.	21	60	18.	12	10
9.	20	55	19.	10	5
10.	18	50	20.	8	0

퍼센타일 점수는 다음과 같은 공식으로 계산된다.

$$퍼센타일 = \frac{\text{자신보다 낮은 점수에 있는 사람의 수}}{\text{총 사람의 수}}$$

하지만 위의 예에서 보면 같은 점수를 가진 사람이 있으므로 퍼센타일은 이를 반영하여야 한다. 예를 들어 사회자본점수가 16점인 사람이 세 사람이고 23점인 사람이 두 사람 그리고 17점인 사람이 두 사람 있다. 동점인 사람이 홀수인 경우는 중간에 있는 사람(위의 경우는 14번 사람) 밑에 있는 사람이 6명이 있으므로 6명을 20명으로 나누면 퍼센타일은 30이 된다. 이런 경우 16점을 얻은 세 사람의 퍼센타일은 동일하게 30점이 된다. 반면, 같은 점수가 짝수인 경우 한 사람을 반으로 계산한다. 따라서 위에서 17점이 두 사람이므로 이 두 사람의 퍼센타일을 계산하면 17점을 반으로 계산하고(.5) 나머지 17점 밑에 있는 사람들이 8명 있으므로 8.5가 되어 8.5를 20으로 나누게 되면 42.5가 나오게 된다. 따라서 두

사람은 42.5라는 동일한 퍼센타일 점수를 갖게 된다. 위의 퍼센타일 점수의 의미는 내 점수가 평균보다 높은지 낮은지보다 더 구체적으로 나의 점수가 비교집단 내에서 어느 정도에 위치하여 있는지를 나타내 준다는 점에 있다.

  퍼센타일 규준은 상대적으로 높은 정도의 지식과 기술을 필요로 하는 통계방법을 사용하는 것이 아니기 때문에 지수나 척도 개발에 있어 누구나 손쉽게 사용하는 비교방식이라는 장점을 가지지만 다음과 같은 **단점**을 내포한다.

- 첫째, 퍼센타일은 비슷한 집단의 규준을 설정하는 것에는 무리가 없지만 비슷한 성격이나 속성의 집단을 제외한 상이한 집단에 대한 규준설정으로는 무리가 따른다는 점이다. 예를 들어 청소년들의 자살생각에 대한 지수나 척도의 값에 대한 퍼센타일점수가 곧 노인들의 자살생각에 대한 지수 값이나 척도 값에 대한 퍼센타일점수와 동일할 수는 없을 것이다.
- 둘째, 지수 값이나 척도 값이 여러 점수로 나타나지 않는 경우는 퍼센타일 점수로 전환하기가 상대적으로 용이하지 않다는 점이다. 예를 들어 사회복지사의 사회자본 측정값이 단순히 37점 8명, 23점 10명, 그리고 10점 2명이라고 한다면 퍼센타일 점수의 격차가 너무 크게 벌어지게 된다.
- 셋째, 퍼센타일점수가 단순히 순위(또는 순서)를 나타내는 순위자료(ranking data)이므로 평균이나 표준편차와 같은 값을 구할 수가 없다는 점이다.
- 넷째, 퍼센타일점수 분포를 보면 주로 가운데에 몰려 있어 벨모양의 정상분포라기보다는 직사각형에 가까운 분포를 보인다는 점이다. 이는 양극단에서의 차이보다 중앙에서의 작은 차이가 너무 과장되게 나타난다는 점을 의미하는 것이다. 예를 들면 〈표 3-2〉에서 대상자 1과 대상자 2의 사회자본점수는 각각 37점과 32점으로 퍼센타일점수가 5점 차이밖에 나지 않지만, 대상자 10과 대상자 13의 사회자본점수는 각각 18점과 16점으로 사회자본 측정값이 2점 차이밖에 나지 않지만 퍼센타일점수는 20점이나 차이가 남을 알 수 있다. 즉, 측정값 사이에 간격이 동일하지 않은 문제점이 나타난다.

(4) 표준점수와 표준화된 점수

표준점수(standard score)와 표준화된 점수(standardized score)는 Z점수와 T점수를 의미한다.

① Z점수

표준점수(Z score)와 표준화된 점수(T score)는 모두 앞서 지적한 퍼센타일 규준이 갖는 문제점을 극복하기 위해 사용되는 규준점수라고 할 수 있다. 표준점수는 표준편차를 단위로 보았을 때 평균에서 어느 정도 일탈하였는지를 보여 주므로 개개인의 위치가 전체에서 어느 정도에 위치하는지를 알려 주는 데 사용되고 서로 상이한 측정값을 비교하는 데 사용된다. 표준점수는 모든 응답자의 평균이 0이고 표준편차가 1인 표준정규분포로 환산하여 비교한 점수로서 표준점수가 음수이면 평균 이하 그리고 양수이면 평균 이상을 나타낸다. 즉, 평균점수와 표준편차를 이용하여 측정값들의 간격을 동일하게(즉, 등간격) 만들어 주는 것이다. 표준점수인 Z점수는 통상 –3에서 3 사이의 값을 갖는다.

먼저 표준점수를 도출하기 위한 공식은 다음과 같다.

$$Z = \frac{X - \overline{X}}{SD}$$

이 공식에서 X는 개인의 측정점수이고 $\overline{X}$는 샘플집단의 평균점수이며 SD (standard deviation)는 표준편차를 나타낸다. 사회자본의 예를 통해 표준점수를 계산하면 다음과 같다.

✎ 〈표 3-3〉 용산지역 대상자를 상대로 측정한 사회자본 Z점수의 예

대상자	사회자본 점수	퍼센타일	Z점수
1.	37	95	2.19[1]
2.	32	90	1.55
3.	31	85	1.42
4.	29	80	1.16
5.	26	75	0.77
6.	23	67.5	0.39
7.	23	67.5	0.39
8.	21	60	0.13
9.	20	55	0
10.	18	50	−0.26
11.	17	42.5	−0.39
12.	17	42.5	−0.39
13.	16	30	−0.52
14.	16	30	−0.52
15.	16	30	−0.52
16.	15	25	−0.65
17.	13	20	−0.90
18.	12	10	−1.03
19.	10	5	−1.29
20.	8	0	−1.55
총 20명	**400÷20 = 20(평균점수)**	**표준편차[2] = 7.75**	

1) $\dfrac{37-20}{7.75} = 2.19$. 이하 Z점수는 같은 방식으로 계산한다.

2) 표준편차는 분산에 루트를 씌우면 구할 수 있다. 분산을 구하는 공식은 다음과 같다.

$$분산 = \frac{\Sigma(X-\overline{X})^2}{n-1}$$ * n은 대상자(집단원) 총 수

📝 〈표 3-4〉 성서지역 대상자를 상대로 측정한 사회자본 Z점수의 예

대상자	사회자본 점수	퍼센타일	Z점수
1.	36	95	1.67[1]
2.	35	90	1.56
3.	34	85	1.45
4.	33	80	1.34
5.	30	75	1.0
6.	27	67.5	0.67
7.	27	67.5	0.67
8.	25	60	0.45
9.	19	55	−0.22
10.	18	50	−0.33
11.	17	42.5	−0.45
12.	17	42.5	−0.45
13.	15	30	−0.67
14.	15	30	−0.67
15.	15	30	−0.67
16.	14	25	−0.78
17.	13	20	−0.89
18.	11	10	−1.13
19.	10	5	−1.22
20.	9	0	−1.34
총 20명	420÷20＝21(평균점수)	표준편차＝8.98	

1) $\dfrac{36-21}{8.98} = 1.67$. 이하 Z점수는 같은 방식으로 계산한다.

위의 두 표는 성서지역 주민 20명을 대상으로 측정한 사회자본점수와 용산지역 주민 20명을 대상으로 측정한 사회자본점수에 대한 상대적 비교의 예를 나타낸다. 성서지역의 사회자본척도 질문지와 용산지역의 사회자본척도 질문지가 서로 같은 것이라고 가정하면, 성서지역 주민 20명을 대상으로 측정한 사회자본점수와 용산지역 주민 20명을 대상으로 측정한 사회자본점수에 대한 상대적 비교는 퍼센타일점수로는 알 수가 없다. 즉, 퍼센타일점수는 한 집단 내에서 대상자들의 상대적 위치는 알 수 있지만 두 집단 간의 사회자본점수에 대한 상대적 비교는 불가능하다. 하지만 Z점수는 두 지역 주민 간의 사회자본에 대한 집단 간 비교를 가능하게 해 준다. 즉, 위의 표를 보면 성서지역 주민의 사회자본점수 35점은 용산지역 주민의 사회자본점수 32점과 비슷한 수준임을 알 수 있다.

② T점수

T점수는 표준화된 점수로서 Z점수의 값을 음에서 양으로 전환하여 나타낸다는 특징을 갖는다. 즉, Z점수가 통상 +3에서 −3의 값 사이에 위치하며 소수점을 갖지만 T점수는 평균을 50으로 그리고 표준편차를 10으로 계산하여 양의 값을 갖는다. 결국 T점수는 Z점수가 음의 값을 갖는다는 단점을 극복하기 위하여 사용되는데, 통상 T점수는 20에서 80 사이의 값을 가지므로 100점 단위의 점수와 비슷한 점수대를 나타내어 Z점수보다 많이 활용된다. 다음은 T점수를 계산하는 식을 나타낸다.

$$T = 10\left(\frac{X - \overline{X}}{SD}\right) + 50$$

기본적으로 T점수는 양의 값으로 측정값들을 비교 가능하게 해 준다는 점에서 측정값들의 상대적 비교를 위한 규준으로서 작동하게 된다. 예를 들어 사회자본이 신뢰, 안전, 네트워크 그리고 참여로 구성되어 있는 개념이고 각각의 구성개념을 측정하기 위한 질문항목들이 있다고 한다면, T점수로 각각의 값들에 대한 표준점수를 산출하여 집단 간 또는 개인 간 측정값에 대한 상대적 비교를 할 수 있다. 즉, 퍼센타일은 한 집단 내에서의 위치를 나타내 주는 데는 중요한 역할을 담당하지만 나의 점수와 다른 집단 사람과의 점수에 대한 상대적 비교는 불가능하다는 단점이 있다. 하지만 Z점수와 T점수와 같은 표준점수는 상대적 의미에 대한 해석이 가능하도록 해 준다.

〈표 3-5〉는 규준의 주요 유형들이 갖는 내용을 정리하여 제시한 것이다.

◆ 〈표 3-5〉 규준의 주요 유형 및 내용비교

규준의 유형		비교유형	비교집단	비교방법
점수규준		• 집단구성원들이 가진 측정값의 평균점수가 기준점수임 • 등가점수(grade equivalent)라고도 불림	집단 내에서 비교	– 평균점수 이상 또는 이하로 비교
나이규준 (성별규준)		• 나이나 남성과 여성 등의 차이를 인정하여 기준을 정함 • 등가나이	집단 내에서 비교	– 성별, 나이 등을 반영한 기준 설정
퍼센타일 규준		• 평균점수가 아닌 전체 집단에서의 개인의 위치, 퍼센티지(%)로 표시 • 퍼센타일 순위(rank)라고도 함	집단 내에서 순위 비교	– 단순히 평균보다 높은지 낮은지를 나타내기보다 자신의 위치를 집단 내에서 분명히 나타내 줌
표준 점수 규준	Z점수	• 표준점수 • 평균과 표준편차를 이용하여 측정값들의 간격을 동일하게 하여 나타냄 • 음수와 양수, 소수점을 가짐	집단 간의 순위비교	– 3에서 3의 값을 가짐 – 양수이면 평균 이상, 음수이면 평균 이하를 나타냄
	T점수	• 평균과 표준편차를 이용하여 측정값들의 간격을 동일하게 하여 나타냄 • 표준화된 점수(또는 표준점수라고도 불림) • 양수 값을 가짐	집단 간의 순위비교	– 20에서 80 사이의 값을 가짐

제4절 │ 소결

지수를 개발하기 위한 전단계로서 선행연구를 통해 연구자들이 제시한 지수 개발단계를 살펴보면 공통적으로 제시되는 가장 기초적인 단계는 질문항목을 선정하는 것이다. 질문항목들은 하나 이상으로 구성되므로 각각의 질문항목이 상대적으로 어느 정도의 중요성을 차지하고 있는지를 논리적으로 확인하는 것은 지수건 척도건 측정을 통해 얻은 측정값의 정확성을 위해 매우 중요한 과업이다. 따라서 지수를 개발하기 위한 전단계로서 측정값의 상대적 중요도를 확인하기 위한 구체적인 방법으로 질문항목들 간의 상대적 가중치를 고려하여야 한다. 또한 자신 또는 집단의 측정값을 다른 사람이나 다른 집단의 측정값과 비교함으로써 상대적 위치를 알 수 있도록 하는 방안은 통상적으로 규준설정이라고 한다. 규준을 통해 상대적 중요도를 확인하는 방안으로는 이 장에서 제시한 평균점수, 나이/성별, 퍼센타일, 표준점수(T점수와 Z점수) 등이 있다.

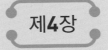

제**4**장

지수개발의 단계

제1절 ┊ 개관

　지수개발 또는 지수건설은 몇 개의 단계를 거쳐 진행된다. Babbie는 지수건설에 있어 질문항목들의 내적일관성보다는 상관관계를 보다 강조하여 지수건설을 강조하는 지수건설의 4단계를 제시하였으며, Diamantopoulos와 Winklhofer는 2001년에 발표한 논문에서 원인지표(causal or formative indicator)를 포함하는 지수건설의 4단계를 제시하였다. 지표는 통상 효과지표와 원인지표로 구분될 수 있는데 이들이 제시한 지수개발은 원인지표로 이루어진 지수개발이라는 특징을 갖는다. 또한 Hajkowicz(2006)는 다중속성지수를 건설하는 과정을 크게 5단계로 구분하여 제시하였는데, 그가 제시한 지수건설단계의 특징은 첫째, 지수건설단계에 가중치를 계산하는 민감성분석을 삽입하였다는 점과 둘째, 지수건설에 있어 가장 중요한 기준으로 중복성과 포괄성을 제시하였다는 점이다.

　지수건설에 있어 완벽한 단계는 존재하지 않는다. 이 장에서는 위에서 언급한 지수건설단계들에 대해 종합적으로 비교 설명한 후 지수건설에 있어 반드시 거쳐야 하는 지수건설단계에 대해서 설명하기로 한다.

제2절 : Babbie의 지수건설 4단계

Babbie(2007)는 지수를 개발하는 과정을 크게 4단계로 구분하여 제시하였다. 첫 번째 단계는 질문항목의 선정, 두 번째 단계는 질문문항들 사이의 관계검사, 세 번째 단계는 지수의 점수화(scoring), 그리고 마지막 단계는 타당도검증이다. Babbie가 제시한 지수건설단계는 특히 질문항목들의 내적일관성보다는 상관관계를 보다 강조하여 지수건설을 강조한다는 특징이 있는데, 이는 통계적 방법을 사용하여 질문항목들의 내적타당도를 점검한다는 것을 의미하는 것이다.

Babbie가 제시한 지수개발의 단계를 그림으로 나타내면 [그림 4-1]과 같다.

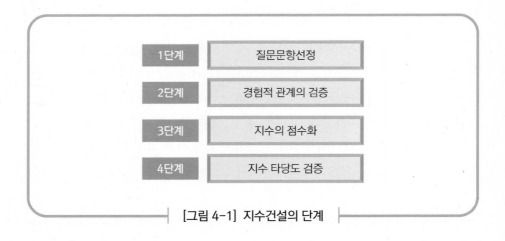

1단계	질문문항선정
2단계	경험적 관계의 검증
3단계	지수의 점수화
4단계	지수 타당도 검증

[그림 4-1] 지수건설의 단계

다음에서는 이들 단계에 대해 구체적으로 살펴보도록 한다.

1. 질문문항선정

지수를 개발하기 위해 수행하여야 하는 가장 우선적인 작업은 질문문항을 선정하는 작업이다. 지수는 여러 질문문항으로 구성되어 있는 혼합측정도구이므로 혼합지수를 구성하는 질문문항들을 선정하는 것은 지수개발에 있어 가장 핵심적인 작업이라고 볼 수 있다. 지수를 개발하기 위해 우선적으로 선행연구를 통해 특정 영역의 지수에 포함될 수 있는 질문들을 수집하게 되며, 수집된 질문문항들이 과연 연구자가 개발하려는 지수의 질문문항으로 적절한 것인지를 판단하여 질문문항들을 선정하게 된다.

질문문항을 선정하기 위해서는 첫째, 질문문항들에 대한 액면타당도 검증, 둘째, 일차원성 검증 그리고 마지막으로 분산검증과 같은 과정을 거치게 된다.

1) 액면타당도 검증

특정 현상을 측정하기 위해 필요한 지수를 개발하는 데 있어서는 가장 먼저 지수를 구성하는 질문문항들을 설정하게 된다. 모든 질문문항은 측정하기 위해 필요한 지수를 구성하게 된다. 질문문항들을 구성하게 되면 모든 가능한 질문문항을 선별하는 과정이 필요하다. 즉, 모든 질문문항이 개발하려는 지수에 모두 포함될 수 있는지를 일차적으로 검증하는 작업이 필요하다.

만약 사회자본을 측정하기 위한 지수를 개발한다면 모든 질문문항은 사회자본과 연관이 있는 질문문항들로 구성되어 있어야 하고, 삶의 질을 측정하는 지수를 개발한다면 역시 모든 질문문항이 삶의 질과 연관이 있어야 한다. 예를 들어 사회자본이 네트워크, 참여, 신뢰와 같은 다면적 영역으로 구성되어 있다고 한다면 질문문항들은 모두 네트워크, 신뢰 그리고 참여와 연관이 있는 질문문항으로 구성되어 있어야 한다. 일반적으로 측정하려고 하는 측정문항들이 올바르게 선정되었는지를 검증하기 위해서는 측정하려는 분야의 전문가들에게 질문문항을 검증받는 방법을 활용하게 된다.

2) 일차원성 검증

통상적으로 지수나 척도를 개발하는 데 있어서는 일차원성(unidimensionality)을 검증하는 것이 중요하다. 일차원성 검증은 측정하려는 하나의 개념이 반드시 그 개념만을 측정하는 질문문항으로 구성되어 있는가를 검증하는 것을 의미한다. 예를 들어 사회자본이 신뢰, 네트워크 그리고 참여라는 개념으로 구성되어 있다면, 신뢰, 참여 그리고 네트워크가 모두 사회자본을 측정하는 영역이지만 신뢰를 측정하는 질문은 모두 신뢰만을 측정하는 질문으로, 네트워크를 측정하는 질문은 모두 네트워크와 연관이 있는 질문으로, 그리고 참여를 측정하는 질문은 모두 참여와 연관이 있는 질문으로만 구성되어야 한다는 것을 의미한다.

3) 분산검증

분산(variance)검증은 측정하려는 개념에 대한 질문문항들의 분산의 양을 고려한다는 것을 의미한다. 지수를 개발하기 위해 질문문항(또는 지표)을 선정하는 데 있어 질문문항이 제공하는 분산의 양은 중요한 부분이다. 질문문항에 대한 분산의 양이란 간단히 지적하면 질문에 대한 대답이 너무 한쪽으로 치우치면 안 되고 고르게 분포되어야 한다는 것을 의미한다. 예를 들어 정치적 이념을 질문하는 질문에 대한 응답자들의 대답이 모두 보수주의라든지 아니면 모두 진보주의라고 한다면, 이 질문문항은 지수개발을 위한 항목으로 적당치 않다고 할 수 있다. 즉, 응답자들의 응답이 일방적으로 한쪽으로 치우치는 질문은 좋은 질문이라고 할 수 없으므로 지수를 개발하는 질문문항을 선정하는 단계에서 응답에 대한 분산이 고려되어야 한다.

2. 질문문항들 사이의 관계

지수를 개발하는 데에 있어 필요한 두 번째 단계는 선정된 질문문항들 사이의 경험적 관계(empirical relationship)를 밝히는 것이다. 경험적 관계란 한 질문에 대한 응답자의 대답이 다른 질문에 어떻게 대답할지를 예측 가능하도록 돕는 것을 나타내 준다. 만약 두 질문문항이 서로 경험적으로 관계가 있다고 한다면 각각의 질문문항이 같은 변수를 나타낼 수 있게 되고 지수에 두 질문이 모두 포함될 수 있게 된다. 예를 들어 사회자본을 구성하는 참여라는 변수를 측정하기 위한 질문이 세 개로 구성되어 있다고 한다면, 이 세 질문은 모두 참여와 관련이 있어야 함을 의미한다. 질문문항들 사이의 관계는 일반적으로 이변량 관계와 다변량 관계로 나뉜다.

1) 이변량 관계

이변량 관계(bivariate relationship)는 간략하게 말하면 두 변수 사이의 관계를 의미한다. 만약 질문문항들이 서로 경험적으로 관련이 없다고 한다면 그 질문문항들은 같은 변수를 측정한다고 할 수 없다. 따라서 두 문항 상호 간에 서로 관련이 없는(상관관계가 낮은) 경우, 하나의 변수(문항)를 삭제하는 것이 측정의 정확도를 위해 필요하다. 예를 들어 사회자본의 구성요소인 신뢰를 측정하는 질문문항을 "나는 친척 및 친구를 신뢰한다."와 "나는 우리가 낸 세금이 적절히 잘 쓰일 것이라고 믿는다."라고 설정하였는데 상관관계를 분석한 결과 두 문항 사이에 관계가 없는 것으로 나타나게 되면 하나의 질문문항은 삭제하여야 한다는 결론에 도달한다.

통상적으로 이변량 관계는 상관관계분석을 통해 이루어진다. 또한 원인과 효과를 나타내는 원인과 효과지표(cause and effect indicators) 역시 이변량 관계(하나의 변수나 지표가 다른 하나의 변수나 지표에 의존하는 것)를 나타낸다. 하지만 두 변수(문항)가 서로 너무 완벽한 관계를 갖는다는 것 역시 문제인데, 이는 두 문항이 너무 완벽한 관계를 갖게 되면 두 문항이 같은 질문을 하는 것이기에 굳이 두 문항이 필요하지 않고 하나의 문항이 다른 질문문항을 대체할 수 있기 때문이다.

2) 다변량 관계

두 개 이상의 변수 사이의 관련성을 확인하는 것이 다변량 관계(multivariate relationship)의 핵심적 내용이다. 즉, 두 개 이상의 변수들이 상호 독립적인지를 확인하는 것으로, 일반적으로 다변량 관계는 교차분석(cross tabulation analysis)을 통해 다차원분할표를 만들어 확인할 수 있으며 SPSS와 같은 통계프로그램을 통해 쉽게 두 개 이상의 질문문항들의 다변량 관계를 확인할 수 있다.

3. 지수의 점수화

지수를 점수화하는 것(index scoring)은 질문문항(또는 지표)을 설정한 후 질문문항들에 대한 응답에 점수를 책정하는 것을 의미한다. 지수에 가장 적합한 질문문항들을 선정하면 각각의 질문은 그에 알맞은 점수(또는 응답점수)를 가져야 하는데 질문에 적합한 응답의 점수를 할당하는 것이 지수점수화다. 지수의 점수화를 위해서는 다음과 같은 단계가 필요하다.

- 첫째, 지수점수의 범위를 결정하여야 한다. 예를 들어 "당신의 정치성향은 보수적입니까?"라는 질문에 대한 대답을 "매우 보수적이다" "약간 보수적이다" "전혀 보수적이지 않다"로 설정했다고 한다면, 대답의 양극단의 범위는 '매우'와 '전혀' 사이에 위치하게 된다.
- 둘째, 각각의 질문문항에 대한 대답점수에 가중치를 줄 것인지 아니면 모두 동일한 값을 줄 것인지를 결정하여야 한다. 질문문항에 대한 응답에 상이한

값(가중치)를 주어야 할 것인지 아니면 동일한 값을 줄 것인지를 결정하는
데 있어 특별한 규칙이나 기준은 존재하지 않는다. 특별한 이유가 없는 한
질문문항들에 모두 같은 값을 책정하는 것이 일반적이라고 할 수 있다. 즉,
상이한 값을 주는 것에 부담을 느낀다면 동일한 값을 책정하는 것이 일반적이다.

▼ 실례 1 직무스트레스를 나타내는 지수가 다음과 같이 네 개의 질문문항으로
구성되어 있다고 가정해 보자.

> * 당신은 당신의 직무를 생각하면 어떠한 느낌이십니까?
> 1. 기운이 없음을 느낀다.
> 2. 아무 이유 없이 피곤하다.
> 3. 안정을 유지할 수 없고 불안하다.
> 4. 평상보다 과민해진다.

각각의 질문항목에 대해 다음과 같은 값을 책정하였다.

> 종종 그렇다＝4점
> 때때로 그렇다＝3점
> 거의 그렇지 않다＝2점
> 결코 그렇지 않다＝1점

위의 직무스트레스 지수에서 응답 값의 범위는 1점에서 4점까지이며 각각의
질문문항의 대답은 동일한 값의 차이를 나타낸다(1점의 차이).

> **실례 2** 직무에 대한 자존감지수가 다음과 같이 네 개의 질문 문항으로 구성

되어있다고 가정해 보자.

* 당신은 당신의 직무에 관해 어떻게 느끼십니까?

1. 행복하다.	1점	2점	3점	4점	5점	6점	7점
2. 성공적이다.	1점	2점	3점	4점	5점	6점	7점
3. 중요하다.	1점	2점	3점	4점	5점	6점	7점
4. 최선을 다한다.	1점	2점	3점	4점	5점	6점	7점

각각의 질문문항에 대한 대답의 범위는 1점에서 7점까지이며 각 응답자가 생각하는 점수를 부여하고 응답 값을 합하게 되면 직무에 대한 응답자의 직무자존감지수가 나타나게 된다. 행복하지 않으면 않을수록 낮은 점수를 그리고 행복하면 할수록 높은 점수를 부여한다. 네 개의 질문에서 어떤 특정한 질문문항이 더욱 중요하지 않으며 모두 1점부터 7점까지 동일한 값을 갖는다. 즉, "행복하다." 와 "최선을 다한다."가 각각 동일한 값을 갖는다.

4. 타당도검증

지수를 개발하기 위하여 질문문항을 선정하고 질문문항들 사이의 관계를 검증한 후 지수점수화를 통해 지수를 구성하는 질문들의 응답점수를 고려하고 나면, 마지막으로 지수가 변수를 보다 정확하게 측정하도록 하기 위해서 개발된 지수의 타당도를 검증하는 것이 중요하다. 이는 지수가 과연 타당한지를 논리적으로 확인하는 것을 의미한다. 지수가 측정하려는 것을 정확하게 측정하는지를 확인하는 방안들을 간략하게 설명하면 다음과 같다.

1) 항목분석: 내적타당도

Babbie는 항목분석(item analysis)을 내적타당도(internal validation)와 같은 의미로 사용하였다. 내적타당도는 독립변수가 종속변수에 직접적으로 영향을 미치는가를 검증하는 것으로서 종속변수가 독립변수에 의해서 영향을 받지 않는다면 내적타당도는 낮거나 없다고 할 수 있다.

항목분석(내적타당도)은 지수를 검증하는 방안으로, 특히 지수를 구성하는 개별 질문항목의 관련성을 검증하는 것이다. 즉, 항목분석이란 혼합측정도구에 포함되어 있는 각각의 질문문항이 서로 중복되는지 아니면 독립적인지를 사정하는 것이다. 예를 들어 사회참여를 측정하는 측정질문들이 독립적으로 정확하게 사회참여를 질문하는지 또는 사회참여를 측정하는 질문문항들 사이에 서로 같은 질문문항은 없는지를 확인하는 것을 의미한다.

2) 외적타당도

외적타당도(external validation)는 조사설계의 타당도를 검사하는 방법으로 측정결과를 일반화할 수 있는 정도를 나타낸다. 특정 집단을 대상으로 이루어진 측정결과는 더 많은 사람에게 적용하여도 같은 결과를 가지고 와야 하며 반복해서 같은 측정을 한다고 해도 비슷한 결과를 가지고 와야 한다. 예를 들어, 편견을 측정하는 지수가 있다면 그 지수는 편견을 측정하는 다른 지수와도 연관이 있어야 한다. 또한 정치적 성향을 측정하는 지수에서 어떤 응답자의 대답이 모두 보수성향을 나타냈다고 한다면 그 응답자는 정치성향을 묻는 다른 지수나 지표(질문문항)에서도 보수성향을 나타내어야 한다.

제3절 ┊ Diamantopoulos와 Winklhofer의 지수건설 4단계

Diamantopoulos와 Winklhofer는 2001년에 발표한 논문에서 원인지표(causal or formative indicator)를 포함하는 지수건설의 4단계를 제시하였다. 이들이 제시한 단계는 Babbie가 제시한 4단계와 유사하지만 Babbie와 달리 이들은 지표의 공통성을 확인하는 단계를 제시하였다는 점에서 차이가 있다. 이들이 제시한 지수건설의 4단계는 [그림 4-2]와 같이 첫째, 내용구체화, 둘째, 지표구체화, 셋째, 지표공선성(collinearity) 확인 그리고 마지막으로 외적타당도 검증이다. 특히 이들이 외적타당도 검증을 강조한 이유는 원인지표의 경우는 내적일관성의 문제로부터 자유롭기 때문이다. 즉, 원인지표(잠재변수가 되도록 원인을 제공하는 관찰변수)의 경우 측정질문항목들 사이의 상관관계가 고려되지 않는 지표이므로 내적일관성 검증은 의미가 없다. 이는 타당도검증이 외적타당도 검증만으로 충분하다는 것을 의미한다.[1] 따라서 이들이 제시한 지수건설 4단계의 마지막 단계를 일반적인 지수건설단계로 전환하면 타당도검증단계라고 할 수 있다.

[그림 4-2] Diamantopoulos와 Winklhofer의 지수건설 4단계

---

[1] 통상 지표는 원인지표(formative or causal indicator)와 효과지표(effect or reflective indicator)로 분류된다. 효과지표는 측정하려는 구성개념이 측정되는 지표들을 정의하는 것(예를 들어 불안이나 초조, 신경과민, 걱정, 수면장애와 같은 측정질문의 개념들에게 영향을 주는 것)을 말하고, 원인지표는 측정되는 지표들로부터 구성개념이 정의되는 것(예를 들어 신뢰, 네트워크, 사회참여, 공동의 규범의 측정개념들이 사회자본을 구성)을 말한다. 이들 지표에 대해서는 척도개발의 장에서 보다 상세하게 설명하기로 한다.

이들 단계에 대해 간략하게 소개하면 다음과 같다.

1. 내용구체화

지수를 개발하는 첫 단계는 내용구체화(content specification)단계다. 내용구체화 단계는 측정하려는 잠재변수(latent variable)의 범위를 분명하게 확인하는 단계다. 잠재변수의 범위는 지수가 측정하려고 기대하는 내용의 범위나 영역을 의미한다. 예를 들어 '삶의 질'을 측정한다고 한다면 삶의 질이라는 추상적 개념인 잠재변수의 내용(영역 및 범위 등)을 분명하게 확인하는 것을 의미한다. 지수나 척도는 모두 하나의 지표나 질문항목으로 구성되어 있지 않고 여러 지표나 질문항목으로 구성되어 있는 잠재변수를 측정하기 위한 수단이므로 잠재변수의 내용을 확인하는 것은 매우 중요한 단계라고 할 수 있다.

Baggozzi(1994)는 원인지표가 결과지표(effective or reflective indicator)를 측정하는 잠재변수보다 더욱 추상적이고 애매하기 때문에 지수건설에서 내용구체화 단계는 매우 중요한 단계라고 강조하였지만, 원인지표건 결과지표건 지수를 건설하는 데 있어 측정하려는 추상적 개념을 정확하게 만드는 것 또는 측정하려는 추상적 개념의 범위나 영역을 명확히 하는 것은 매우 중요하다. 이는 측정하려는 지수의 내용(또는 범위와 영역)이 정해져 있지 않다면 지표나 질문을 구성하는 것이 현실적으로 어렵다고 할 수 있기 때문이다. 따라서 내용구체화단계는 지표나 질문을 구체화하는 지수건설의 다음 단계와 밀접한 연관이 있다.

2. 지표구체화

지표구체화(indicator specification)단계는 측정하려는 지표나 질문을 구체화하는 단계다. 즉, 개발되는 지수에서 지표로 사용될 질문항목들(또는 세부지표들)은 내용구체화에 의해서 정해진 추상적 잠재변수의 전체 범위나 내용 그리고 범위 등을 포괄하고 있어야 하기 때문에 지표구체화단계는 지수건설에 있어 중요한 단계라고 할 수 있다. 예를 들어 사회자본의 구성개념 중 신뢰라는 추상적 개념을 측정하기 위해서 선정하려는 측정질문항목들은 반드시 신뢰라는 개념의 내용이나 범위에 포함되어 제시되어야 한다. 보다 쉽게 설명하면, 빈곤을 측정한다고 했을 때 중위소득가구의 60%나 50% 또는 최저생계비 등의 지표가 빈곤을 측정하기 위해 활용할 수 있는 지표가 된다. 따라서 빈곤의 개념을 구체적으로 포함할 수 있는 빈곤 측정질문항목 또는 지표를 명확히 확인하는 것이 지표구체화단계라고 할 수 있다.

3. 지표공선성[2] 확인

지표공선성 확인단계는 지수건설에 있어 질문문항이 같은 내용을 질문하는 것은 없는지 또는 같은 내용을 나타내는 지표는 없는지 확인하는 단계다. 만약 같은 내용을 묻는 질문문항이 두 개라고 한다면 그중 하나는 당연히 삭제되어야 한다. 보다 정확히 표현하면 공선성 확인은 지표의 **다중공선성**(multi-collinearity)을 확인하는 것을 의미한다. 하나의 개념을 측정하는 지표가 하나만 존재한다면 지표들 사이의 다중공선성을 확인하는 것은 의미가 없지만, 하나의 추상적 개념은 통상 2개 이상의 지표나 질문항목으로 구성되어 있으므로 질문항목들 사이의 공선성을 확인하는 것은 매우 중요한 작업이 된다. 지표나 질문항목들의 다중공선성이 높으면 같은 것을 측정하는 질문항목들이 있다는 것을 의미하므로 당연히 측정도구인 지수의 타당도가 낮아진다.

---

2) 통상 공선성은 회귀분석에서 변수들 간의 상관관계를 나타낸다.

4. 외적타당도

외적타당도는 Babbie의 지수건설단계에서 설명한 바와 같이 측정결과를 일반화할 수 있는 정도를 나타낸다. 즉, 개발된 지수가 다른 상황이나 조건 그리고 다른 집단에서도 같은 결과를 가져다줄 수 있어야 한다는 것으로 지수가 다른 상황이나 맥락에서 일반화가 될 수 있는가를 결정하는 기준이다. 앞의 편견에 대한 예와 마찬가지로 사회복지사가 인지하는 사회자본지수를 개발했다고 한다면, 그 지수는 학교사회복지사, 의료사회복지사, 정신보건사회복지사 등 사회복지영역에서 근무하는 모든 사회복지사에게 동일하게 적용하여도 사회자본지수에 대해 같은 결과를 가져다주어야 한다. 결국 외적타당도는 지수를 통해 측정한 측정결과가 다른 집단, 다른 시기, 다른 상황에서도 적용될 수 있는가를 나타내 준다.

제4절 : Hajkowicz의 지수건설단계

Hajkowicz(2006)는 다중속성지수를 건설하는 과정을 크게 5단계로 구분하여 제시하였다. 그가 제시한 지수건설단계의 특징은 첫째, 지수건설단계에 가중치를 계산하는 민감성분석을 삽입하였다는 점과 둘째, 지수건설에 있어 가장 중요한 기준으로 **중복성과 포괄성**을 제시하였다는 점이다.

지수를 구성하는 질문항목이나 지표들이 모두 동일하게 중요할 수도 있지만 어떤 항목이나 지표는 또 다른 항목이나 지표보다 상대적으로 더 또는 덜 중요할 수 있다. 상대적 중요도에 대한 이러한 가정은 질문항목이나 지표들의 상대적 중요도를 확인하여야 함을 의미하는 것이다. 중복성은 지표들 각각이 서로 다른 내용을 나타내어야 한다는 것으로, 같은 것을 나타내는 질문이나 지표는 반드시 삭제되어야 함을 말하므로 공통성과 같은 의미를 가진다고 볼 수 있다. 그리고 포괄성(comprehensiveness)은 지수개발의 목적에 맞게 측정하려고 하는 것을 포괄적으로 측정하여야 한다는 것을 나타내므로 타당도와 비슷한 의미를 내포한다고 볼 수 있다.

Hajkowicz가 제시한 지수건설단계를 그림으로 나타내면 [그림 4-3]과 같다.

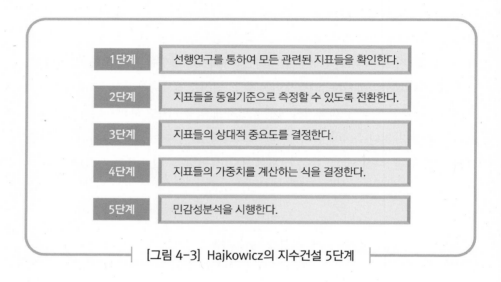

1단계	선행연구를 통하여 모든 관련된 지표들을 확인한다.
2단계	지표들을 동일기준으로 측정할 수 있도록 전환한다.
3단계	지표들의 상대적 중요도를 결정한다.
4단계	지표들의 가중치를 계산하는 식을 결정한다.
5단계	민감성분석을 시행한다.

[그림 4-3] Hajkowicz의 지수건설 5단계

1. 자료확인

지수는 다양한 지표로 구성되므로 측정하려는 구성개념을 측정하는 것이 가능하도록 하는 기존의 지표들이나 질문항목들을 선정하는 것이 필요한데 이러한 과정을 Hajkowicz(2006)는 자료확인단계라고 명명하였다. 측정이 가능하도록 하는 지표를 확인하는 것은 기존의 연구들이나 이미 활용되는 지수들의 지표들을 점검하고 비교하는 것을 통해 일차적으로 이루어진다.

2. 지표전환

지표전환단계는 선정된 지표들에 측정 가능하도록 수량화된 값을 부여하는 과정을 나타낸다. 실업률이나 자살률과 같은 사회지표는 수량화된 값을 이미 가지고 있지만 모든 지표가 수량화된 값을 갖는 것은 아니다. 따라서 수량화된 지표 값을 갖지 않는 경우 지표에 측정값을 부여하는 것도 매우 중요한 과정이라고 할 수 있다.

3. 상대적 중요도 결정

지표들이 모두 동일한 수량화된 측정값을 갖지 않는 경우, 즉 어떤 지표는 다른 지표들에 비해 더 중요하다고 간주되는 경우 지표들 사이에 상이한 점수를 부여하는 것이 필요하다.

4. 가중치계산

지표들에 대한 상대적 중요도가 결정되면 이에 대한 상이한 값을 책정하기 위해 가중치를 계산하여야 한다. 각기 다른 지표들에 부여되는 가중치는 지표들의 총합에 강력한 영향을 주는 요인으로서 지표들에 순위를 부여하는 역할을 한다. 예를 들어 삶의 질을 측정하는 지표들 중에 1인당 소득과 범죄율이 있다고 가정하면, 소득은 기본적인 삶을 유지하는 데 있어 절대적인 욕구이기에 범죄율보다 더 중요한 지표라고 할 수 있으므로 두 지표에 대해 상이한 값을 부여하는 것이 중요하다.

5. 민감성분석

Hajkowicz(2006)는 지수가 첫째, 가중치를 계산하는 방식이나 기법, 둘째, 지표들에 부여된 가중치, 셋째, 지표들이 갖는 고유한 가치 등에 민감하므로 이를 고려하여야 한다고 주장하면서 이를 민감성분석이라고 명명하였다.

제5절 ┆ 지수건설단계 종합

지금까지 서술한 지수건설단계에 대한 학자들의 의견을 종합하여 보면, 혼합측정도구로서 지수를 개발하기 위해 가장 우선적으로 해야 할 것은 문헌조사 또는 선행연구를 통해 측정하려고 하는 추상적 개념을 명확히 정의하고 지수를 구성할 지표나 질문항목들을 도출하는 것이다. 지수건설에서 질문항목이나 지표는 모두 측정하려는 개념을 측정하기 위한 질문항목이나 지표들의 세트이며 2개이상의 질문항목이나 지표로 구성되는데 이를 완전한 질문이나 지표라고 할 수 없기에 예비질문 또는 예비지표라고 부를 수 있다. 예비지표가 도출되면 지표의 중복성이나 일관성을 확인하기 위하여 측정하려는 지표와 관련된 전문가들을 중심으로 예비지표의 적절성을 확인하는 것이 필요하다. 구체적인 방법으로는 주요정보자면접이나 초점집단면접 등의 방식을 통해 내용타당도를 점검받는다. 예비지표에 대한 공통성과 내적일관성에 대한 수정과 보완 단계를 거치게 되면 일차적으로 측정하려는 추상적 개념을 측정할 수 있는 지표들로 구성된 지수가 도출되는데 이를 예비지수라고 부를 수 있다. 예비지수는 객관적인 타당도를 검증받지 못한 상태이므로 지수가 측정하려는 것을 정확하게 측정할 수 있는 지표들로 구성되어 있는지를 확인하기 위하여 내적 및 외적 타당도를 검증한다. 특히 우연한 사건(history)[3]이나 성숙(또는 시간의 경과)[4] 등의 내적타당도를 저해하는 요인들이나 측정대상의 대표성이나 측정대상자들의 민감성 등과 같은 외적타당도를 저해하는 요인들을 확인하여 제거하여야 한다. 이들 요인에 대해서는 타당도검증단계에서 보다 자세히 다루도록 한다.

위의 단계를 그림으로 나타내면 [그림 4-4]와 같다.

---

3) 측정에 영향을 미칠 수 있는 특별한 사건
4) 측정이 장시간에 걸쳐 일어나는 경우 측정대상자에게 일어나는 변화

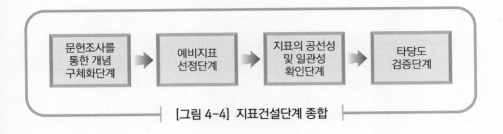

[그림 4-4] 지표건설단계 종합

지표건설(또는 개발)을 위한 위의 단계들에 대한 내용은 다음과 같다.

1. 개념구체화단계

개념구체화단계는 측정하려는 구성개념을 명확히 정의하고 개념을 구성하는 구성요인들을 확인하는 단계를 의미한다. 예를 들어 '사회복지지수'라고 한다면, 사회복지에 대한 명확한 개념을 정의한 후 사회복지라는 개념을 구성하는 요소들을 명확히 하여야 무엇을 측정할 것인지가 결정된다. 또한 사회자본지수라고 한다면, 사회자본을 측정 가능하도록 조작적으로 정의하고 사회자본을 구성하는 구성요소 또는 사회자본의 영역을 확인한 후 각 요소를 측정할 수 있는 지표들을 선정하는 것이 필요하다. 개념구체화단계에서는 선행연구를 통해 측정하려는 개념에 대한 이론적 배경이나 틀을 분석하고 확인하는 것이 중요하다.

2. 예비지표 선정단계

개념구체화단계에서 측정하려는 개념에 대한 명확한 조작적 정의가 이루어지고 측정하려는 영역이나 요소들이 확인되었으면, 그다음으로는 측정 가능한 측정지표들이나 질문항목들을 찾는 예비지표 선정단계가 필요하다. 예비지표 선정단계에서는 기존에 활용된 비슷한 지수의 지표들에 대한 점검 그리고 선행연구를 통해 나타난 측정 가능한 지표들에 대한 점검을 통해 일차적으로 지표나 질문항목을 나열한 후 측정하려는 분야에서 전문적인 지식이나 기술을 가진 전문가들을 대상으로 액면타당도와 내용타당도[5]를 점검받는 것이 중요하다.

3. 지표공선성 및 일관성 확인단계

1) 내적일관성

일관성을 확인하는 것은 내적일관성(internal consistency)을 확인하는 것을 일컫는다. 즉, 지수는 질문문항들이나 지표들로 구성되어 있는데 구성된 지표나 질문문항들이 계속적으로 일관성 있게 같은 결과를 가져다주는 것으로 구성되어 있는가를 확인하는 것을 의미한다. 즉, 반복적으로 측정하여도 같은 결과가 나오게 되면 측정질문항목들의 일관성은 높다고 볼 수 있다. 만약 질문항목들의 값이 같은 결과를 가져다주지 않는다면 그렇게 만드는 질문항목이나 지표들을 찾아 수정하거나 제거하는 것이 필요하다. 따라서 측정도구, 즉 지수나 척도의 일관성을 높이기 위해서는 동일한 질문항목을 찾아 제거하는 것과 완전히 상이한 질문을 하는 항목을 찾아 제거하는 것이 매우 중요하다. 예를 들어 삶의 질을 측정한다고 한다면, 삶의 질을 측정하는 측정도구는 여러 질문문항이나 지표로 구성되어 있으므로 여러 항목이 일관성 있게 같은 측정결과를 가져다주는지를 확인하는 것이 필요하다. 따라서 측정도구의 일관성을 높이기 위해서는 삶의 질과 관련없는 질문항목이나 지표들을 찾아 제거하고 같은 것을 묻는 질문항목이나 지표들을 찾아 제거하는 작업이 매우 중요하다고 할 수 있다.

내적일관성은 문항 간의 일관성 정도를 측정한다는 측면에서 문항내적일관성이라고도 불린다. 내적일관성은 내적일관성신뢰도를 측정하는 것으로 이를 위

---

5) 액면타당도와 내용타당도는 제5장 제4절에서 보다 구체적으로 설명하기로 한다.

해서는 반분법이나 크론바흐 α 신뢰도계수 값(Cronbach's α)을 가지고 검증하는 것이 일반적이다.[6] 내적일관성이 높으면 질문항목들이 반복하여 질문을 하여도 같은 결과를 가져다주는 질문들로 구성되어 있다는 것을 나타내 준다.

내적일관성을 측정하는 방법으로 반분법은 지수나 척도를 구성하는 질문항목들을 두 그룹으로 나누어(통상 무작위로 나누거나 짝수와 홀수로 나눔) 측정치 사이의 상관관계를 조사하는 것을 말하는데, 측정치가 비슷한 결과를 가져온다면 질문항목들 사이의 내적일관성신뢰도는 높다고 할 수 있다. 크론바흐 α는 질문항목 간의 상관관계를 통해 내적일관성신뢰도를 측정하는 것으로서 α값이 0.6 이상이면 받아들일 수 있는 정도이고 0.8 이상이면 바람직한 수준으로 판단한다. 크론바흐 α값이 높다는 것은 측정질문들이 반복해서 측정을 하여도 일관성 있게 같은 결과를 가져올 수 있다는 것을 나타내며, 크론바흐 α값이 0.6 이하라는 것은 질문항목들이 일관성 있게 같은 결과를 가져다주지 않는다는 것을 의미하므로 그 질문항목을 제거하는 것이 필요하다.

지수나 척도의 내적일관성을 향상시키기 위해서는 상관관계가 적은 질문문항을 제거하여야 하며 측정항목의 수를 늘리는 것도 한 방안이 될 수 있다. 특히 측정하려는 개념을 명확히 하는 것은 가장 기본적인 내적일관성신뢰도를 향상시키기 위한 방안이다.

2) 공선성

Diamantopoulos와 Winklhofer의 지수건설단계에서 설명한 바와 같이 지수를 구성하는 질문항목들 중 같은 것을 질문하는 문항이 두 개 있다면 당연히 하나를 제거하여야 하는데 같은 문항을 제거하는 것을 공선성검증이라고 한다. 일반적으로 공선성은 회귀분석에서 변수들의 공통적인 속성을 살피는 것을 의미

---

6) 신뢰도 측정방법에 대해서는 제7장 제2절 신뢰도에서 보다 상세하게 설명하기로 한다.

한다. 지수를 개발하기 위해 질문항목들을 선정하고 나면 질문항목들의 공선성 역시 확인하여야 하며 공선성이 낮은 질문들은 측정하려고 하는 것의 측정 가능성을 높이게 된다. 즉, 공선성을 검증하여 질문항목들 중 공선성이 높은 질문항목들은 수정 또는 제거하는 과정이 필요하다.

4. 타당도검증단계

타당도를 검증하는 것은 지수나 척도가 구성개념을 정확히 측정하는 것인가를 확인하는 것을 의미한다. 예를 들어, '사회자본'은 추상적인 개념으로 혼합측정도구로 측정하여야 한다. 따라서 사회자본이 신뢰, 네트워크, 참여, 공동의 규범과 가치 등으로 구성되어 있는 복합적이고 다면적인 개념이라고 한다면 사회자본을 측정하기 위한 사회자본지수는 당연히 신뢰, 네트워크, 참여, 공동의 규범과 가치 등을 측정하는 질문들로 구성되어 있어야 한다. 신뢰를 측정하는 질문들이 모두 신뢰라는 추상적 개념을 측정하여야 하며 나아가 신뢰, 네트워크, 참여, 공동의 규범과 가치 등은 당연히 사회자본을 구성하는 구성개념이어야 한다. 또한 '삶의 질'이라는 개념 역시 추상적인 개념으로 혼합측정도구인 지수나 척도를 통해 측정이 가능하다. 따라서 '삶의 질'을 측정하는 측정도구가 타당도가 높기 위해서는 '삶의 질'을 측정하는 측정질문들이 모두 삶의 질의 구성개념을 정확하게 측정하는 질문문항이나 지표들로 구성되어 있어야 한다.

1) 내적타당도 검증

지수를 건설함에 있어 타당도검증은 내적타당도(internal validity)와 외적타당도(external validity)를 검증하는 것이다. 특히 지수가 측정하려는 구성개념을 정확히 측정하는가를 검증하는 데 있어 내적타당도를 검증한다는 것은 내용타당도를 검증하는 것이라고 할 수 있다. 통상 지수나 척도에 있어 내적타당도를 검증하는 것은 내용타당도(content validity)와 구성타당도(construct validity) 검증을 통해 이루어지는데, 지수는 구성타당도보다는 내용타당도를 검증하는 것을 강조한다. 결국 지수의 타당도검증은 내적타당도를 검증하는 데 있어 구성타당도보다는 내용타당도를 검증하는 것이 강조된다고 할 수 있다. 내용타당도는 측정하려는 특정 분야에서 전문적인 지식이나 기술을 가진 사람들로부터 질문항목들이 측정하려는 개념을 정확히 측정하는 질문들로 구성되어 있는가를 점검받는 과정을 거친다. 따라서 내용타당도 검증은 전문가들의 주관적 판단이나 결정에 의존한다는 특징이 있다.

내적타당도는 Babbie의 지수건설단계에서 설명한 바와 같이 논리적 인과관계의 타당도라고도 하며 종속변수의 변화가 독립변수에 의해서 영향을 받았는가를 확인하는 것을 말한다. 다시 말해, 지수를 통해 측정된 값이 정확한 측정질문에 의한 측정치라고 할 수 있는가를 의미하는 것이다. 만약 측정하려는 것과 관련이 없는 엉뚱한 질문이 포함되어 있으면 정확한 측정치를 얻는 것이 불가능하므로 논리적으로 측정질문들이 측정하려는 것을 정확하게 측정하는 질문들로 구성되어 있는지를 확인하기 위해, 즉 지수나 척도를 개발함에 있어서 내적타당도를 검증하기 위해 내용타당도와 구성타당도를 점검하는 것이 일반적이다.

측정의 타당도를 향상시키기 위해서는 먼저 내적타당도를 저해하는 요인들을 확인하여 제거하는 것이 가장 중요하다. 측정 시 내적타당도를 저해하는 요인들은 다음과 같다.

- **첫째, 우연한 사건**: 역사라고도 불린다. 측정과정에서 측정대상자들을 혼란스럽게 하는 우연한 사건이 발생할 수 있다.
- **둘째, 성숙**: 시간의 경과라고도 불린다. 사람들은 측정의 대상이 되는 사람들을 포함하여 계속 성장하고 변화하므로 변화가 측정에 영향을 미칠 수 있다.
- **셋째, 측정(검사)**: 측정이 이루어지는 과정에서 어떤 변화나 결과가 초래되어 측정점수가 높아지는 경우가 존재한다. 특히 측정을 한 번 하고 시간이

경과한 후 같은 측정을 다시 하는 경우 두 번째 측정점수가 첫 번째 측정점수보다 높을 수 있다.

- 넷째, 측정도구: 동일한 개념이나 현상을 측정할 때 사전측정도구와 사후측정도구가 다를 경우 측정결과에 차이가 나타날 수 있다. 이러한 경우 차이가 나타나는 이유가 측정도구 때문인지 아니면 프로그램이나 서비스의 효과 때문인지 구분하기가 어렵게 된다.
- 다섯째, 대상자선정편견: 측정대상자를 잘못 선택하여 측정하는 경우 나타난다.
- 여섯째, 대상자의 탈락: 측정대상자들이 측정 도중에 측정을 거부하거나 끝까지 참여하지 않으면 통계적인 비교와 결론에 영향을 미치게 된다.
- 일곱째, 통계적 회귀: 측정결과가 매우 낮을 것이라고 기대되는 집단이나 대상자들에게 측정을 시행하는 경우 측정질문에 상관없이 응답에 있어 평균 쪽으로 대답을 하는 경우가 발생하게 되는데, 이러한 경우 측정질문에 대한 정확한 대답을 하는 것이 아니므로 결론에 영향을 미치게 된다.

사실 지수개발단계에서 내적타당도에 대한 검증은 내적타당도를 저해하는 이러한 요인들에 대한 충분한 고려를 통해 측정질문항목들에 대한 선정에서부터 측정대상자의 선정에 이르기까지 여러 상황을 고려하여야 한다. 측정질문이 측정하려는 것을 정확하게 측정하는지를 확인하고 검증하기 위해 측정항목들에 대한 내용 및 구성 타당도를 검증하여야 하며, 측정대상자들의 연령이나 성별을 동일하게 하고 동일한 조건에 있는 대상자들을 선발하거나 무작위로 선정하여 대상자선정편견 등과 같은 내적타당도 저해요인을 제거하는 것이 중요하다. 특히 측정질문이 측정하려는 구성개념을 정확하게 측정하는 질문들로 구성되어 있는가가 무엇보다도 중요하므로 내적타당도에 대한 검증은 내용 및 구성 타당도에 대한 검증이 우선이라고 할 수 있다.

2) 외적타당도 검증

앞에서 설명한 바와 같이 개발된 측정도구, 즉 지수나 척도의 측정치가 다른 사람들에게도 일반적으로 적용하였을 때 같은 결과를 가져오는 것이 가능한가를 확인하는 것이 외적타당도 검증이라고 할 수 있다. 즉, 측정결과의 일반화가 가능할 것인가를 판단하는 것이 외적타당도를 의미하므로 측정결과를 일반화할 수 없도록 하는 요인들을 제거하는 것이 외적타당도를 향상시키기 위해 매우 중요한 과업이 된다.

외적타당도는 내적타당도와 밀접한 연관이 있다. 내적타당도가 낮은 또는 없는 지수는 당연히 외적타당도를 검증할 필요가 없는데, 이는 내적타당도가 없다는 것이 지수가 측정하려는 것을 측정하지 못하고 있다는 것을 의미하기 때문이다. 다시 말해, 개발된 지수가 내적타당도가 없으면 측정도구로서 지수 자체의 성격을 상실하게 되어 당연히 그 지수의 외적타당도를 검증하는 것은 의미가 없다고 할 수 있다.

외적타당도를 향상시키기 위해서는 지수개발과정에서 지표나 질문항목을 선정함에 있어 그 타당도를 그 영역의 전문가들로 구성된 집단을 대상으로 주요정보자면접이나 초점집단면접 등의 방법을 통해 검증하는 것이 중요하다. 또한 선정된 질문항목이나 지표를 가지고 가능하면 조사대상자 선정에서부터 확률표본방식을 이용하여 대상자를 선정하고 조사대상자들이 집단을 대표하는 대상자들인지를 보다 면밀히 확인하여야 하며 조사대상자의 수도 가능하면 많이 하여 지수를 측정하는 것도 중요하다.

지수측정결과의 일반화에 대한 외적타당도의 문제는 크게 다음과 같은 3가지의 요인에 의해서 영향을 받는다.

- 일반화에 있어 가장 먼저 지적될 수 있는 문제는 조사대상자집단에 대한 문제다. 즉, 특정 모집단으로부터 추출한 표본집단을 대상으로 한 측정결과를

다른 연령집단, 다른 계층, 다른 문화나 다른 직종의 대상자들에게도 적용
하였을 경우 같은 결과를 나타낼 수 있어야 함을 의미한다.

- 두 번째로 지적될 수 있는 일반화의 문제는 시기의 문제다. 즉, 특정한 모집
단에서 추출한 표본집단을 대상으로 측정한 측정결과가 다른 시기에 측정
을 하여도 동일한 결과를 나타낼 수 있는가를 의미한다.
- 일반화에 있어 지적되는 마지막 문제는 일반화가 가능한 상황이나 환경에
대한 문제다. 즉, 측정을 통해서 나타난 결과가 측정 당시와는 다른 상황이
나 환경에서도 같은 결과를 나타내어야 함을 의미한다.

외적타당도를 향상시키기 위해서는 통상적으로 측정대상자집단을 무작위로
선정하여 측정하는 방법과 서로 다른 대상자집단을 대상으로 여러 번 측정을 하
는 방법 그리고 측정결과가 일반화될 수 있는 대표성을 갖는 집단을 선정하여 측
정을 하는 방법 등이 있다(Cook & Campbell, 1979).

[그림 4-5]는 지수개발에 있어 타당도의 유형을 그림으로 나타낸 것이다.

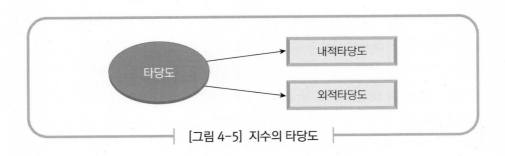

[그림 4-5] 지수의 타당도

물론 개발된 지수의 내적타당도를 점검하기 위하여 구성타당도를 검증하기도
하는데 구성타당도는 수렴타당도와 판별타당도를 통해 검증할 수 있다. 구성타
당도 검증을 위한 수렴 및 판별 타당도 검증의 두 방법은 척도개발의 단계에서
구체적으로 설명하기로 한다.

3) 내적타당도와 외적타당도의 관계

사실 지수를 선정하는 데 있어 어떤 지수가 좋은 지수이고 어떤 지수가 나쁜 지수인지를 이해하고 분류하는 것은 쉬운 작업이 아니다. 지수에 포함되는 질문문항들을 구성하여 선정하는 등의 지수를 구성하는 과정은 단순한 작업인 것처럼 보이지만 실제 특정 지수를 구성하는 작업은 상당한 정도의 경험과 지식을 필요로 한다. 거의 모든 지수개발자는 선정한 지수의 외적타당도를 입증하는 것에 실패한 경험을 가지고 있다고 보아도 무방하다. 지수개발자의 입장에서 보았을 때 질문문항들이 내적타당도를 가지고 있다고 확신하면 당연히 외적타당도가 입증되어야 하지만, 실제로 개발된 질문문항들이 지수개발자가 원하는 영역의 대답을 유도한다고 생각하여도 그것이 원하는 대답을 응답자들에게 유도하지 않고 전혀 다른 결과를 만들어 내는 경우가 많다. 즉, 내적타당도는 입증이 되어도 외적타당도가 입증이 안 되는 경우가 있다.

만약 항목분석을 한 결과, 지수를 구성하는 질문문항들 사이에 상관관계가 낮다고 한다면 지수항목들은 잘못 선정된 것이라고 결론지을 수 있다. 이런 경우는 질문문항들을 다시 숙고하여 선정한 후 내적타당도를 다시 검증하는 과정을 거치면 어느 정도 문제는 해결될 수 있다. 하지만 개발된 지수의 외적타당도가 검증이 안 되는 경우는 문제가 더욱 복잡해진다. 외적타당도가 입증이 되지 않는 지수는 활용할 가치가 없다고 할 수 있다. 예를 들어 내가 개발한 개인의 자존감을 측정하는 자존감지수를 가지고 특정 사람의 자존감을 측정한 결과 그 사람의 자존감이 낮은 것으로 나타났는데 다른 자존감지수들을 가지고 측정한 결과 그 사람의 자존감이 높다고 한다면 당연히 내가 개발한 자존감지수는 객관적인 측정도구로서의 지위를 상실하게 된다. 외적타당도를 높이는 가장 확실한 방안은 지수를 구성하는 질문항목들 중에 외적타당도를 낮추게 하는 것을 찾아서 제거하는 것이다. 사실 지수를 구성하는 모든 질문항목이 외적타당도를 낮추는 것은 아니므로 외적타당도를 낮추는 질문항목을 찾아서 제거하는 작업은 지수의 타당도를 확보하는 또는 개선된 지수를 개발하는 가장 확실한 방안이 된다.

5. 지수건설 시 고려하여야 하는 점

1) 분실 데이터의 처리

지수를 개발하기 위해 여러 질문문항을 설정하게 되는데 질문문항을 설정하는 데 있어 다루기 어려운 하나의 문제가 곧 분실 데이터(missing data)의 처리다. 지수를 구성하는 질문에 응답할 때 간혹 응답자들이 질문에 대답을 하지 않는 경우나 아니면 모르겠다와 같은 항목에 응답을 하는 경우 데이터의 분실이 발생하게 되고 이는 지수의 정확도에 영향을 주게 된다. 이와 같은 분실 데이터의 문제를 처리하기 위해 다음과 같은 방안이 모색될 수 있다.

- 첫째, 가장 일반적인 방법은 남아 있는 질문에 영향을 주지 않는 범위 안에서 분실 데이터를 제외하고 분석을 하는 방안이다. 대답을 하지 않은 응답자나 질문에 성의 없게 대답한 응답자들을 제외하고 분석을 시행하는 것이 정확한 지수개발을 위해서도 필요하다.
- 둘째, 분실 데이터를 가능한 대답으로 유추하는 것이다. '예'와 '아니요'를 묻는 질문을 예로 들면, 만약 사회참여에 대한 질문에서 여러 행동에 대해 예라고 대답한 사람이 하나의 행동에 아무런 응답을 하지 않았다면 그 행동도 예라고 대답했을 것이라고 예측하여 분실 데이터를 처리하는 것이다.
- 셋째, 분실 데이터를 조심스럽게 분석하여 그 의미를 해석하는 것도 분실 데이터를 처리하는 하나의 방안이다. 만약 정치적 이념에 대한 질문문항에서 한 응답자가 보수적인 측면에 지속적으로 대답을 하였다면 대답을 하지 않은 질문 역시 보수적인 응답을 할 가능성이 높으므로 응답의 경향을 분석하여 분실 데이터를 처리하면 실수를 조금이나마 줄일 수 있다.

2) 원인지표와 효과지표

지수는 척도와 마찬가지로 하나의 구성개념을 측정하는 단일지표가 존재할 수 없어 여러 지표로 구성되는 혼합측정도구다. 척도나 지수를 구성하는 지표는 그 성격상 두 개로 구분되는데 첫 번째는 효과지표이고 두 번째는 원인지표다. 따라서 지표를 구성하는 데 있어 또는 질문항목을 설정하는 데 있어 측정하려고 하는 것이 효과지표들로 구성되는지 아니면 원인지표들로 구성되는지에 대한 분명한 이해가 필요하다. 왜냐하면 원인지표의 경우 측정질문항목들 사이의 상관관계가 고려되지 않는 지표이므로 내적일관성 검증(신뢰도검증)은 의미가 없고 내적타당도 검증(공선성검증)이 보다 중요하게 고려되기 때문이다.

효과지표는 측정하려는 구성개념이 측정되는 지표들을 정의하는 것(즉, 구성개념이 지표들에 영향을 준다)을 말하며, 원인지표는 측정되는 지표들로부터 구성개념이 정의되는 것(즉, 지표가 구성개념에 영향을 준다)을 말한다. 즉, 원인지표는 잠재변수(측정하려는 구성개념)가 되도록 원인을 제공하는 관찰변수(지표 또는 질문문항)를 의미하며 효과지표는 관찰변수가 되도록 영향을 주는 잠재변수를 의미한다. 즉, 효과지표와 원인지표는 인과성(causality)에서 반대의 의미를 갖는다. 통상 심리학이나 사회복지실천영역에서 인간의 행동이나 태도 등과 같은 영역에서 이루어지는 측정지표는 대부분 효과지표로 구성되며 삶의 질, 사회자본, 사회경제적 지위 등과 같은 거시사회복지영역의 측정지표들은 대부분 원인지표로 구성된다(Bollen, 1989; Diamantopoulos & Winklhofer, 2001; Fornell & Bookstein, 1982).

앞의 Diamantopoulos와 Winklhofer의 지수건설 4단계에서 설명한 바와 같이 통상 원인지표가 효과지표를 측정하는 잠재변수보다 더욱 추상적이고 애매하기 때문에 지수건설에서 매우 중요하다고 알려져 있는데(Baggozzi, 1994), 이는 지수가 원인지표로 구성되는 경우 구성개념을 측정하는 지표나 측정질문들이 상호 간에 연관이 없을 수 있다는 점 때문이다. 예를 들어, 불안은 대표적인 효과지표로 구성된다. 불안이 초조, 걱정, 신경과민 그리고 수면장애로 구성되는 개념이라고 한다면 이는 곧 불안하면 초조하고 걱정이 많아지며 수면에 장애가 있고 신경이 과민해진다는 것을 나타낸다. 그리고 초조, 신경과민, 수면장애 그리고 걱정이 상호 간에 밀접한 연관이 있어 이 네 영역이 모두 불안에 영향을 받으므로 잠재변수인 불안이 초조, 신경과민, 수면장애 그리고 걱정이라는 관찰변수에 영향을 준다는 것을 나타낸다.

다른 한편으로 사회자본은 대표적인 원인지표다. 사회자본이 신뢰, 네트워크, 사회참여, 공동의 규범으로 구성된 개념이라고 한다면 불안과는 다르게 사회자본을 구성하는 신뢰, 네트워크, 사회참여, 공동의 규범이라는 관찰변수들은 각각 상호 간에 깊은 연관이 없을 수 있다. 즉, 신뢰가 참여 또는 네트워크와 상호 간에 연관이 있다고 보기 어렵고 사회자본이 증가한다고 해서 신뢰, 공동의 규범, 참여 그리고 네트워크가 모두 증가한다고 보기 어렵다. 하지만 불안이 증가하면 초조, 걱정, 신경과민 그리고 수면장애가 증가한다고 볼 수 있으므로 잠재변수와 관찰변수 사이의 관계를 면밀히 검토하는 것이 지수건설에 있어 매우 중요한 작업이라고 할 수 있다.

결국 원인지표로 구성되는 지수는 측정하려는 구성개념에 대한 보다 면밀한 연구 및 점검과 분석이 필요하며 철저한 선행연구 및 이론적 분석을 통하여 측정하려는 개념을 구성하는 구성요소를 확인하는 것이 중요하다고 할 수 있다. 원인지표와 효과지표에 대해서는 척도개발의 장에서 보다 상세하게 설명하기로 한다.

제6절 ┆ 소결

지수는 하루아침에 만들어지는 것이 아니며 매우 체계적이고 과학적인 지식과 기술을 동원하여야 가능한 복잡한 과정을 거친다. 지수를 건설하기 위한 가장 기초적인 지식은 통계학과 조사방법론으로부터 올 수 있지만 통계학에 대한 기초지식만 가지고 있다고 해서 모두 지수를 개발할 수 있는 능력을 가진 것은 아니다. 통계방법론을 제외하고 지수건설에 있어 가장 기초적인 지식은 바로 연구자들이 제시한 지수건설단계를 학습하고 각각의 특성을 비교 분석한 후 가장 적합한 지수건설의 과정을 구축하여 직접 지수를 건설하는 작업을 수행하는 것이다. 여러 학자가 제시한 지수건설단계를 종합 비교하여 본 연구에서 제시하는 지수건설단계는 첫째, 측정하려는 개념을 구체화하는 단계, 둘째, 예비지표 선정단계, 셋째, 지표공선성 및 일관성 확인단계, 넷째, 타당도검증단계다.

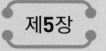
제**5**장

척도의 개발

제1절 ¦ 개관

척도(scale)는 지수와 같이 측정하려는 대상에 상이한 값을 제공하여 수량적 속성을 파악하게 해 주는 대표적인 혼합측정도구의 하나다. 우리는 척도를 활용하여 우리 몸무게의 변화를 알 수 있으며 하루하루 달라지는 온도의 변화를 알 수 있다. 이처럼 척도는 우리의 생활과도 밀접한 관계를 유지하며 우리에게 우리의 생활, 나아가 사회현상의 변화 등에 대해 알기 쉬운 길잡이의 역할을 해 준다. 사회복지영역에서 사회복지척도는 사회복지 제공에 따른 서비스대상자들의 변화나 집단이나 가족 그리고 조직, 나아가 지역사회 전체의 변화를 수량화된 값으로 우리에게 제시하여 줌으로써 사회복지 제공에 따른 효과성 및 형평성 등의 실현 여부를 확인하는 데 도움을 준다. 사회복지영역에서 척도가 없다고 한다면 지수와 마찬가지로 사회복지 제공에 따른 어떠한 변화나 정책과 서비스의 효과적인 실현 여부를 확인하는 것이 어렵게 된다.

이 장에서는 본격적으로 척도의 개발에 필요한 다양한 영역을 다룬다. 척도는 응답에 일정한 유형(pattern)이 존재하므로 이러한 척도의 응답유형에 따른 척도 구분을 보다 구체적으로 살펴보며 비교척도와 비−비교척도 그리고 등급(평정)척도와 순위척도, 계속형 척도와 범주형 척도 등 척도를 구분하는 다양한 특성과

척도가 가지고 있어야 하는 기본 원칙들을 비교하여 설명하도록 한다. 특히 사회복지영역에서 활용되는 척도를 소개하고 척도를 개발하기 위해 학자들이 제시한 척도개발을 위한 단계들을 종합하여 비교 분석한 후, 척도개발 시 고려하여야 하는 점 등을 살펴보고 가장 적합하고 활용 가능한 척도개발의 단계를 소개하도록 한다.

제2절 ┆ 척도의 속성 및 유형

1. 척도의 속성

척도(scale)는 기원, 묘사(설명), 거리, 순서를 나타내는 속성이 있다(Malhotra, 2006). 어떤 대상이나 현상을 나타내 주기 위해서는 설명이 있어야 한다. 척도는 어떤 대상을 설명해 주기 위해 무엇인가를 나타내 주는데 이러한 척도의 속성을 서술 또는 묘사라고 한다. 척도는 또한 순서를 나타내 준다. 즉, 척도는 무엇보다 앞에 있다, 무엇보다 크다, 무엇보다 뒤에 있다, 무엇보다 적다, 또는 같이 있다, 같다 등과 같이 상대적 크기나 위치를 설명해 준다. 척도의 속성인 거리는 측정하려는 어떤 대상과 대상 사이의 거리를 나타내 주며 기원은 시작점이나 영점 등과 같은 속성을 의미하는 것이다. [그림 5-1]은 척도의 속성을 나타내 준다. 그림에 따르면 나이는 거리를 나타내 주며 기원은 출생점인 0세를 의미하고 100세는 매우 늙었음을, 0세는 탄생을 묘사한다. 또한 순서는 유아기를 거쳐 청년기, 중년기, 장년기, 노년기 등을 나타내 준다.

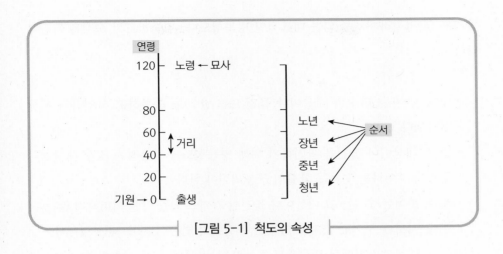

[그림 5-1] 척도의 속성

2. 척도의 유형

척도를 통해 수집되는 자료는 매우 다양한데 이러한 다양한 자료를 수집하기 위해 사용되는 척도의 유형은 앞에서 지적한 바와 같이 명목척도, 등간척도, 서열척도 그리고 비율척도로 나뉜다.

1) 명목척도

명목척도는 질적 척도유형(qualitative type)이라고도 알려져 있으며 어떤 대상이나 변수의 수량적 속성을 측정하는 데 있어 가장 초보적인 측정도구다. 명목척도는 하나의 대상을 구분하거나 동일화하기 위해 주로 사용되는 척도다. **명목척도로 측정되는 변수**는 변수들 사이의 차이나 거리 또는 서열의 의미를 갖지 않는 변수로서 남자인가 또는 여자인가, 특정 서비스를 제공받았는가 또는 제공받지 않았는가 등에 대한 대답에 부호화(coding)를 목적으로 단순히 번호를 부여하는 것을 의미한다(지은구, 2008). 명목척도는 성별, 언어, 인종, 국가 등을 구분하는 데 사용되며, 생활상에서 상품의 바코드는 상품에 번호를 지정하여 상품을 분

류하는 데 적절하게 사용되는 대표적인 명목척도다. 명목척도의 속성은 다음과
같다.

- 첫째, 숫자는 단순히 대상이나 물건(또는 변수)을 분류하고 확인하기 위해
  사용된다.
- 둘째, 대상이나 물건을 확인하기 위해 명목척도를 사용하는 경우 대상이나
  물건에 부여하는 숫자는 확실히 구분되어야 한다.
- 셋째, 부여된 숫자는 그 대상이나 물건이 가지고 있는 양을 의미하지 않는다.
- 넷째, 척도에 부여된 숫자를 다루는 유일한 방법은 숫자를 세는 것이다.
- 다섯째, 통계방법에서 명목척도는 빈도나 퍼센트 그리고 최빈수(mode) 등
  기술통계를 다루는 데 사용된다.

2) 서열척도

서열척도는 서열 또는 순서로 계속성을 나타내는 변수를 측정하기 위해 사용
된다. 따라서 변수들 간에 상관관계가 순서나 서열로 나타난다는 특징이 있어 순
위척도(Ranking scale)라고도 불린다. 예를 들어 총 40명인 고등학교 한 학급의 학
생을 성적으로 순위를 가린다고 했을 때 1등에서부터 40등까지 순위가 성적에
따라 매겨지게 되는데 이러한 순위가 서열이 된다. 또한 "프로그램이 당신에게
도움이 되었습니까?"라는 질문에 1. 매우 그렇다, 2. 조금 그렇다, 3. 그저 그렇
다, 4. 조금도 도움이 되지 않았다, 5. 전혀 도움이 되지 않았다라는 대답 중에 하
나를 선택하는 경우도 가장 흔한 서열척도 사용의 예다. 하지만 이 경우 매우 그
렇다는 대답이 조금 그렇다는 대답에 정확히 두 배의 차이가 난다고 얘기할 수
없는데, 이는 변수들 간의 수학적 차이는 없으며 단순히 응답을 위한 순서에 번
호를 붙인 것에 지나지 않기 때문이다. 서열수준의 측정으로 많이 알려진 척도
는 리커트척도다(지은구, 2008). 서열척도의 속성은 다음과 같다.

- 첫째, 서열척도는 물건이나 대상에 부여된 숫자가 순위를 나타내어 상대적인 차이를 나타내는 순위척도로서의 역할을 한다.
- 둘째, 대상이나 물건에 부여된 숫자는 어떤 물건이나 변수가 더 큰지 작은지, 더 많은지 적은지 등을 나타내지 얼마나 많은지 적은지 등을 나타내지 않는다.
- 셋째, 부여된 일련의 숫자는 대상이나 물건 또는 변수 사이의 순서관계를 나타내 준다.
- 넷째, 통계방법에서 서열척도는 퍼센타일, 중앙값(median) 등과 같은 기술통계를 다루는 데 사용된다.

3) 등간척도

등간척도는 명목척도와 서열척도의 속성을 가지고 있으면서 동시에 수집된 자료(변수 또는 정보)들의 양의 차이를 나타내 준다는 점에서 명목척도나 등간척도와는 구별된다. 등간척도로 측정되는 변수는 변수들 간에 서열이 있음과 동시에 변수 간의 차이가 동일한 간격으로 구분되는 측정변수를 의미한다. 따라서 변수들 사이의 차이가 의미가 있으며 일정하다고 할 수 있다. 예를 들어, IQ테스트의 120점과 110점의 10점 차이와 140점과 130점의 10점 차이는 동일하다고 할 수 있다(지은구, 2008). 온도계는 대표적인 등간척도를 사용한 측정도구다. 하지만 0도와 32도가 차이가 있다고 해서 32도가 0도보다 32배 더 덥다고 얘기 할 수 없는데 이는 0도라는 값이 임의상 물이 어는 점을 기준으로 설정한 것이지 0값이 절대적 기준으로 작동하지 않기 때문이다. 등간척도는 측정하는 대상이나 물건 또는 변수들 간의 거리를 상대적인 측면에서 양으로 파악할 수 있다는 점에서 매우 유익하게 활용된다.

등간척도의 속성은 다음과 같다.

- 첫째, 대상이나 물건에서 측정된 숫자의 거리는 동일한 가치를 갖는다.
- 둘째, 등간척도는 대상이나 물건(또는 변수) 사이의 상대적 차이를 비교하는 것을 허락한다.
- 셋째, 0점이 고정되어 있지 않다. 따라서 0점이나 측정단위가 임의적이다.
- 넷째, 척도의 값에서 비율을 정하는 것은 의미가 없다.
- 다섯째, 통계방법에서 명목 및 서열 척도에서 활용하는 방법 이외에 산술평균(mean), 표준편차(standard deviation) 등과 같은 기술통계를 사용할 수 있다.

4) 비율척도

비율척도는 명목, 서열 그리고 등간 척도가 갖는 속성들을 모두 포함하고 있으면서 추가적으로 절대적 양을 나타낼 수 있다는 점에서 가장 높은 수준의 측정도구다. 특히 비율척도와 등간척도의 차이점은 등간척도가 대상이나 변수들 사이의 상대적 의미만을 나타내지만 비율척도는 대상이나 변수들의 절대적 의미, 즉 0점(zero)이라는 값을 가지고 있으며 이 0이라는 값이 실질적 의미를 갖는다는 점에 있다. 예를 들어, 소득이 0원이라는 것은 소득이 한 푼도 없다는 것을 의미한다. 그리고 자녀의 수도 비율수준으로 측정하는데, 자녀의 수가 0이라는 것은 그 가정에는 자녀가 없다는 것을 의미한다(지은구, 2008). 몸무게는 -20kg이 존재하지 않는데 이는 0값이 절대적 기준으로 작동하기 때문이다. 비율척도의 속성은 다음과 같다.

- 첫째, 비율척도는 명목, 서열, 등간 척도의 모든 속성을 갖는다.
- 둘째, 절대적 0값을 갖는다.
- 셋째, 척도 값 사이의 비율을 계산하는 것이 의미가 있다.
- 넷째, 대부분의 통계방법은 비율척도를 통해 취득한 정보를 응용하는 것이다.

결국 상이한 네 개의 척도유형들은 어떤 개념을 측정하는 데 있어서 다양한 측정도구가 적용될 수 있음을 나타낸다고 할 수 있다. 예를 들어 "당신은 직업훈련프로그램에 대해 만족하십니까?"라는 질문에 "1. 예, 만족합니다"와 "2. 아니요, 만족하지 않습니다"라는 두 개의 대답을 사용하여서 명목척도로 측정할 수 있고, 또한 "당신은 얼마나 직업훈련 프로그램에 대해서 만족하십니까?"라는 질문에 대한 대답으로서 1. 매우 만족한다, 2. 조금 만족한다, 3. 그저 그렇다, 4. 조금도 만족하지 않는다, 5. 전혀 만족하지 않는다 등의 서열척도로 측정을 할 수도 있다. 그리고 프로그램의 만족도를 측정하는 간접적 질문으로서 프로그램 진행 중에 이루어진 총 15번의 수업에서 몇 번 결석하는지에 대한 질문을 비율척도를 통해서 측정할 수도 있다(지은구, 2008). 일반적으로 조사자들은 비율척도를 가장 선호하고 그다음으로 등간척도를, 그리고 서열척도를 선호하며 마지막으로 자료를 다룰 수 있는 다른 대안이 없을 때 명목척도를 사용한다고 한다(Weiss, 1998). 이러한 선호도를 보이는 것은 통계적 분석이 비율척도를 통한 측정에서 훨씬 용이하기 때문이다. 결국 척도의 수준으로 보면 명목척도를 사용하여 수집된 정보는 가장 낮은 수준의 정보를 제공해 주는 반면 비율척도를 사용하여 수집된 정보는 매우 높은 수준의 정보를 제공해 준다. [그림 5-2]는 척도의 수준을 나타내 준다.

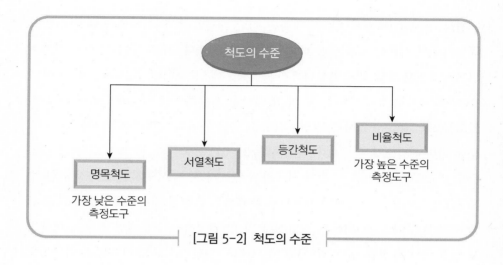

[그림 5-2] 척도의 수준

척도의 개념과 속성 그리고 사용할 수 있는 통계방법 그리고 대표적인 예들을
정리하면 〈표 5-1〉과 같다.

〈표 5-1〉 척도의 분류

척도	개념	척도 속성	예	통계방법
명목척도	대상이나 물건 또는 변수들을 구분하고 확인하기 위해 숫자를 사용	묘사 (설명)	성별, 인종, 종교 등	최빈도(mode), 퍼센트
서열척도	대상이나 물건 또는 변수들의 상대적 위치를 나타내기 위해 숫자를 사용	묘사 순서	학급성적 순위	퍼센타일, 중앙값(median)
등간척도	비교되는 대상이나 물건 또는 변수들의 차이를 나타내기 위해 숫자를 사용, 0이 절대적 의미를 가지고 있지 않음	묘사 순서 거리	온도 등	평균(mean), 표준편차, 범위(range)
비율척도	대상이나 물건 또는 변수들이 절대적 의미를 가지고 있는지를 나타내기 위해 숫자를 사용, 0이 절대적 의미를 가지고 있음	묘사 순서 거리 기원	나이, 소득, 길이, 무게 등	위의 모든 통계방법

[그림 5-3]은 척도의 구분과 활용법을 알기 쉽게 나타낸 것이다.

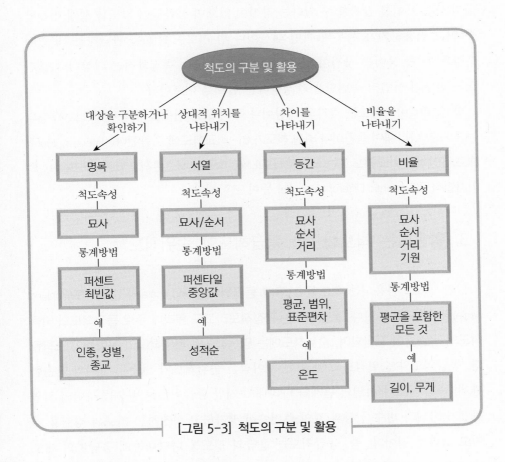

[그림 5-3] 척도의 구분 및 활용

5) 비교척도와 비-비교척도

척도는 속성상 비교척도(comparative scale)와 비-비교척도(noncomparative scale)로도 구분될 수 있다. 비교척도는 어떤 대상이나 물건 또는 변수들을 직접적으로 비교하는 척도를 나타내며 명목이나 서열 척도가 비교척도에 포함된다. 보가더스 사회거리척도(Bogardus Social Distance Scale), 거트만척도(Guttman Scale), 순위척도 등은 대표적인 비교척도다. 비교척도는 측정하려는 대상이나 물건 또는 변수들의 작은 차이를 감지할 수 있다는 장점이 있으며 사람들이 척도를 쉽게 이해할 수 있고 적용하기가 쉬우며 어떤 대상이나 변수(또는 질문)를 판단하는 데 있어 후광효과[1]를 줄이는 장점이 있다. 반면, 비교척도는 측정하려는 대상이나 물건 또는 변수의 서열적 측면만을 측정한다는 한계를 내포한다.

반면, 비-비교척도는 각각의 대상이나 물건 또는 변수들이 독립적으로 측정되는 척도를 나타내며 등간이나 비율 척도가 비-비교척도에 포함된다(Malhotra, 2006). 대표적인 비-비교척도로는 리커트척도(Likert Scale), 서스톤척도(Thruston Scale), 의미차별척도(Semantic Differential Scale) 등이 포함된다.

3. 활용되는 척도의 예: 등급척도와 순위척도

일반적으로 사용되는 척도들은 크게 등급척도(Rating scale)와 순위척도(Ranking scale)로 구분될 수 있다. 등급척도는 평정척도라고도 불리며 주로 등간척도와 비율척도의 유형들이 포함되며, 순위척도에는 명목척도와 서열척도의 유형들이 포함된다. 등급척도와 순위척도의 가장 큰 차이점은 순위척도가 변수들 사이의 단순한 관계, 특히 선호나 서열의 관계를 나타내 주지만 등급척도는 변수들 사이의 서열 관계가 아니라 변수를 양과 질의 측면에서 평가하고 사정하는 척도의 성질을 가지고 있다는 점이다. 즉, 등급척도는 응답의 정도를 나타내는데 응답자의 태도나 행동의 정도를 측정할 수 있다. 일반적으로 순위척도보다 등급척도가 조사자들이 더 선호하는 척도라고 알려져 있다.

예를 들어 철수가 좋아하는 음료수를 콜라, 사이다, 이온음료, 비타민음료에서 차례대로 순위를 정하도록 하여 1순위가 이온음료, 2순위가 사이다, 3순위가

---

1) 후광효과(Halo effect)는 특정 대상에 대한 일반적인 견해가 그 대상의 구체적인 특성들에 대한 평가에 영향을 미친다는 것을 나타내며 일종의 사회적 지각의 오류라고 할 수 있다.

콜라, 4순위가 비타민음료라고 한다면 철수의 선호는 순위척도를 사용하여 측정한 것이 된다. 콜라, 사이다, 이온음료 그리고 비타민음료라는 응답항목 사이에는 일정한 간격, 즉 등간이 존재하지 않으며 단순히 서열만을 나타낸다. 반면, 철수에게 콜라를 얼마나 좋아하는지에 대한 개인적 생각을 질문하고 '매우 좋아한다' '좋아한다' '그저 그렇다' '싫어한다' '매우 싫어한다'라는 응답항목에서 하나 고르라고 한다면 이는 등급척도를 사용하여 철수의 콜라에 대한 생각이나 태도를 측정한 것이 된다.

결국 등급척도는 측정하려는 변수를 양과 질의 측면에서 사정하고 평가하는 척도를 나타내고, 순위척도는 단순히 어떤 것이 높게 위치하는지 또는 낮게 위치하는지 등과 같은 응답항목들(또는 변수) 사이의 관계만을 나타내 준다. 통계방법을 사용하는 데 있어 순위척도는 비모수통계방법(Non-parametric statistics)을 사용하며 등급척도는 모수통계방법(Parametric statistics)을 사용한다. 일반적으로 통계학은 모수통계방법과 비모수통계방법으로 나뉘는데, 모수는 모집단의 평균이라든지 표준편차 등을 나타내는 용어로서 모수통계방법은 모집단의 확률분포(probability distribution)를 엄격히 가정하고 모집단에서 추출된 표본의 자료를 등간척도나 비율척도로 측정하여 모수[2]에 관한 통계적 추론을 다루는 통계방법을 말한다. 반면, 비모수통계방법은 모집단의 확률분포를 구체적으로 가정하지 않는 통계적 방법으로, 확률분포를 구체적으로 가정하지 않기에 모집단의 확률분포를 서술해 주는 모수를 검정하지 않는 통계방법을 말한다. 결국 비모수통계방법은 모집단에 대한 확률분포를 가정할 수 없는 경우, 즉 입력자료가 평균이나 표준편차 등의 모수를 찾을 수 없는 명목척도나 서열척도로 측정되는 경우 사용하게 된다.

---

2) 통계조사의 목적은 모집단에 대한 정보를 알아내는 것인데, 모집단의 평균이라든가 표준편차 등을 모수(Parameter)라고 한다.

1) 순위척도의 예

변수들이나 수집된 정보의 순위나 선호 그리고 서열관계를 나타내는 척도가 순위척도임을 앞서 지적하였는데 일반적으로 사회조사를 위해 순위척도로 많이 사용되는 척도는 거트만척도, 보가더스 사회거리척도(Bogardus Social Distance Scale), 서스톤척도, 양방향 비교척도(paired comparative methods), 순위척도(Ranking scale) 등이 있다. 이들 척도들의 구체적인 내용은 다음과 같다.

(1) 거트만척도

사회학자인 Louis Guttman(1950)이 개발한 척도이며 태도 그리고 개념들이 서열구조로 측정될 수 있다는 특징을 가지고 있다. 즉, 거트만척도는 태도나 개념들이 서열화되어 측정되므로 서열수준에서 정보를 측정하는 대표적인 서열척도라고 할 수 있다. 특히 거트만척도는 행동이나 기능의 강도를 나타내는 데 많이 사용된다. 예를 들어 육체적 아동학대의 강도를 측정하는 데 있어 거트만척도를 사용한다고 했을 때 다음과 같은 내용이 가능하다. 즉, 육체적으로 아동을 학대하는 데 있어 가장 나쁜 수준의 행동으로 야구방망이와 같은 도구를 이용해서 때리면서 함께 발길질을 하는 부모는 이보다 덜한 수준의 강도를 지닌 다른 육체적 아동학대의 행동들 역시 행한다고 보는 것이다. 그리고 도구를 이용해서 때리면서 함께 발길질을 하지는 않지만 손으로 뺨을 때린다든지 또는 주먹질을 하는 부모는 그보다 덜한 행동들인 꿀밤을 준다든지 손으로 미는 행동들을 행한다고 보는 것이다(지은구, 2008). 따라서 거트만척도의 기본 전제는 어떤 사람이 특정 변수에 대해 강력한 의사나 행동 또는 태도 등을 가진다면 그 사람은 또한 어떤 변수에 대해서는 약한 의사나 행동 또는 태도 등을 가진다는 것이다(Babbie, 2007).

〈표 5-2〉는 거트만척도의 예다. 이 예에서 도구를 함께 이용하여 발길질을 하는 가장 나쁜 수준의 육체적 아동학대를 행하는 부모는 5점을, 그리고 발길질을

〈표 5-2〉 거트만척도의 예

학대의 강도	반응의 유형				
손으로 민다.	예	예	예	예	예
꿀밤을 준다.	아니요	예	예	예	예
손으로 뺨을 때린다. 또는 주먹질을 한다.	아니요	아니요	예	예	예
발길질을 한다.	아니요	아니요	아니요	예	예
도구를 함께 이용하여 발길질을 한다.	아니요	아니요	아니요	아니요	예

자료: 지은구(2008), p. 205, 〈표 7-3〉에서 재인용.

하는 부모는 4점을, 손으로 뺨을 때린다든지 또는 주먹질을 하는 부모는 3점을, 꿀밤을 주는 부모는 2점을, 손으로 미는 행동을 하는 부모는 1점을 배정한다(그리고 아무런 대답을 하지 않은 부모의 경우는 0점을 줄 수 있다). 거트만척도의 가장 인상적인 점은 측정되는 연속선상에서 응답자가 어디에 위치해 있는지를 말해 준다는 데 있다. 예를 들어 한 응답자의 점수가 2점이라고 한다면 그 부모는 손으로 밀고 꿀밤을 주는 행동을 하며 발길질 등의 더 나쁜 행동은 하지 않는다는 점을 나타낸다(지은구, 2008).

(2) 보가더스 사회거리척도

보가더스 사회거리척도(Bogardus Social Distance Scale)는 거트만척도의 한 유형으로 대표적인 순위척도다. Emory S. Bogardus가 개발하였으며 주로 심리적 조사에서 많이 활용되어 왔다. 보가더스 사회거리척도는 응답이 축적되어 나타난다. 즉, 어떤 질문항목에 대해 동의를 한다면 이전에 대한 질문은 모두 동의하는 것으로 이해된다. 예를 들어 사람들에게 다른 사람을 받아들이는 정도를 질문한다고 가정하고 사회적 거리감이 없으면 1점으로, 그리고 거리감이 있으면 1점씩 점수가 증가하도록 설계된 질문은 대표적인 보가더스 사회거리척도다.

예: 사람들이 다른 사람을 받아들이는 정도

☐ 친척(1점)

☐ 친구(2점)

☐ 직장동료(3점)

☐ 이웃주민(4점)

☐ 같은 국민(5점)

☐ 관광객(6점)

이 예에서 이웃주민을 거리감이 없다고 느끼고 받아들인다면 직장동료, 친구
그리고 친척은 당연히 거리감 없이 받아들임을 의미하는 것이다.

(3) 순위척도

순위척도(Ranking scale)는 문항들을 서로 비교하여 측정하는 척도로 대표적인
서열척도다. 응답자는 동시에 여러 개의 응답항목 중에서 그들의 선호 또는 생
각이나 판단에 따라 응답항목에 순위를 부여하게 된다. 대답에는 옳고 그른 대
답은 없으며 단순히 개인적인 선호, 생각이나 기준 또는 판단에 의존해 응답이
이루어진다. 〈표 5-3〉은 순위척도의 예다.

✏️ 〈표 5-3〉 순위척도의 예(지역이 해결하여야 하는 가장 우선적인 사회문제에 대한 순위)

제기된 문제	영희의 순위	철수의 순위	준호의 순위	태호의 순위	민태의 순위
자살	4	1	3	5	3
범죄	1	3	2	2	1
실업	3	2	1	4	5
고독사	2	4	4	3	4
학교폭력	5	5	5	1	2

이 표에서는 지역이 해결하여야 하는 가장 우선적인 문제에 대한 5명의 지역 주민들의 생각을 순위로 나타낸 것이다. 지역사회가 해결하여야 하는 가장 시급한 사회문제로 영희는 범죄를 꼽았지만 준호는 실업문제를 꼽았다.

(4) 서스톤척도

서스톤척도는 Loius Leon Thurston이 종교에 대한 태도를 측정하기 위해 1928년에 개발한 척도로서 주로 심리학이나 사회학에서 사용되고 있는 척도다. 특히 서스톤척도는 절대적 기준 없이 여러 개의 문항을 서로 비교하여 평가하는 비교척도로 응답항목 간 간격(또는 점수 간 간격)이 동일하다고 간주하여 유사동간법이라고도 불린다. 서스톤척도를 개발하기 위해서는 다음과 같은 단계를 거쳐야 한다. 먼저, 조사자가 특정한 이슈에 대해 진술을 만들고 각각의 진술들에 얼마나 호의적이고 비호의적인지에 따라 평가자들은 점수(척도값)를 부여한다. 그다음 응답자들은 그 진술(질문)에 얼마나 동의하는지 그리고 동의하지 않는지를 표시하고 점수를 합산한다. 서스톤척도는 비용과 시간이 많이 걸린다는 단점 때문에 대중성이 약한 척도라고 알려져 있다(Zikmund et al., 2010).

〈표 5-4〉는 서스톤척도을 이용하여 자원봉사활동에 대한 태도를 조사한 것이다. 가장 우호적인 점수는 7점이며 가장 비우호적인 점수는 1점이라고 가정한다. 이 표에서 응답자는 네 개의 항목에 찬성을 표시했으므로 각각의 점수를 합산하여 응답자의 태도를 측정하면 5점(3+4+6+7÷4=5)이다. 중간값이 4점이므로 응답자의 자원봉사활동에 대한 태도는 긍정적임을 알 수 있다. 질문항목에 대한 1점에서 7점까지의 점수(척도 값)는 조사자의 주관적 판단에 따라 부여된 점수이며 1점과 2점의 간격과 2점과 3점의 간격 등 점수 사이의 간격은 동일하다고 가정된다.

✏️ 〈표 5-4〉 자원봉사활동에 대한 서스톤척도의 예

찬성 여부	항목	척도 값
( )	1. 자원봉사활동은 개인이나 사회에 도움이 되지 않는다.	1
( )	2. 자원봉사활동은 개인이 하는 다른 일에 방해가 된다.	2
(√)	3. 자원봉사활동은 시간을 낭비하는 일이다.	3
(√)	4. 자원봉사활동은 사회에 도움이 된다.	4
( )	5. 자원봉사활동은 개인에게 좋은 경험이 된다.	5
(√)	6. 자원봉사활동은 더불어 사는 사회를 위해 필요한 행동이다.	6
(√)	7. 자원봉사활동은 사회나 개인을 위해 반드시 필요하다.	7

(5) 양방향 비교척도

양방향 비교척도(paired comparative methods)는 두 개의 대칭되는 사물이나 두 개 단어가 짝을 이루도록 하고 선호하는 응답을 선택하도록 하는 방식의 척도다. 양방향척도와 서스톤척도는 가장 우선적으로 질문항목들을 등간수준(interval level)으로 선정한다는 점에서 동일한 접근방식을 취한다. 즉, 응답항목들 사이의 거리가 같다는 특징을 갖는다. 단지 두 척도의 차이점은 서스톤척도의 경우 앞서 설명한 바와 같이 응답항목이 많은 반면 양방향척도는 응답항목이 대비되는 두 개로 구성된다는 점이다.

다음은 대표적인 양방향척도의 예다.

> 예: 다음의 상품 중 당신이 더욱 선호하는 상품은 어느 것입니까? 아니면 두 상품이 똑같다고 생각하십니까?
> 1. 까스명수가 더 좋다　　　　　　 2. 활명수가 더 좋다
> 3. 둘 다 같다

2) 등급척도의 예

등급척도(Rating scale)는 상대적 비교가 가능한 정보를 취합하기 위해 사용하는 척도의 유형으로 수집된 자료가 순위척도같이 상대적 위치만을 나타내 주는 것이 아니라 비교되는 대상이나 물건 또는 변수들의 양과 질의 정도의 차이를 나타내 주는 척도다. 등간척도로 활용되는 대표적인 척도는 의미차별척도, 리커트척도, 하터척도, 형용사적 척도 등이 있다. 등급척도를 활용하여 취합된 자료는 평균값과 표준편차 등 모집단의 모수를 활용하므로 모수통계방법이 사용된다. 일반적으로 사용되는 등급척도들은 다음과 같다.

(1) 의미차별척도

의미차별척도(Semantic Differential Scales)는 응답자들의 감정이나 태도가 양극단의 입장(가치가 있는가 또는 가치가 없는가, 흥미가 있는가 또는 흥미가 없는가 등)에서 측정된다. 즉, 응답이 양극단 어디에 해당되는지를 나타내는 데 사용된다. 만약 결혼한 여성들에게 여성의 가사노동에 대한 태도나 그들의 감정 등을 질문하면 그들의 감정에 따라 다양한 측정 숫자가 나타날 수 있다. 〈표 5-5〉는 의미차별척도를 사용하여 여성의 가사노동에 대한 태도를 나타낸 것이다.

✏️ 〈표 5-5〉 여성의 가사노동에 대한 태도에 대한 의미차별척도의 예

흥미 있다	1	2	3	4	5	6	7	8	9	흥미 없다
적절하다	1	2	3	4	5	6	7	8	9	적절하지 않다
가치 있다	1	2	3	4	5	6	7	8	9	가치 없다
중요하다	1	2	3	4	5	6	7	8	9	중요하지 않다

응답자들은 가사노동이 가치 있다고 생각하면 1점이나 2점에, 가치가 없다고 생각한다면 8점이나 9점에 동그라미를 그릴 것이기 때문에 의미차별척도는 가

사노동이라는 개념에 대한 응답자들의 태도를 나타내 주는 데 적절히 사용된다.

(2) 리커트척도

리커트척도는 Renis Likert가 개발한 척도로 일반적으로 태도나 의견을 다루는 데 있어 가장 많이 사용된다. 응답선택항목들은 매우 동의한다, 다소간 동의한다, 그저 그렇다, 다소간 동의하지 않는다, 매우 동의한다 등과 같이 이루어지며 응답자들은 이들 항목 중에서 하나를 선택하여 대답한다. 각각의 대답은 점수로 나타나는데, 예를 들어 매우 동의한다는 5점, 다소간 동의한다는 4점, 그저 그렇다는 3점, 다소간 동의하지 않는다는 2점, 매우 동의하지 않는다는 1점이 주어진다. 〈표 5-6〉은 일반 직장인들의 자원봉사에 대한 태도를 리커트척도를 이용하여 나타낸 것이다(지은구, 2008).

✏️ 〈표 5-6〉 자원봉사에 대한 태도의 리커트척도의 예

질문	다음 중 한 곳에만 표시해 주세요.				
	매우 동의한다	다소간 동의한다	그저 그렇다	다소간 동의하지 않는다	매우 동의하지 않는다
1. 자원봉사는 사회적으로 인정받기 위하여 행하는 것이다.					
2. 자원봉사는 사회적 책임의식을 갖고 참여하는 일이다.					
3. 자원봉사를 하는 것보다 가족이나 연인과 더 많은 시간을 보내는 것이 바람직하다.					
4. 자원봉사는 시간이 많은 사람들이 하는 것이다.					
5. 자원봉사에 필요한 식대와 교통비는 지급되어야 한다.					

(3) 하터척도

하터척도는 Harter가 1982년에 청소년영역에서 아동들의 인지된 경쟁력척도를 개발하면서 활용한 척도로 리커트척도의 한 유형으로 알려져 있다. 중간값은 존재하지 않으며 진술이 응답하는 아이들에게 정말 진실인지 아니면 일정 정도 진실인지에 대해 왼쪽과 오른쪽에 해당하는 곳에 체크하는 것으로 질문이 구성되어 있다. 즉, 〈표 5-7〉에서 나타난 바와 같이 먼저 질문에 응답하는 아동은 왼쪽에 속하는 아동을 더 좋아하는지 아니면 오른쪽에 속하는 아동을 더 좋아하는지를 결정한 다음에 서술한 내용(일정 정도 진실인지, 정말 진실인지) 중 한 개를 결정하는 방식이다.

Harter는 이와 같은 질문에 대한 응답방식이 응답오류를 줄이는 데 일조한다고 믿었는데, 이는 응답자가 대조적인 두 유형의 응답을 골라야 하므로 원하지 않는 다른 대답을 할 가능성을 줄일 수 있을 것이라고 생각하였기 때문이다(Streiner & Norman, 2003).

◢ 〈표 5-7〉 Harter 척도의 예

나에게는 정말 진실이다.	나에게는 일정 정도 진실이다.	일부 아이들은 많은 친구를 가지고 있다.	그러나	어떤 친구들은 친구가 거의 없다.	나에게는 일정 정도 진실이다.	나에게는 정말 진실이다.

(4) 형용사적 척도

형용사적 척도(adjectival scale)은 질문에 대한 양극단의 대답이 정반대 개념이 아니고 정도를 표시하는 용어(형용사)들로 구성되어 있는 등급척도(rating scale)의 한 유형이다. 형용사적 척도의 가장 일반적인 예는 성적등급이나 자신의 몸

상태에 대해 자기기입식 질문문항에 대한 대답을 형용사를 활용하여 표시하는 것이다. 즉, 훌륭함(excellent), 매우 우수(very good), 우수(good), 보통(fair), 미흡 (poor) 등으로 표현되는 등급척도가 대표적인 형용사적 척도다(Streiner & Norman, 2003).

■ 저스터척도

형용사적 척도의 또 다른 유형이 **저스터**(Juster)**척도**다(Hoek & Gendall, 1993). 저스터척도는 형용사를 사용하여 등급을 매긴다는 점에서 형용사적 척도와 유사하지만 응답자들의 사회심리적 속성에 대한 가능성을 수량화하여 보기 쉽게 나타낼 수 있다는 특징을 가지고 있는 등급척도다. 〈표 5-8〉은 저스터척도의 예다.

✏️ 〈표 5-8〉 저스터척도의 예

10점	확실함(certain)	100 중에 99의 가능성
9점	대부분 확실함(almost sure)	10 중에 9의 가능성
8점	거의 확인 가능함(very probably)	10 중에 8의 가능성
7점	확인 가능(probable)	10 중에 7의 가능성
6점	좋은 가능성(good possibility)	10 중에 6의 가능성
5점	그저 그런 좋은 가능성(fairly good possibility)	10 중에 5의 가능성
4점	그저 그런 가능성(fair possibility)	10 중에 4의 가능성
3점	일부의 가능성(some possibility)	10 중에 3의 가능성
2점	약한 가능성(slight possibility)	10 중에 2의 가능성
1점	매우 약한 가능성(very slight possibility)	10 중에 1의 가능성
0점	가능성 없음, 거의 가능성 없음	100 중에 1의 가능성

(5) 시각적 연속척도

시각적 연속척도(Visual Analog Scale: VAS)는 등급척도의 한 유형이지만 매우 단순하게 질문에 대한 응답을 할 수 있다는 장점을 가진다. 즉, 질문에 대한 응답을 가장 간단하게 대비되는 두 개의 응답으로 분류한 후 두 응답 사이에 일정한 거리의 선(line)을 그어 응답자들이 자신의 생각을 선에 표시하도록 하는 방식이다. 시각적 연속척도는 1921년에 Hayes와 Patterson이 처음 개발하여 사용되었는데 당시에는 **그래픽등급방법**(graphic rating method)이라고 불렸다. 특히 시각적 연속척도는 1960년대까지는 임상심리학 분야에서 많이 활용되었으며 이후는 인간의 고통, 감정, 기능적 능력(functional capacity) 등을 측정하는 데 많이 활용되고 있다(Streiner & Norman, 2003). 또한 Huskisson과 Scott(1978)은 변화를 측정하는 측정도구로 활용하기도 하였다. 즉, 치료를 받은 환자들이 치료의 결과로서 자신의 병이 개선되고 있음을 어느 정도 느끼는지를 측정하는 측정도구로 활용되었다. [그림 5-4]는 시각적 연속척도의 예를 나타낸다.

시각적 연속척도는 간편성으로 인해 많이 활용되고 있지만 일부 학자는 이 척도가 형용사적 척도나 다른 수량화된 척도보다 일부 환자나 응답자에게 더 어렵다는 것을 보고하기도 하였다(Huskisson, 1974; Ferraz et al., 1990). 특히 노인의 경우 시각적 연속척도를 이용하는 것이 어렵다는 점 때문에 질문에 대한 응답에서 수평으로 선에 표시하는 수평선보다는 수직으로 자신의 생각을 표시하는 수직선이 활용되기도 하였다.

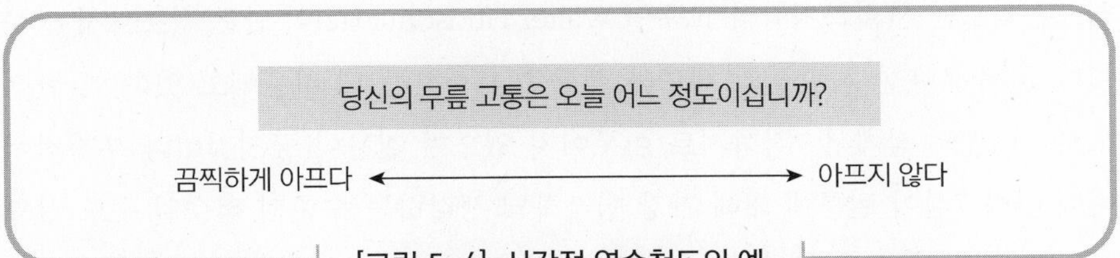

당신의 무릎 고통은 오늘 어느 정도이십니까?

끔찍하게 아프다 ◀─────────────▶ 아프지 않다

[그림 5-4] 시각적 연속척도의 예

하지만 간편성이라는 장점에도 불구하고, 시각적 연속척도는 양끝 점에 대한 서술에서 한쪽 끝에 대한 대답은 용이한 반면 다른 한쪽 끝에 대한 대답은 용이하지 않을 수 있다는 점이 척도활용에 있어 단점으로 지적되었다. 즉, 위의 고통(pain)의 예에서 보면 응답의 한쪽 끝은 "고통이 없다"로 표시하는 것이 어렵지 않지만 "끔찍하게 아프다"라는 질문에는 개인적으로 고통을 인지하고 생각하는 것이 다름으로 인해, 즉 개인적 편차에 따라 어떤 사람은 조금만 아파도 "끔찍하게 아프다"라고 생각할 수 있으므로 가장 고통스러운 것이 무엇인지에 대한 생각에 따라 응답자들에게서 대답의 편차가 나타날 수 있다(Seymour et al., 1985). 결국 한쪽 끝에 대한 대답은 서술하기가 쉽지만 대칭이 되는 다른 쪽 끝에 대한 대답은 서술하기가 애매하다는 점이 이 척도의 결정적인 결점이라고 할 수 있다. 또 다른 시각적 연속척도의 문제점은 신뢰도(즉, 측정하려는 것을 안정적으로 일관성 있게 측정하는 정도)가 낮다는 점이다. 즉, 위의 예에서 보면 고통의 정도를 여러 질문항목으로 측정하는 것이 아니라 하나의 질문항목으로 측정하므로 그 대답을 신뢰하기가 어렵게 된다.

4. 사회복지영역에서 활용되는 척도의 실례

1) 허드슨척도

허드슨척도는 사회복지영역에서 활용하는 대표적인 등급척도의 한 유형이다. 허드슨척도는 사회복지학과 교수인 Walter Hudson(1982)이 만든 척도로서 질문이나 문제에 대한 사람들의 태도나 행동을 측정하는 데 사용되고 있다. 일반적으로 점수는 1점에서 7점까지로 이루어져 있으며 질문이 긍정적이냐 부정적이냐에 따라 7점이 질문에 대해 가장 심각하게 생각하는 수준의 점수일 수도 있고 가장 덜 심각하게 생각하는 점수일 수도 있다. 마찬가지로 1점이 질문에 대해 가장 덜 심각하게 생각하는 점수일 수도 있고 가장 심각하게 생각하는 점수일 수도 있다. 〈표 5-9〉는 엄마를 향한 아이들의 태도를 허드슨척도로 측정한 경우의 예다(지은구, 2008).

✎ 〈표 5-9〉 엄마를 향한 아이들의 태도에 대한 허드슨척도의 예

엄마를 향한 아이의 태도
이름: 일시:
이 질문지는 아이와 아이의 엄마 사이의 관계에 대해 아이가 가지고 있는 만족감의 정도를 측정하기 위해 설계되었습니다. 이것은 시험이 아니며 정답은 존재하지 않습니다. 각각의 질문 항목들을 읽고 다음의 항목에 해당되는 점수를 기입하세요. 　　　1 = 전혀 그렇지 않다 　　　2 = 거의 그렇지 않다 　　　3 = 조금 그렇다 　　　4 = 종종 그렇다 　　　5 = 많은 시간 그렇다 　　　6 = 대부분 그렇다 　　　7 = 항상 그렇다
1. _____ 엄마가 나를 화나게 한다. 2. _____ 나는 엄마와 함께 잘 지낸다. 3. _____ 나는 엄마를 진정으로 믿는다고 느낀다. 4. _____ 나는 엄마를 싫어한다. 5. _____ 엄마의 행동이 나를 창피하게 한다. 6. _____ 엄마는 너무 많은 것을 요구한다. 7. _____ 나는 다른 엄마를 가졌으면 좋겠다. 8. _____ 나는 엄마와 함께 즐겁다. 9. _____ 엄마는 나에게 너무 많은 제한을 한다. 10. _____ 엄마는 나의 행동을 방해한다. 11. _____ 나는 엄마가 원망스럽다. 12. _____ 나는 엄마가 굉장하다고 생각한다. 13. _____ 나는 엄마를 증오한다.

14. _____ 나의 엄마는 잘 참는다.
15. _____ 나는 엄마를 정말 좋아한다.
16. _____ 나는 엄마와 함께 있는 것을 좋아한다.
17. _____ 나는 엄마가 나를 사랑하지 않는다고 느낀다.
18. _____ 나의 엄마는 짜증을 잘 낸다.
19. _____ 나는 엄마에 대해 적대감을 가지고 있다고 느낀다.
20. _____ 나는 엄마에 대해 난폭하게 군다고 느낀다.
21. _____ 나는 엄마가 자랑스럽다.
22. _____ 나는 엄마가 내가 알고 있는 다른 사람들을 더 좋아하기를 원한다.
23. _____ 엄마는 나를 이해하지 못한다.
24. _____ 나는 엄마에 의존할 수 있다.
25. _____ 나는 엄마가 부끄럽다.

질문 2, 3, 8, 12, 14, 15, 16, 21, 24는 긍정적인 질문

2) 기능수준척도

기능수준척도(level of function scale)는 개입행동이나 프로그램에 참가한 사람들의 기능수준을 가지고 프로그램이나 개입행동의 수행능력을 측정하는 대표적인 등급척도다. 즉, 프로그램을 제공받은 사람들이 어떠한 수준의 기능(또는 행동)을 하는가를 가지고 프로그램의 효능을 측정하는 것을 의미한다(Martin & Kettner, 1997). 기능수준척도를 사용하는 이유는 프로그램에 참석한 클라이언트들의 다양한 삶의 질의 변화 정도를 표준화된 척도(예를 들어 앞서 제시한 리커트척도나 거트만척도 등)를 가지고만 측정하는 것이 불가능한 경우가 있기 때문이다.

(1) Strauss-Carpenter의 기능수준척도

가장 많이 알려진 기능수준척도는 정신분열 환자나 가족 그리고 의사들을 상대로 Strauss와 Carpenter(1972)가 개발하여 사용되고 있는 Strauss-Carpenter

기능수준척도(Strauss-Carpenter Level of Functioning Scale: SC-LFS)가 있다. SC-LFS
는 정신분열증 환자의 기능수준 및 치료결과 연구에 활용되는 척도로서 총 9개 영
역에 대하여 환자의 기능수준을 평가하도록 설계되어 있다. 각각의 영역은 0점
에서 4점까지의 점수로 구성되어 있고 그중 하나를 표시하여 총 9개 영역에서
최고점은 36점이 된다. 각각의 점수에 따른 기능수준에 대한 해석과 점수표의
예는 다음과 같다.

> 0~8점: 기능수준이 매우 떨어짐
> 9~17점: 기능수준이 약간 떨어짐
> 18~26점: 기능수준이 보통임
> 27점 이상: 기능수준이 양호함

SC-LFS (환자·보호자용)

이름: _____   연령: ____세   성별: 남 / 여   작성일: _____년 __월 __일

다음은 일상생활에서의 적응 정도를 파악하기 위한 질문지입니다. 각 문항을 자세히 읽어
보시고, 지난 1~2달 동안의 자신의 상태를 가장 잘 나타내 주는 번호를 선택해 오른쪽
빈 칸에 기입하여 주십시오.

1	지난 1~2달 동안 정신장애로 인해 입원했던 적이 있습니까?	4	전혀 입원하지 않았다.	
		3	기간 중에 1/4 이하로 입원했다.	
		2	기간 중에 1/4에서 1/2의 기간 동안 입원했다.	
		1	기간 중에 1/2에서 3/4의 기간 동안 입원했다.	
		0	기간 중에 3/4 이상 동안 입원했다.	

2A	다른 사람들을 얼마나 자주 만납니까? (친구들, 사교모임, 운동 모임 등 포함. 이성과의 데이트, 배우자와 함께 한 활동, 직장에서 동료와 접촉한 것 등은 제외)	4	1주일에 최소한 한 번 친구들을 만난다.
		3	2주일에 한 번 친구들을 만난다.
		2	한 달에 한 번 친구들을 만난다.
		1	학교나 직장에서 만나는 친구를 제외하고는 친구들을 만나지 않는다.
		0	모든 상황에서 친구들을 만나지 않는다.
2B	다른 사람들과 얼마나 친근한 관계입니까?	4	한 명 이상과 대단히 친근한 관계다.
		3	한 명 이상과 상당히 친근한 관계다.
		2	한 명 이상과 중간 정도의 친근한 관계다.
		1	약간 피상적인 관계다.
		0	매우 피상적인 관계다(단지 관계가 이웃에게 인사하는 정도).
3A	평소에 어느 정도 일을 하십니까? (유급 노동, 가사일, 학업 포함. 입원 기간 동안은 제외. 학생으로서 학사 일정 동안의 공부는 종일제로 간주)	4	지속적으로 종일제로 고용된다.
		3	평가 기간 중에 일상적으로 일하는 시간의 3/4 동안 고용된다.
		2	평가 기간 중에 일하는 시간의 1/2 동안 고용된다(예를 들면 반일제로 지속적으로 고용되거나 전체 기간 중의 1/2 동안 종일제로 고용된다).
		1	평가 기간 중에 일상적으로 일하는 시간의 1/4 동안 고용된다(전체 기간 중의 1/2 동안 반일제로 고용된다).
		0	일상적인 일을 하지 않는다.
3B	다른 사람들의 기대에 비추어 볼 때, 맡겨진 일을 얼마나 잘 수행합니까?	4	아주 대단히 유능하다.
		3	대단히 유능하다.
		2	중간 정도로 유능하다.
		1	약간 유능하다.
		0	무능하다.

4	지난 1~2달 동안 증상을 얼마나 경험하셨습니까?	4	징후나 증상이 없다.
		3	약간의 징후나 증상이 대부분의 시간 동안 있거나 중간 정도의 징후나 증상들이 매우 드물게 있다.
		2	중간 정도의 징후나 증상들이 조금 있다.
		1	심한 징후나 증상이 조금 있었다. 중간 정도의 증상들이 지속적으로 있다.
		0	계속적으로 심한 징후나 증상들이 있다.
5	식사나 위생관리 등 기본적 욕구의 총족을 위해 다른 사람의 도움이 얼마나 필요합니까?	4	다른 사람들의 도움이 필요 없다.
		3	다른 사람들의 도움이 조금 필요 없다.
		2	다른 사람들의 도움이 많이 필요하다.
		1	다른 사람들의 도움이 상당히 많이 필요하다.
		0	다른 사람들의 도움 없이는 욕구를 총족하지 못한다.
6	당신은 당신의 삶에 얼마나 만족하십니까?	4	매우 많이 만족한 삶
		3	많이 만족한 삶
		2	중간 정도
		1	비교적 불만족스러운 삶
		0	전혀 만족스럽지 않다(식물적인 삶).
7	전반적으로 일상생활에서 얼마나 잘 기능하고 있습니까? (완전 고용상태, 의미 있는 사회관계, 증상이 없는 상태를 정상으로 간주한다)	4	손상이 없다.
		3	약간의 손상이 대부분 시간 동안 있거나 중간 정도의 손상이 매우 드물게 있다.
		2	중간 정도의 손상들이 조금 있다.
		1	심한 손상이 조금 있거나 중간 정도의 손상이 지속적으로 있다.
		0	지속적으로 심한 손상

평가자 기록란: 총점 _____   평가 _____

(2) 노인장기요양 등급판정을 위한 기능수준척도

사회복지영역에서 활용되는 기능수준척도로는 대표적으로 노인장기요양 등급판정을 위한 등급판정기준 질문지가 있다. 등급판정은 '심신의 기능상태'에 따라 일상생활에서 도움(장기요양)이 얼마나 필요한가를 지표화한 장기요양점수를 기준으로 하도록 되어 있다. 등급은 총 5등급으로 나뉘며 등급판정의 기준은 〈표 5-10〉과 같다.

✏️ 〈표 5-10〉 등급판정의 기준

장기요양 등급	심신의 기능상태
1등급	심신의 기능상태 장애로 일상생활에서 전적으로 다른 사람의 도움이 필요한 자로서 장기요양인정 점수가 95점 이상인 자
2등급	심신의 기능상태 장애로 일상생활에서 상당 부분 다른 사람의 도움이 필요한 자로서 장기요양인정 점수가 75점 이상 95점 미만인 자
3등급	심신의 기능상태 장애로 일상생활에서 부분적으로 다른 사람의 도움이 필요한 자로서 장기요양인정 점수가 60점 이상 75점 미만인 자
4등급	심신의 기능상태 장애로 일상생활에서 일정 부분 다른 사람의 도움이 필요한 자로서 장기요양인정 점수가 51점 이상 60점 미만인 자
5등급	치매 환자로서(「노인장기요양보험법 시행령」 제2조에 따른 노인성 질병으로 한정) 장기요양인정 점수가 45점 이상 51점 미만인 자

등급은 장기요양인정조사표에 의해 이루어지는데 영역은 총 5개 영역으로 구분되어 등급이 결정된다. 5개 영역은 첫째, 신체기능 13항목, 사회생활기능 10항목, 인지기능 10항목, 행동변화 22항목, 간호처치 5항목 그리고 재활영역 10항목 등이다. 〈표 5-11〉은 2013년 6월 10일 개정된 인정조사표의 구체적인 내용이다.

〈표 5-11〉 장기요양인정조사표

■ 노인장기요양보험법 시행규칙 [별지 제5호서식] 〈개정 2013.6.10〉

장기요양인정조사표

(제1쪽 앞면)

※ [ ]에는 해당되는 곳에 √표를 합니다.

1. 일반사항

① 구분	[ ] 장기요양인정신청		[ ] 갱신신청	[ ] 등급변경신청	[ ] 이의신청
② 조사원	성명		소속(지사)		
	조사장소		조사일시		

③ 신청인 (본인)	성명		생년월일		
	전화번호		도서·벽지 대상자	[ ] 도서지역 [ ] 벽지지역	
	주민등록지				
	실제거주지				
	장기요양등급		유효기간		
	보호자 또는 주수발자 성명(관계)	( )	보호자 또는 주수발자 전화번호		

④ 참석인	성명		신청인과의 관계		전화번호	

⑤ 주거상태	[ ]자택 [ ]노인요양시설 [ ]단기보호시설 [ ]양로시설 [ ]요양병원 [ ]기타 병·의원 [ ]기타( )

⑥ 동거인	현재 신청인과 동거하는 자에 대해 복수체크 가능
	[ ]독거 [ ]부부 [ ]부모 [ ]자녀(며느리, 사위 포함) [ ]손자녀 [ ]친척 [ ]친구·이웃 [ ]입소시설관계자 [ ]기타( )

⑦ 현재 받고 있는 급여 (과거 3개월간 평균 횟수·일수 기록)	재가급여	[ ]방문요양(회/주) [ ]방문목욕(회/주) [ ]방문간호(회/주) [ ]주·야간보호(일/주) [ ]단기보호(일/주) [ ]복지용구(구입·대여)
	시설급여	[ ]노인요양시설 [ ]노인요양공동생활가정
	특별현금급여	[ ]가족요양비 [ ]특례요양비 [ ]요양병원간병비
	그 밖의 서비스	[ ]노인돌봄서비스 [ ]가사간병방문도움 [ ]보건소사업( ) [ ]개인간병인 [ ]치매상담센터 [ ]기타( )

⑧ 희망급여 종류	현재 신청인이 희망하는 급여에 대해 복수체크 가능
	재가급여	[ ]방문요양 [ ]방문목욕 [ ]방문간호 [ ]주·야간보호 [ ]단기보호 [ ]복지용구(구입·대여)
	시설급여	[ ]노인요양시설 [ ]노인요양공동생활가정
	특별현금급여	[ ]가족요양비 [ ]특례요양비 [ ]요양병원간병비
	1순위 희망급여종류 및 내용	

⑨ 등급외 판정 시 희망 서비스 (등급외 판정 시 지역사회 자원 연계를 위한 참고자료입니다.)	[ ]노인돌봄서비스 [ ]보건소 사업 [ ]노인 일자리 사업 [ ]치매상담센터 [ ]주거개선사업 [ ]무료진료연계 [ ]급식 및 도시락 반찬 [ ]건강운동교실 [ ]가사간병방문도움 [ ]활동보조 [ ]목욕·이미용 [ ]여가, 문화, 교육 [ ]말벗 [ ]기타( ) [ ]거부

⑩ 등록장애		※장애의 종류 및 등급 기록

〈참고사항〉

210mm×297mm[백상지 80g/㎡]

---

2. 장기요양인정 · 욕구사항

> ○ 신청인의 기능상태 등에 대한 정보를 종합하여 다음의 해당란에 √표 체크
> ○ 각 항목 다음의 빈칸에 특기사항을 기록

가. 신체기능(기본적 일상생활기능) 영역

　　1) 최근 한 달간의 상황을 종합하여 일상생활에서 다음과 같은 동작을 할 때 다른 사람의 도움
　　을 받는 정도에 √표로 표시함

항목	기능자립정도		
	완전 자립	부분 도움	완전 도움
① 옷 벗고 입기			
② 세수하기			
③ 양치질하기			
④ 목욕하기			
⑤ 식사하기			
⑥ 체위 변경하기			
⑦ 일어나 앉기			
⑧ 옮겨 앉기			
⑨ 방 밖으로 나오기			
⑩ 화장실 사용하기			
⑪ 대변 조절하기			
⑫ 소변 조절하기			
⑬ 머리감기			

　　2) 일상생활 자립도

장애노인(외상도)	[ ]정상	[ ]생활 자립	[ ]준 와상 상태	[ ]완전 와상 상태
치매노인(인지증)	[ ]자립	[ ]불완전 자립	[ ]부분 의존	[ ]완전 의존

※ 신청인의 평소 일상생활 자립정도를 종합하여 각각의 항목 해당 란에 √표로 표시함.

나. 사회생활기능(수단적 일상생활 기능) 영역

　　최근 한 달간의 상황을 종합하여 일상생활에서 다음과 같은 동작을 할 때 다른 사람의 도움을
받는 정도를 평가하여 해당 란에 √표로 표시함

항목	기능 자립 정도		
	완전 자립	부분 도움	완전 도움
① 집안일 하기			
② 식사 준비하기			
③ 빨래하기			
④ 금전 관리			
⑤ 물건 사기			
⑥ 전화 사용하기			
⑦ 교통수단 이용하기			
⑧ 근거리 외출하기			
⑨ 몸 단장하기			
⑩ 약 챙겨먹기			

다. 인지기능 영역

최근 한 달간의 상황을 종합하여 신청인이 보였던 증상에 √표로 표시함

항목	증상여부	
	예	아니요
① 방금 전에 들었던 이야기나 일을 잊는다.		
② 오늘이 몇 월 며칠인지 모른다.		
③ 자신이 있는 장소를 알지 못한다.		
④ 자신의 나이와 생일을 모른다.		
⑤ 지시를 이해하지 못한다.		
⑥ 주어진 상황에 대한 판단력이 떨어져 있다.		
⑦ 의사소통이나 전달에 장애가 있다.		
⑧ 계산을 하지 못한다.		
⑨ 하루 일과를 이해하지 못한다.		
⑩ 가족이나 친척을 알아보지 못한다.		

라. 행동변화영역

최근 한 달간의 상황을 종합하여 신청인이 보였던 증상에 √표로 표시함

항목	증상여부	
	예	아니요
① 사람들이 무엇을 훔쳤다고 믿거나 자기를 해하려 한다고 잘못 믿고 있다.		
② 헛것을 보거나 환청을 듣는다.		
③ 슬퍼 보이거나 기분이 처져 있으며 때로 울기도 한다.		
④ 밤에 자다가 일어나 주위 사람을 깨우거나 아침에 너무 일찍 일어난다. 또는 낮에는 지나치게 잠을 자고 밤에는 잠을 이루지 못한다.		
⑤ 주위사람이 도와주려 할 때 도와주는 것에 저항한다.		
⑥ 한군데 가만히 있지 못하고 서성거리거나 왔다 갔다 하며 안절부절못한다.		
⑦ 길을 잃거나 헤맨 적이 있다. 외출하면 집이나 병원, 시설로 혼자 들어올 수 없다.		
⑧ 화를 내며 폭언이나 폭행을 하는 등 위협적인 행동을 보인다.		
⑨ 혼자서 밖으로 나가려고 해서 눈을 뗄 수가 없다.		
⑩ 물건을 망가뜨리거나 부순다.		
⑪ 의미 없거나 부적절한 행동을 자주 보인다.		
⑫ 돈이나 물건을 장롱같이 찾기 어려운 곳에 감춘다.		
⑬ 옷을 부적절하게 입는다.		
⑭ 대소변을 벽이나 옷에 바르는 등 행위를 한다.		
⑮ 가스불이나 담뱃불, 연탄불과 같은 화기를 관리할 수 없다.		
⑯ 혼자 있는 것을 두려워하여 누군가 옆에 있어야 한다.		
⑰ 이유 없이 크게 소리치고 고함을 친다.		
⑱ 공공장소에서 부적절한 성적 행동을 한다.		
⑲ 음식이 아닌 물건 등을 먹는다.		
⑳ 쓸데없이 간섭하거나 참견한다.		
㉑ 식습관 및 식욕변화를 보이거나 이유 없이 식사를 거부한다.		
㉒ 귀찮을 정도로 붙어 따라다닌다.		

마. 간호처치 영역

　최근 2주간의 상황을 종합하여 해당 란에 √표로 표시함

항목	증상 유무		항목	증상 유무	
	있다	없다		있다	없다
① 기관지 절개관 간호			⑥ 암성통증 간호		
② 흡인			⑦ 도뇨(導尿) 관리		
③ 산소요법			⑧ 장루 간호		
④ 욕창 간호			⑨ 투석 간호		
⑤ 경관 영양			⑩ 당뇨발 간호		

※ 암성통증 간호에 해당되지 않는 통증이 있을 경우 특기사항에 기록함.
※ 당뇨발 간호에 해당되지 않는 상처가 있을 경우 특기사항에 기록함.

바. 재활 영역

　반드시 각 항목을 직접 신청인이 수행하도록 한 후 해당 란에 √표로 표시함

항목	운동장애 정도		
	운동장애 없음	불완전 운동장애	완전 운동장애
① 우측상지			
② 좌측상지			
③ 우측하지			
④ 좌측하지			

항목	관절제한 정도		
	제한 없음	한쪽관절 제한	양관절 제한
⑤ 어깨관절			
⑥ 팔꿈치관절			
⑦ 손목 및 수지관절			
⑧ 고관절			
⑨ 무릎관절			
⑩ 발목관절			

사. 복지용구

현재 보유하고 있거나, 이용하기를 희망하는 복지용구에 √표로 표시함

용구	보유	희망	용구	보유		희망	
				구입	대여	구입	대여
① 이동변기			⑩ 수동휠체어				
② 목욕의자			⑪ 전동침대				
③ 성인용 보행기			⑫ 수동침대				
④ 안전손잡이			⑬ 욕창예방 매트리스				
⑤ 미끄럼 방지용품 *			⑭ 이동 욕조				
⑥ 간이변기(간이대변기 · 소변기)			⑮ 목욕리프트				
⑦ 지팡이			⑯ 배회감지기				
⑧ 욕창예방 방석			⑰ 경사로				
⑨ 자세변환 용구							

* 미끄럼 방지용품: 미끄럼방지매트, 미끄럼방지액, 미끄럼방지양말

※ 신청인이 필요하다고 생각하지만 급여이용을 희망하지 않거나 그 밖에 의견이 있다면 특기사항에 기록함.

아. 지원형태

① 주 수발자	[ ]없음 [ ]배우자 [ ]부모 [ ]자녀(며느리, 사위 포함) [ ]손자녀 [ ]친척 [ ]친구 · 이웃 [ ]간병인 [ ]자원봉사자 [ ]기타( )
② 주 수발자의 도움영역	[ ]신체기능 [ ]사회생활기능 [ ]정서적 지지
③ 하루 종일 혼자 있음	[ ]예 [ ]아니요

자. 환경 평가

주거 상황이 건강에 해롭거나 지내기 어려운 환경을 만드는지 평가
(조명, 바닥 상태, 욕실 및 화장실 환경, 부엌 환경, 냉방과 난방, 개인안전, 환기 등)

① 조명(눈부심, 그림자, 스위치 위치 등)	[ ]양호 [ ]불량
② 바닥과 벽지 (마룻바닥, 벽지상태)	[ ]양호 [ ]불량
③ 계단(계단 난간 위치)	[ ]양호 [ ]불량
④ 주방(가스기구, 조리기구 위치)	[ ]양호 [ ]불량
⑤ 문턱 여부(현관, 방, 화장실)	[ ]양호 [ ]불량
⑥ 난방과 환기(적정수준의 온도와 환기)	[ ]양호 [ ]불량
⑦ 화장실 세면대 설치 여부	[ ]유 [ ]무
⑧ 좌변기 여부	[ ]유 [ ]무
⑨ 온수 여부	[ ]유 [ ]무
⑩ 욕조 여부	[ ]유 [ ]무

차. 시력 · 청력상태	
① 시력상태	[ ] ㄱ. 정상 [ ] ㄴ. 1미터 떨어진 달력은 읽을 수 있으나 더 먼 거리는 보이지 않는다. [ ] ㄷ. 눈앞에 근접한 글씨는 읽을 수 있으나 더 먼 거리는 보이지 않는다. [ ] ㄹ. 거의 보이지 않는다. [ ] ㅁ. 보이는지 판단 불능
② 청력상태	[ ] ㄱ. 정상 [ ] ㄴ. 보통의 소리를 듣기도 하고, 못 듣기도 한다. [ ] ㄷ. 큰 소리는 들을 수 있다. [ ] ㄹ. 거의 들리지 않는다. [ ] ㅁ. 들리는지 판단 불능

카. 질병 및 증상

　　신청인이 현재 앓고 있는 질병 또는 증상에 대해 해당 란에 √표로 표시함

| ① 질병
및 증상 | [ ] ㄱ. 없음
[ ] ㄴ. 치매
[ ] ㄷ. 중풍(뇌졸중)
[ ] ㄹ. 고혈압
[ ] ㅁ. 당뇨병
[ ] ㅂ. 관절염(퇴행성, 류머티스)
[ ] ㅅ. 요통, 좌골통(디스크탈출증, 척수관협착증)
[ ] ㅇ. 일상생활에 지장이 있을 정도의 호흡곤란(심부전, 만성폐질환, 천식)
[ ] ㅈ. 난청
[ ] ㅊ. 백내장, 녹내장 등 시각장애
[ ] ㅋ. 골절, 탈골 등 사고로 인한 후유증
[ ] ㅌ. 암 (진단명: 　　　　　　　　　　　　)
[ ] ㅍ. 기타 (진단명: 　　　　　　　　　　　) |

② 주요 질병 및 증상

　①에서 파악된 내용 가운데 신청인의 현재 기능상태 저하에 가장 직접적인 원인이 되고 비중이 높은 항목 한 가지만 √표로 표시함

[ ] ㄱ. 치매	[ ] ㄴ. 중풍	[ ] ㄷ. 치매+중풍
[ ] ㄹ. 고혈압	[ ] ㅁ. 당뇨병	[ ] ㅂ. 관절염

[ ] ㅅ. 요통, 좌골통

[ ] ㅇ. 일상생활에 지장이 있을 정도의 호흡곤란

[ ] ㅈ. 난청　　　　　　　[ ] ㅊ. 백내장, 녹내장 등 시각장애

[ ] ㅋ. 골절, 탈골 등 사고로 인한 후유증　　　　　　[ ] ㅌ. 암

[ ] ㅍ. 기타 (진단명: 　　　　) ※1가지 진단명만 적으십시오.

5. 척도의 중요성

사회복지영역에서 거시적으로 정책이나 제도의 영향력 정도 또는 미시적으로 개인들의 상태의 변화나 태도의 변화 등을 정확하게 수량화하여 나타낼 수 있는 방안을 찾는 것은 매우 중요하다. 사회복지영역에서 모든 사회복지사는 당면한 사회적 위험을 해결하기 위해 매우 다양한 정책적 대안을 구체적인 사회복지 프로그램으로 제도화하여 제공한다. 또한 프로그램의 수준이 거시적이든 미시적이든 또는 모든 개인에게 제공되는 프로그램이든 특정 집단의 구성원들에게만 제공되는 프로그램이든 상관없이 사회복지 프로그램에서 제공되는 다양한 수준의 사회복지 재화와 서비스가 어느 정도 효과적인지 또는 개개인들의 삶이나 집단, 조직, 나아가 지역에 어떠한 영향력을 제공하는지를 파악하고 그 수준을 가늠하여 보다 나은 사회를 건설하기 위해 노력하여야 하는 소명감 및 당위성을 가진다. 하지만 사회복지영역에서 제공되는 재화나 서비스가 지역주민들, 집단이나 가족, 조직, 나아가 지역사회에 어떠한 영향력을 행사하고 있는지를 파악하기 위해서는 개입수준에 맞는 정확하고 명백한 정보 또는 자료가 있어야 한다.

무엇인가 측정할 수 있는 도구가 있어야 측정할 수 있기에 척도가 중요하지만, 무엇보다도 척도는 다양한 정보 또는 자료를 수집하기 위한 하나의 도구 역할을 하므로 정보수집의 방법이자 정보분석을 위한 기본적 토대를 제공한다고 할 수 있다.

예를 들어 지역사회의 사회자본 정도를 측정할 수 있는 척도가 있다고 가정하자. 사회자본을 구축하기 위한 사회복지사들의 노력은 지역주민들이 보다 안전하고 건강한 지역구성원들로 자리매김할 수 있도록 한다는 데 있어 매우 중요한 실천행동이다. 하지만 사회자본 형성을 위한 사회복지사들의 노력이 사회자본을 구축하기 위한 모든 물적 · 인적 자원의 소비를 지원하지는 않는다. 사회자본 구축을 위한 모든 노력은 사회자본이 어느 정도 지역사회에 구축되어 있고 어느 정도 지역주민들의 삶에 영향력을 행사하고 있는지를 수량화하여 나타내 주어야만 사회자본 구축을 위해 사용된 자원 및 실천행동의 정당성을 부여받을 수 있다. 또한 사회자본 구축을 위한 실천행동을 수량화하여 나타낸다는 것은 사회자본 구축을 위한 모든 행동에 대해 심사숙고할 수 있도록 해 주며 어떠한 실천행동이 사회자본 구축을 위해 보다 개선되어야 하는지를 명확하게 보여 준다는 장점이 있다.

사회자본이 지역사회에 가져다주는 혜택을 측정하기 위해서는 자료가 수집되어야 하고 자료가 수집되기 위해서는 자료수집을 위한 척도가 필요하다. 그리고 이 척도를 활용하여 사회자본이 지역사회에 미친 영향력에 대한 다양한 수준의 자료가 수집되면 과학적인 조사분석방법을 활용하여 사회자본의 지역사회에 대한 영향력 정도를 가늠할 수 있다. 여기서 중요한 것은 사회자본의 영향력을 측정할 수 있는 자료가 과연 무엇인가이지만, 이는 사회자본에 대해 구성개념을 설정한 후 구성개념을 수량화하여 측정할 수 있는 다양한 측정질문이나 지표를 개발하게 되면 사회자본이 사회에 미치는 파급효과를 측정할 수 있는 수량화된 사회자본척도가 완성되어 국민들에게 사회자본의 수준 및 영향력을 보다 명확하고 이해하기 쉽게 수량화하여 제시할 수 있게 된다.

제3절 ┆ 범주형 척도와 계속형 척도

1. 범주형 척도와 계속형 척도의 유형

척도는 앞에서 설명한 바와 같이 서스톤척도, 거트만척도, 리커트척도, 의미차별척도 등 매우 다양한 유형이 있다. 따라서 척도를 개발하기 위해서는 개발자가 어떤 유형으로 개발할 것인지를 결정하는 것이 우선적인 과제라고 할 수 있다. Streiner와 Norman(2003)은 척도를 범주형 척도와 계속형 척도로 구분한 후 계속형 척도를 다시 직접측정방식과 비교방식으로 구분하였다. 범주형 척도는 '여자 또는 남자' '예와 아니요' 또는 '동의한다와 동의하지 않는다'와 같이 두 개 중의 하나를 고르는 방식으로 대답이 두 개로만 구성되어 있는 척도다. 범주형 척도는 대표적인 등급척도이면서 명목척도(nominal scale)라고 할 수 있다.

범주형 척도는 두 개의 응답에서 하나를 고르는 형식이므로 단순하게 구성할 수 있지만 응답이 두 개의 범주가 아니고 연속적으로 일어나는 경우에는 측정실수(error)가 나타날 수 있다는 한계를 가진다. 즉, 인간의 태도나 행동이 일련의 계속적인 선상에서 이루어진다고 한다면 응답자의 대답이 두 개로 이루어진 범주형 척도로는 측정하기가 어렵다. 예를 들어, 단순히 '동의한다와 동의하지 않는다'라는 두 개의 응답 이외에 동의하면 얼마나 동의하는지 그리고 동의하지 않는다면 얼마나 동의하지 않는지의 정도를 나타내기 위해서는 응답이 두 개 이상으로 나타나는 계속형 척도를 사용하여야 한다. 즉, '전혀 동의하지 않는다, 일부 동의하지 않는다, 보통이다, 일부 동의한다, 전적으로 동의한다' 등과 같은 리커트 5점 척도는 대표적인 계속형 척도의 예라고 할 수 있다. Streiner와 Norman (2003)은 응답의 연속성을 무시하면 안 되는 이유 또는 범주형 척도의 문제점을 다음과 같이 지적하였다.

- 첫째, 응답을 하는 사람들은 모두 상이한 사람들로서 상이한 생각들을 가지고 있으므로 단순히 두 개의 응답보다는 연속적인 응답이 측정실수를 줄이는 데 적합하다.
- 둘째, 모든 응답이 범주형으로 단순히 두 개의 응답항목으로만 구성된다면 제한된 응답의 수준으로 인하여 측정실수를 유발할 수 있다. 예를 들어 〈표 5-12〉에 제시된 것과 같이 '동의한다와 동의하지 않는다'라는 범주형 응답보다 '전적으로 동의한다, 동의한다, 조금 동의한다, 조금 동의하지 않는다, 동의하지 않는다, 전적으로 동의하지 않는다'라는 계속형 응답의 경우 '동의한다'라는 긍정적인 세 개의 응답 중에 하나를 고를 수 있으며 마찬

✏️ 〈표 5-12〉 계속형 척도의 예

사회복지사는 사회정의에 대한 책임감이 있어야 한다고 생각한다.					
(a)	1. 동의한다 ◄──────────────────────────► 2. 동의하지 않는다				
(b)	전적으로 동의한다	동의한다	조금 동의한다	조금 동의하지 않는다	동의하지 않는다	전적으로 동의하지 않는다

가지로 '동의하지 않는다'라는 부정적인 세 개의 응답 중에 하나를 고를 수 있으므로 대답에 있어 신뢰도가 향상될 수 있다고 볼 수 있다.

- 셋째, 일반적으로 측정도구 신뢰도의 측면에서 두 개의 응답으로 된 범주형 척도보다 여러 개의 응답으로 된 계속형 척도의 신뢰도가 더 높다는 점이다.

물론 계속형 척도 역시 문제점이 지적되고 있는데 계속형으로 질문에 대한 응답이 여러 개인 경우에 나타나는 문제점은 다음과 같다.

- 첫째, 조사자가 단순히 동의하는지 그리고 동의하지 않는지만을 알고 싶다면 굳이 여러 개의 응답문항이 있을 필요가 없다는 점
- 둘째, 질문에 대해 사람들이 '동의한다와 동의하지 않는다'라는 응답 이외에 더 뛰어난 판단을 내리기가 어렵다면 추가적인 응답은 자료처리에 있어 실수만을 유발할 수 있다는 점

2. 직접측정방식과 비교방식

계속형 척도의 유형인 **직접측정방식**(direct estimation methods)은 여러 개의 응답 중에 하나를 선 위에서 표시하거나 박스에 표시하는 방법으로 측정하는 척도를 의미한다. 그리고 **비교방식**(comparative methods)은 특정 집단들에 의해서 이미 검

증된 일련의 응답대안 중에서 하나를 고르는 방식을 말한다. 직접측정방식을 사용하는 척도로는 리커트척도, 형용사적 척도, 시각적 유추척도 등이 있으며, 비교방식을 활용하는 척도로는 거트만척도, 서스톤척도, 양방향 비교(paired comparative) 척도 등이 있다.

본 연구에서 구분한 척도의 유형에 따르면 계속형 척도의 유형인 직접측정방식은 정도를 측정하는 등급(rating)측정방식이며 비교방식은 순위나 서열을 측정하는 순위(ranking)측정방식의 척도라고 할 수 있다.

리커트척도와 같은 직접측정방식의 척도와 서스톤척도와 같은 비교방식의 척도는 모두 응답이 질문에 대한 응답자들의 주관적 판단에 주로 기초한다. 특히 직접적 측정방식은 보다 쉽고 간편하며 빠르게 응답을 끌어낼 수 있고 사전조사에 대한 필요성이 약하다는 점에서 비교방식과 차이가 있는 것으로 알려져 있다 (Streiner & Norman, 2003). 하지만 직접측정방식은 대표적인 등급측정방식이므로 응답에 있어 편향(bias)이 나타날 가능성이 있다. 가장 대표적으로 잘 일어날 수 있는 편향은 후광효과(halo effect)다. 질문문항들이 모두 일정하게 순서대로 나열되어 있기에 모든 질문항목에 대해 급하게 응답을 하는 경우 질문에 대한 개인적 생각을 고려하지 않은 채 대답을 하나로만 하게 되어 편향이 나타나게 된다. 예를 들어 '전적으로 동의한다, 조금 동의한다, 그저 그렇다, 조금 동의하지 않는다, 전혀 동의하지 않는다'라는 응답문항에서 하나의 응답만을 골라 모든 질문에 똑같이 계속 체크를 하는 경우다. 또 다른 편향은 사람들이 일반적으로 가장 극

〈표 5-13〉 척도의 유형구분

범주형 척도	계속형 척도	
	비교측정방식	직접측정방식
등급척도	순위(ranking)척도	등급(rating)척도
	거트만척도, 서스톤척도, 양방향비교척도 등	리커트척도, 형용사적 척도, 시각적 유추척도 등

단적인 응답을 하지 않으려는 경향에서 나타난다. 따라서 5점 척도건 7점 척도건 응답자가 양끝에 대한 대답을 잘 안하게 되는 것 역시 편향을 초래하는 요인이 된다.

반면에, 서스톤척도나 거트만척도와 같은 순위나 서열을 나타내는 비교방식은 응답항목에 응답자들이 취할 것 같은 행동들이 정도에 따라 차례로 나열되어 있어 응답의 유형이 서열이나 순위로 나타난다는 특징이 있다. 즉, 응답자들이 취할 것 같은 행동들이 차례로 나열되어 있거나 또는 여러 행동으로 구성된 응답항목들 중에 하나를 고르는 방식이므로 중간의 응답이 중립적인 값(보통이다, 그저 그렇다 등과 같은)을 갖는 등급척도와는 다른 응답의 유형을 나타낸다. 따라서 만약 조사자가 각각의 행동을 나타내는 응답들에 각각 하나의 값(value)을 책정한다면 응답자가 선택한 모든 응답의 값을 합하게 되면 응답자의 응답에 대한 총합이 나타나게 된다.

결국 비교방식의 순위척도는 등급척도에 비해 척도를 개발하는 데 더욱 많은 시간이 들어가고 더욱 어렵다고 할 수 있지만, 거트만척도의 예에서와 같이 아동학대의 정도가 순서나 서열이 있다고 가정한다면 응답자의 행동(여기서는 아동학대)에 대한 더 많은 정보를 우리에게 준다는 장점이 있다. 또한 비교방식은 척도가 상대적으로 적은 항목의 질문문항으로 구성되어 있어도 적용할 수 있다는 장점 또한 내포하고 있다. 하지만 응답항목을 구성하는 것이 상대적으로 매우 어렵다는 점은 거트만척도와 같은 비교방식척도의 가장 큰 결점으로 지적된다. 응답자들의 응답에 대해 비교적 많은 정보를 제공할 수 있다는 비교방식의 장점에도 불구하고 응답항목을 쉽게 구성하기가 어렵다는 점은 비교방식척도가 일반적으로 리커트척도와 같은 직접측정방식의 척도보다 활용도가 떨어진다는 것을 말해 준다(Streiner & Norman, 2003). 즉, 계속형 척도에서는 비교방식의 척도보다 **등급척도인 직접측정방식의 척도가 더 많이 활용**된다.

3. 계속형 척도의 개발에서 고려하여야 하는 점

서스톤척도나 거트만척도 등과 같은 순위척도(비교방식의 척도)건 리커드척도나 형용사적 척도 등과 같은 등급척도(직접측정방식의 척도)건 계속형 척도를 개발하기 위해서는 다음과 같은 점들을 반드시 고려하여야 한다(Streiner & Norman, 2003).

1) 한 질문당 몇 개의 응답문항이 필요한가

범주형 응답문항으로 구성된 척도는 단 두 개의 응답문항에서 응답자들이 선택을 하기에 선택에 대한 충분한 정보를 제공하는 것이 어렵고 신뢰도도 낮다는 것을 이미 앞에서 지적하였다. 범주형 척도를 제외한 계속형 척도는 등급척도건 순위(또는 서열)척도건 상관없이 여러 질문문항으로 구성된다. 일반적으로 척도를 개발하는 데 있어 범주형 척도보다는 척도를 통해 보다 유용한 정보를 얻으면서 척도의 신뢰도가 높은 계속형 척도를 개발하므로 계속형 척도를 개발하면서 질문에 대한 응답을 몇 개로 구성하는 것이 바람직한가를 결정하는 것은 중요하다.

척도를 구성함에 있어 응답문항을 몇 개로 구성하는 것이 적당한가에 대한 정답은 일반적으로 몇 개의 응답문항으로 구성하는 것이 신뢰도를 높일 수 있는지를 보고 결정하는 것이다. 응답문항의 신뢰도와 관련하여 연구자들의 연구결과를 보면 대략 응답문항 5~7개를 유지하는 것이 신뢰도와 연관하여 바람직하며 하나의 질문당 체크하여야 하는 응답문항이 10개를 넘게 되면 통상 응답시간이 길고 신뢰도에 있어 더 이상 향상된 결과를 가져오지 않기 때문에 피하는 것으로 알려져 있다. Preston과 Coleman(2000)은 하나의 질문당 체크하여야 하는 응답문항이 5~9개인 것이 가장 이상적임을 주장하였다. 이는 리커트 4점 척도보다는 리커트 5점 척도가 더 많이 활용되는 이유이기도 하다. 일반적으로 질문에 응답하는 사람들은 양끝의 극단적인 대답(예를 들어 전적으로 동의하지 않는다와 전적으로 동의한다)을 하는 것을 싫어하는 경향(end-aversion bias)이 있다. 따라서 극단적인 응답문항을 순화하여 나타내는 것(예를 들어 전적으로 동의한다보다는 거의 전적으로 동의한다와 같이)도 응답자들의 올바른 응답을 유도하는 방안이기도 한다.

2) 응답문항은 짝수로 구성되는 것이 좋은가 아니면 홀수로 구성되는 것이 좋은가

또한 응답문항이 짝수(응답문항이 4개, 6개, 8개)로 구성되는가 아니면 홀수(응답문항이 3개, 5개, 7개, 9개)로 구성되는가도 고려하여야 하는 점이다. 응답문항이 네 개인 경우 중립적인 응답(보통이다, 그저 그렇다 등)을 포함하기가 어렵고 응답문항이 홀수로 구성되면 중립적인 대답을 포함할 수 있다. 중립적인 대답을 넣어야만 하는가에 대한 명확한 규정은 존재하지 않으며 조사자의 주관적 판단에 따라 결정되는 것이 일반적이다.

3) 연속적으로 응답이 나오는 질문의 순서에 변화를 주어야 하는가

통상적으로 질문에는 긍정적인 질문과 부정적인 질문이 있다. 긍정적인 질문은 긍정적인 응답을 유도하지만 부정적인 질문은 부정적인 응답을 유도한다. 모든 질문을 긍정적인 응답만을 유도하는 질문으로 구성하면 응답자는 질문의 내용을 자세히 보지도 않고 응답을 하는 경우가 생기게 되는데 이런 경우 측정실수가 나타날 수 있다. 이를 극복하는 방안이 긍정적인 응답을 유도하는 질문을 연속적으로 구성하지 않고 중간중간에 부정적인 응답을 유도하는 질문을 삽입하는 것이다. 물론 연속적으로 긍정적인 응답을 유도하는 질문이 나오다가 부정적인 응답을 유도하는 질문이 등장하면 부주의한 응답자들은 잘못된 응답에 체크할 가능성이 있지만, 모든 질문이 연속적으로 긍정적인 응답만을 유도하는 경우는 개별 질문들에 주의를 기울이지 않게 되어 더욱 큰 측정실수를 초래하게 된다.

4) 형용사가 항상 같은 의미만을 내포하는가

형용사적 척도건 리커트척도건 계속형 척도를 구성하는 데 있어 응답항목에 형용사를 많이 사용하게 된다. 하지만 '거의' '종종' '드물게' 등과 같은 단어는 항상 모든 응답자에게 같은 의미를 가져다주지 않는 것으로 알려져 있으며 응답자들에 따라 의미가 다르게 나타날 수 있다는 것이 정설이다. 즉, "하루에 얼마만큼 TV를 시청하십니까?"라는 질문에 하루의 대부분을 TV 시청하는 사람과 하루에 한 시간 정도를 TV 시청하는 사람에게 '거의(almost)'라는 단어는 다르게 해석될 수 있다(Wright et al., 1994). 따라서 사람의 행동이나 태도 등을 비교하는 질문을 할 때 애매한 빈도를 나타내는 단어를 구사하는 것보다는 명확하게 수량화된 값을 제시하는 것이 훨씬 유용할 수 있다. 즉, "하루에 얼마만큼 TV를 시청하십니까?"라는 질문에 1시간, 2시간 등과 같이 수량화된 빈도를 나타내는 응답항목을 제시하는 것이 보다 정확한 측정을 위해 필요하다.

5) 숫자로 된 응답문항은 응답자들에게 영향을 주는가

숫자를 이용하여 응답항목을 구성하는 경우에는 같은 간격이라고 할지라도 숫자의 배열에 조심하는 것이 필요하다. 예를 들어 어떤 질문에 응답의 숫자 간격이 10이라고 할 때 −5에서 +5까지의 간격도 10이고 0에서 10까지의 간격도 10이지만 상대적으로 낮은 숫자(0에서 5까지)를 응답한 사람들은 34%였고 평균값은 5.96이었던 반면 −5에서 +5까지의 응답항목의 경우는 낮은 순자(−5에서 0까지)에 응답한 사람들의 비율이 단지 13%이고 평균값은 7.38로 나타났다. 이는 부정적인 숫자의 응답과 긍정적인 숫자의 응답의 결과가 다르게 나타날 수 있다는 것을 의미한다. 또한 숫자로 응답을 하도록 하는 경우 숫자를 낮은 숫자로 배열하는가 아니면 높은 숫자로 배열하는가도 결과에 영향을 주는 것으로 알려져 있다. 예를 들어 TV를 시청하는 시간을 묻는 질문에 대해 1시간 이하, 2시간,

3시간, 4시간, 5시간, 6시간, 7시간 이상에서 하나를 고르는 경우와 3시간 이하, 4시간, 5시간, 6시간, 7시간, 8시간, 9시간 이상에서 하나를 고르는 경우를 보면, 평균 TV를 시청하는 시간의 값은 높은 숫자로 배열된 응답의 경우가 낮은 숫자로 배열된 응답의 경우보다 더 높게 나타난다는 것을 의미한다. Schwarz와 동료들(1985)이 수행한 경험적 조사의 결과에 따르면 낮은 숫자로 배열된 응답의 중간값은 16.3%인 반면 높은 숫자로 배열된 응답의 중간값은 37.5%인 것으로 나타나 낮은 숫자의 응답과 높은 숫자의 응답의 경우 중간값 자체가 다르게 나타나는 결과를 초래하였다. 이러한 연구결과는 결국 연구결과에 대한 해석에 영향을 미치므로, 숫자로 응답문항을 제시하는 경우에는 형용사적 단어를 사용하여 응답을 제시하는 경우와 마찬가지로 숫자배열에 대한 고려가 필요하다.

6) 한 질문에 대한 응답이 다른 질문의 응답에 영향을 주는가

통상 한 질문에 대한 응답은 다른 질문의 응답에 영향을 주는 것으로 알려져 있다. 특히 초반의 질문에 대한 응답은 이후의 질문에 대한 응답에 영향을 주며 (Schunan & Presser, 1981), 응답자가 질문문항의 앞뒤를 계속 살펴보는 경우에는 후반의 질문에 대한 응답 역시 초반의 질문에 대한 응답에 영향을 주는 것으로 알려져 있다(Schwraz & Hippler, 1995). 한 질문의 응답이 다른 질문의 응답에 영향을 주는 이유는 적어도 다음과 같은 세 가지 이유에 의해서 발생한다.

- 첫째, 일반적으로 사람들은 자신들이 이미 앞에서 읽은 질문에 대답한 생각을 가지고 다음 질문에 대한 대답을 구하려 한다. 즉, 사람들은 일관성 있게 자신의 대답을 유지하고 싶어 하기 때문에 앞에서 체크한 응답이 다음 응답에 대한 자신의 생각에 반한다고 생각한다면 앞에서 한 응답에 준해서 자신의 응답을 수정하는 경향이 있다.
- 둘째, Schwarz(1999)가 지적한 바와 같이 일반적으로 응답자들은 질문에 적

절하게 응답하기 위해 질문이 의도하는 바가 무엇인가를 생각하기 위해 노력한다. 따라서 질문에 응답을 하면서 생각이 바뀌게 되면 앞의 질문으로 돌아가 자신의 응답을 자신의 생각에 맞게 수정하는 경향이 있다.

• 셋째, 인식이론(cognitive theory)에 의하면 사람들은 한 번에 하나의 주제에 대하여 연관된 모든 지식을 기억하지 못하고 일시적으로 생각나는 것들만 생각하는 경향이 있다. 따라서 질문에 대한 응답을 진행하면서 새로운 질문이 응답자가 기억하지 못한 것을 기억나게 하면 이는 곧 차후 응답에 영향을 미치게 된다.

7) 척도의 측정수준이 등간수준인가 서열수준인가

계속형 척도의 유형인 등급척도와 순위(또는 서열)척도는 측정의 수준(level of measurement)에서 단순히 서열(ordinal)을 나타내든지 아니면 등간(interval)을 나타낸다. 예를 들어 서스톤척도나 거트만척도와 같은 순위척도는 응답에 대한 서열을 나타내지만 리커트척도와 같은 등급척도는 서열을 나타내 주는 것이 아니라 질문에 대한 응답자들의 태도나 행동의 정도를 나타낸다는 특징이 있음은 이미 서술하였다.

서스톤척도와 같은 순위척도는 측정의 수준이 당연히 서열을 나타내므로 서열측정수준의 서열척도이지만, 리커트척도와 같은 등급척도는 측정수준이 서열만을 나타내는지 아니면 응답과 응답 사이의 등간수준을 측정할 수 있는 등간수준을 나타내는 등간척도인지에 대한 명확한 입장이 필요하다. 결론적으로 말하면 등급척도는 등간수준의 척도가 아니다. 하지만 리커트척도와 같은 등급척도는 분명히 순위척도이지만 등간척도로도 활용된다. 등급척도가 등간측정수준의 척도가 아닌 것은 다음의 이유에서다. '전적으로 동의한다, 조금 동의한다, 보통이다. 조금 동의하지 않는다, 전적으로 동의하지 않는다'라는 응답구간을 가진 리커트 5점 척도를 예로 들면 '전적으로 동의하지 않는다'와 '조금 동의하지 않는다'라는 응답구간 사이의 거리가 같다고 할 수 없기 때문이다. 즉, '전적으로 동의하지 않는다'의 3배가 '보통이다'라고 얘기할 수 없으므로 등간척도라고 할 수 없다. 하지만 자료 입력과 분석을 쉽게 하고 응답자의 판단을 용이하게 하며 결정하기 쉽게 한다는 이유에서 리커트척도와 같은 등급척도가 등간척도로도 활용된다.[3]

제4절 : 측정질문항목(또는 측정지표)[4]의 선정기준

통상적으로 척도는 여러 질문문항으로 구성되어 있다. 일반적으로 계속형 척도를 구성하는 경우 비교방식이건 직접측정방식이건 질문문항들은 여러 항목으로 구성되어 있으므로 질문문항을 선정하는 것은 척도를 통해서 측정하려고 하는 것을 정확하게 측정할 수 있는지를 결정짓는 매우 중요한 작업이라고 할 수 있다. 척도를 구성하는 질문문항이 잘못 선정된다면 응답자들은 질문이 무엇을 의미하는지 이해하지 못하게 되고 혼란을 겪게 되어 결국 측정하려고 하는 개념 또는 변수를 측정하는 것이 어렵게 된다. 질문문항을 아무리 조심스럽게 선정한다고 하더라도 모든 질문항목이 원하는 응답을 유도하지 않을 수 있으므로 어떤 질문문항을 삭제하고 어떤 질문문항을 선정하여야 할 것인지에 대한 기준이 필

---

3) 이런 의미에서 리커트척도는 층화평정(등급)척도라고 분류된다. 층화평정척도는 응답자가 응답하는 여러 질문의 문항 값을 총합하여 계산하며 전체 점수가 높으면 측정하는 개념의 속성이 더 많거나 크거나 또는 강한 것을 의미한다.

4) 측정을 위한 항목은 지표가 있을 수 있고 질문도 있을 수 있다. 측정하는 영역에 이미 지표가 존재한다면 지표를 측정항목으로 사용할 수 있으며 그렇지 못한 경우는 질문항목을 만들어 측정을 시행하여야 한다. 일반적으로 활용할 수 있는 지표는 제한적이므로 지역사회를 포함하여 인간의 행동, 태도, 의지나 행동의 변화를 측정하기 위해서는 측정질문항목을 개발하는 것이 필요하다. 결론적으로 보면 지표와 질문 모두 측정을 위한 수단이다.

요하다. 이 절에서는 Streiner와 동료들(2003)이 제시한 문항선정을 위한 기준을 중심으로 질문문항이 의도하는 것을 정확하게 측정하기 위한 것인지를 결정하는 기준들을 살펴보기로 한다.

1. 해석 가능성

모든 질문문항은 응답자들의 입장에서 쉽게 해석되고 이해될 수 있어야 한다. 이해할 수 없고 애매하게 서술된 질문문항들은 과감히 삭제되어야 한다. 따라서 질문문항의 해석 가능성 기준은 매우 기본적인 기준이라고 할 수 있다. 질문문항의 해석이 어려워지는 것은 너무 어려운 단어를 사용한다든지, 특정 집단만이 사용하는 단어(예를 들어 의학 전문단어)를 사용한다든지, 또는 두 개의 의미를 갖는 단어를 사용한다든지 하는 이유에서다. 질문에 대한 해석이 어려워지는 이유들을 살펴보면 다음과 같다.

1) 문장수준

모든 질문은 질문이 특정 수준의 교육을 받은 응답자를 대상으로 하는 경우(예를 들어 대학생들을 대상으로 한다든지 또는 대졸자들만을 대상으로 한다든지)를 제외하고는 초등학교만을 졸업하여도 이해될 수 있을 정도로 쉬운 문장으로 구성되어 있어야 한다.

2) 애매모호한 의미

문장수준이 쉬워도 문장 자체가 애매모호하게 표현되는 경우가 있다. 예를 들어 과거를 질문하는 경우가 아닌데 문장이 과거형으로 진술되어 있다면, 응답자들은 현재를 중심으로 생각을 하고 응답을 하여 응답실수가 일어날 가능성이 있다. 또한 "나는 어머니를 좋아한다."라는 문항이 있다고 한다면 어머니가 돌아가신 응답자들의 경우는 대답하기 어려우므로 문장수준이 적절하다고 하더라도 잘못 선정된 질문이라고 할 수 있다.

애매모호성은 또한 질문문항에 대한 다양한 해석으로부터 나타나기도 한다. 예를 들어 "최근에 사회복지사를 만난 적이 있습니까?"라는 질문에 대한 응답은 '최근에'라는 단어를 어떻게 해석하는가에 따라 달라질 수 있다. 최근에가 일주일 전, 한 달 전 또는 일 년 전인지에 대해서는 응답자들마다 다르게 해석할 수 있으므로 보다 명확한 질문항목이 필요하다. 예를 들어 지난 한 달 동안 또는 지난 일 년 동안 등과 같은 정확한 표현이 필요하다.

3) 두 가지를 동시에 묻는 질문

인간 행동이나 상태를 측정하는 심리학이나 의학 분야에서 간혹 한 질문문항에서 두 개를 동시에 묻는 경우가 발생한다. 예를 들어 "나의 눈은 빨갛고 눈물이 난다."라는 질문이 있다고 한다면 둘 중에 하나의 증상만이 있는 경우는 대답하기가 애매해진다. 또한 "나는 폐암에 걸리는 것이 두려워 담배를 피지 않는다."라는 질문이 있다고 한다면 이 역시 두 문장이 섞여 있는 복합문장이어서 대답하기가 애매해진다. 폐암 때문이 아니고 종교적 신념이나 심장병 때문에 담배냄새가 싫거나 또는 다른 이유에서 담배 피는 것을 싫어하는 경우는 대답하기가 어려워진다.

4) 전문용어의 사용

질문문항에서 전문영역에서 활용되는 전문용어를 사용하는 것 역시 응답자들의 이해도를 떨어트려 정확한 응답을 이끌어 내기 어렵게 된다. 특히 특정 전문영역의 인력을 대상으로 하는 질문을 일반인들을 대상으로 하는 경우 전문용어의 사용은 일반응답자들로 하여금 응답을 회피하도록 하는 한 요인이 된다. 척도를 개발하는 데 있어 대부분의 척도개발자들은 특정 분야에서 전문화된 지식을 가지고 있기에 질문문항을 구성하면서 자신들이 이해하는 선에서 질문문항을 구성할 수 있는데, 이때 전문용어를 아무 어려움 없이 질문문항에 사용하는 경우가 발생한다. 예를 들어 사회복지사들이 아닌 일반 국민들을 대상으로 "사례관리가 필요하다고 생각하십니까?"라는 질문을 한다면 용어를 정확히 이해하지 못하는 대부분의 국민은 이에 대한 대답을 하지 못하는 상황이 발생할 수 있다.

5) 주관적 가치가 묻어 있는 질문

때때로 질문문항에 응답자의 주관적 가치가 개입될 수 있는 질문들이 포함되는 경우가 있다. 예를 들어 "당신은 종종 심각하지 않은 병으로 의사를 찾아가십니까?"라는 질문은 병에 대해 응답자들의 주관적 가치가 개입되는 질문이다. 따라서 응답자들이 무엇을 심각한 병으로 생각하거나 심각하지 않은 병으로 생각하는지를 명확히 하지 않는다면 질문에 대한 대답은 불명확한 결과를 가져다줄 가능성이 높다. 따라서 질문문항에는 될 수 있는 한 주관적 가치를 배제하는 것이 바람직하다.

6) 긍정적인 질문과 부정적인 질문

통상 질문문항을 구성할 때 조사자들은 응답자들이 처음 질문문항부터 심사숙고하여 읽고 성실히 대답해 줄 것을 기대하지만 현실적으로 모든 응답자가 모든 질문문항을 조심스럽게 읽고 성실히 응답하는 것은 아니다. 어떤 사람은 문항에 대한 인식력이 낮아서, 어떤 사람은 질문응답에 대한 동기부여가 낮아서, 또는 어떤 사람은 시간에 쫓겨서 대충 읽고 모든 항목에 1번만을 체크한다든지 모든 항목의 맨 오른쪽에 있는 답만을 체크하는 등의 현상이 발생할 수 있다. 이러한 현상을 방지하기 위한 방법으로 Anastasi(1982)와 Likert(1932) 등이 제시한 것이 질문문항을 긍정적인 문항과 부정적인 문항으로 섞어서 배열하는 것이다. 하지만 조사 결과 이러한 방법은 적절하지 않은 것으로 나타났다. 특히 아니요, 전혀 아니다와 같은 부정적인 용어는 다음과 같은 이유에서 피하여야 한다.

- 첫째, 단순히 부정적인 응답항목을 넣는 것은 긍정적인 응답항목을 넣은 것과 비교하여 의미가 달라질 수 있기 때문이다. 예를 들어 "나는 기분이 좋다."라는 질문에 '예'라고 대답한 것과 "나는 기분이 좋지 않다."라는 질문에 '아니요'라고 대답한 것은 의미가 다르다고 할 수 있다. 단순히 질문을 부정적으로 바꾸었지만 "나는 기분이 좋지 않다."라는 질문에 '아니요'라고 대답한 것이 곧 기분이 좋은 것을 의미하지는 않기 때문이다.
- 둘째, 어린아이나 인지능력이 낮은 응답자의 경우 부정적인 질문에 대해 긍정적인 답변을 어떻게 하는지를 혼란스러워하는 경우가 발생한다. 예를 들어 "나는 대부분의 시간에 우울함을 느낀다."라는 질문에 동의하지 않고 긍정적인 대답을 하는 경우 대답을 하는 데 있어 혼랍스럽게 느낄 수 있다.
- 셋째, 일반적으로 부정적인 질문은 긍정적인 질문보다 타당도계수가 낮다 (Holden et al., 1985; Schriesheim & Hill, 1981). 그리고 긍정적인 질문과 부정적인 질문이 섞여 있는 척도가 모든 질문항목이 하나의 방향(부정이든 긍정이든)으로만 되어 있는 척도보다 신뢰도가 더 낮다(Barnette, 2000).

7) 질문항목의 수 및 질문항목의 길이

척도를 구성하는 질문항목의 수는 질문항목들이 조사의 전체적인 내용을 포괄하는 한에서 가능한 한 적은 것이 좋다. 또한 질문문항은 길면 길수록 타당도계수가 떨어지는 것으로 알려져 있으므로 질문문항의 길이 역시 짧고 간결하도록 하는 것이 바람직하다(Holden et al., 1985).

2. 사전조사

앞에서 지적한 여러 조건을 다 인지하고 조심하였다고 하더라도 측정항목(척도)이 측정하려는 사람의 의도를 정확히 반영하고 측정하는지를 완전히 보장하는 것은 아니다. Belson(1981)에 따르면 조사에 응하는 응답자들의 오직 30%만이 질문의 내용과 의도를 정확히 이해한다.

질문문항들이 응답자들에 의해서 분명하게 이해되고 정확히 의도하는 바를 측정하는지를 확인하는 가장 좋은 방법은 응답집단에 포함될 가능성이 있는 사람들에게 미리 질문문항의 조사지를 풀어 보도록 하는 것이다. 본격적인 조사에 앞서 질문문항을 미리 배포하여 특정 집단의 사람들(여기서는 응답자가 될 가능성이 있는 사람의 집단)에게 질문문항을 풀어 보도록 하는 **사전조사**(pre-test)의 경우 질문문항이 응답자들의 수준에서 쉽게 이해가 되는지, 적절한 수준의 용어들이 사용되었는지, 불필요한 질문은 없는지 등을 고려해 질문문항에 대한 수정 보완을 함으로써 보다 타당한 질문문항으로 변화시킬 수 있다.

3. 액면타당도와 내용타당도

측정항목들이 조사자가 측정하려는 것을 외견상 또는 겉으로 보아 어느 정도 잘 측정하는지를 확인하는 것을 일반적으로 **액면타당도**(face validity)라고 일컫는데, 이는 가장 낮은 수준의 타당도라고 할 수 있다. 반면에, **내용타당도**(content validity)는 조사자가 선정한 측정항목들이 그 내용을 얼마나 잘 측정하는지를 특정 영역의 전문가들에게 검증받는 것을 의미한다. 따라서 액면타당도와 내용타당도 검증은 측정질문항목을 선정하는 데 있어 일차적으로 선정의 타당도를 검증하는 매우 중요한 역할을 한다.

4. 내적일관성: 측정항목들의 동일성

내적일관성은 앞에서 설명한 바와 같이 내적일관성신뢰도라고도 불린다. 이는 하나의 변수나 개념을 측정하는 측정문항들이 여러 개 있을 경우 모든 질문이 하나의 개념이나 변수를 측정하기 위한 내용을 일관되게 유지하는지를 밝히는 것으로 측정항목의 동종성(homogeneity)이라고도 표현된다. 예를 들어 가족관계를 측정하는 가족관계척도가 12개의 질문항목으로 구성된다면 12개의 문항이 모두 가족관계를 측정하도록 내적일관성을 유지하여야 한다. 따라서 모든 척도가 내적일관성이 높아야 하는 것은 당연하다고 할 수 있다(Henson, 2001). 내적일관성이 높다는 것은 다음과 같은 의미를 갖는다.

- 첫째, 질문항목들이 서로 적절하게 연관이 있다.
- 둘째, 질문항목들 각각이 총 척도의 점수와 연관이 있다.

만약 척도를 구성하는 데 있어 질문항목들 상호 간에 내적일관성이 적을 경우 또는 질문 상호 간의 내적일관성을 고려하지 않고 질문항목들을 선정하였을 경우, 그 척도는 측정하려는 것을 측정하는 것이 아니고 여러 관련없는 것들을 측정하게 되어 내용타당도가 떨어진다. 또한 질문항목들 사이에 관련성이 너무 높으면 이는 같은 질문을 하는 경우가 되므로 이 역시 내용타당도를 떨어뜨리는 요인이 된다.

내적일관성을 측정하는 가장 대표적인 방법은 지수개발단계에서 제시되었던 반분법 또는 반분법신뢰도(split-half reliability)를 측정하는 것이고 나머지 하나는 크론바흐 α 계수 값을 측정하는 것이다. 일반적으로 SPSS와 같은 통계프로그램을 통해 크론바흐 α값을 쉽게 구할 수 있어 반분법보다 크론바흐 α값이 내적일관성신뢰도 측정에 더 많이 사용된다.[5] 이 외에도 척도를 구성하는 질문문항의 내적일관성을 검사하는 고전적인 방법으로 항목-총 상관관계(item-total correlation)

방법이 있다. 항목-총 상관관계방식은 개별적인 질문항목과 전체 척도와의 상관관계를 통해서 내적일관성을 점검하는 방식이다. 즉, 개별적인 질문을 하나씩 빼면서 전체 척도와 개별적인 질문 사이의 상관관계를 살펴보는 것을 의미한다. 일반적으로 하나의 질문문항과 전체 척도와의 상관관계 계수가 0.2 이하이면 그 문항은 삭제하여야 한다(Kline, 1986).

5. 다중영역의 측정

하나의 척도가 여러 개념을 동시에 측정하는 측정항목들로 구성되어 있다면 척도를 구성하는 질문항목들의 더욱 철저한 점검이 필요하다. 예를 들어 사회자본을 측정하는 척도가 있는데 사회자본의 개념이 신뢰, 네트워크, 참여, 공동의 규범 등과 같은 다중영역으로 이루어져 있다고 한다면, 신뢰를 측정하는 질문항목과 네트워크, 참여 그리고 공동의 규범 각각의 개념을 측정하는 질문항목들이 사회자본이라는 척도에 함께 섞여 척도를 구성하므로 모든 측정질문의 내적일관성을 점검하는 것이 척도의 신뢰도를 위하여 반드시 필요하다. 다중영역으로 구성된 척도의 질문문항에 대한 내적일관성을 점검하는 기법으로 많이 활용되는 것은 요인분석(factor analysis)이다.

요인분석을 통해 신뢰를 구성하는 측정질문들과 참여, 네트워크 그리고 공동의 규범을 측정하는 측정질문들 사이의 관계를 분석하게 되면 참여를 구성하는 측정질문들과 네트워크를 구성하는 측정질문들이 상호 연관이 있는지 또는 신뢰와 공동의 규범을 각각 구성하는 측정질문항목들이 상호 간에 상관관계가 있는지를 밝힐 수 있다. 다중영역을 구성하는 개념들의 측정항목들은 상호 간에 상관관계가 있을 수도 있고 없을 수도 있다. 신뢰를 측정하는 질문문항이 4개가

---

5) 신뢰도 측정방법인 반분법과 크론바흐 α 계수 값에 대한 보다 상세한 내용은 제7장 좋은 측정 도구의 기준, 제2절 신뢰도에서 다루도록 한다.

있는데 그중 한 개가 네트워크를 구성하는 측정질문문항들과 상관관계가 더 높다고 한다면, 신뢰를 측정하는 질문문항 중 그 문항은 삭제되어야 한다.

6. 원인질문항목(지표)과 효과질문항목(지표) 그리고 내적일관성과의 관계

1) 효과지표의 내적일관성

일반적으로 척도를 구성하는 질문이나 지표들은 효과지표(effect indicator)와 원인지표(causal indicator)로 구분된다. 효과지표는 내적일관성을 점검하는 것이 필수적이지만 원인지표는 내적일관성을 점검할 필요성이 상대적으로 적다고 할 수 있다. 앞에서 설명한 바와 같이 하나의 개념이 하나의 측정항목으로 측정된다면 지표는 단일항목지표로 원인지표와 결과지표에 대한 구분이 필요 없지만, 개념을 구성하는 요소가 다면성을 띠고 있어 하나의 측정항목으로 측정하는 것이 불가능한 혼합측정항목인 경우는 여러 개의 지표가 측정개념을 측정하기 위해 필요해진다.

예를 들어 불안(anxiety)이라는 구성개념이 초조, 걱정, 수면장애 그리고 신경과민으로 이루어져 있다고 한다면, 불안이라는 측정항목을 측정하기 위한 지표는 최소 4개 이상이 된다. 여기서 불안이 사람들을 초조하게 만들고, 사람들에게 걱정을 하도록 하며, 수면장애를 일으키고, 신경과민 증상을 초래한다고 가정하면 불안이라는 구성개념을 측정하는 모든 측정항목은 효과지표로 이루어져 있다고 할 수 있다. 즉, 불안이 영향을 주어 사람들을 초조하고, 걱정하도록 하고, 잠을 이루지 못하도록 하며, 나아가 신경과민을 초래하도록 한다는 것을 의미한다. 다시 말해, 불안하면 초조하고 걱정이 많아지며 신경이 과민해지고 수면장애가 발생한다고 볼 수 있다.

또한 초조, 걱정, 수면장애 그리고 신경과민의 측정항목들이 모두 상호 간에 연관(상관관계)이 있다고 볼 수 있다. 즉, 초조와 걱정, 걱정과 수면장애, 초조와 수면장애 등과 같이 각각의 변수가 모두 상호 간에 상관관계가 존재한다. 측정 질문문항들 간에 상관관계가 존재한다는 것은 결국 내적일관성에 대한 점검이 반드시 필요하다는 것을 의미하는 것이다. 초조와 걱정을 측정하는 측정항목들 간에 상관관계가 너무 높으면 두 측정변수에 대해 동일한 질문을 하는 것을 의미하므로 측정질문 한 개를 삭제하여야 하며, 네 개의 측정질문문항들 사이의 상관관계가 너무 낮으면 불안을 측정하는 측정질문들이라고 할 수 있는 근거가 약해진다.

불안이 효과지표로 구성된다는 것은 다음의 의미를 내포한다.

- 첫째, 질문항목들이 상호 간에 연관이 있다. 질문항목들 사이에 상관관계가 있다는 것은 항목-총 상관관계(item-total correlation)가 0.2에서 0.8 사이에 위치하여야 하고 또한 α계수가 0.7에서 0.9 사이에 위치하여야 한다는 것[6]을 의미한다.
- 둘째, 불안을 구성하는 구성개념들을 요인분석(factor analysis)을 하게 되면 불안을 구성하는 네 개의 구성개념이 불안이라는 개념에 모두 하나로 묶인다.
- 셋째, 구성개념을 측정하는 데 있어서 측정질문들이 중요한 것은 아니라는 점이다. 초조, 걱정, 수면장애 그리고 신경과민 말고도 불안과 연관이 있는 측정질문항목들은 더 있을 수 있다. 물론 불안을 측정하는 측정질문들이 초조, 걱정, 수면장애 그리고 신경과민으로만 구성된다면 그만큼 척도의 타당도가 향상된다고 할 수 있지만 불안을 측정하는 지표들은 더 있을 수 있다.

[그림 5-5]는 구조방정식모형(structural equation model)을 통해 나타나는 불안과 효과지표와의 관계다. 원은 구성개념을 의미하고 직사각형은 관찰되는(측정되는)

---

6) 크론바흐 α값이 0.6 이상이면 받아들일 수 있는 수준이며 0.7~0.9 사이에 있으면 바람직한 수준이다.

변수를 의미한다. 측정되는 변수는 효과지표(effect indicator)라고 불리는데, 이는 이 지표들이 구성개념의 효과(또는 결과)를 반영하기 때문이다(Bollen & Lennox, 1991).

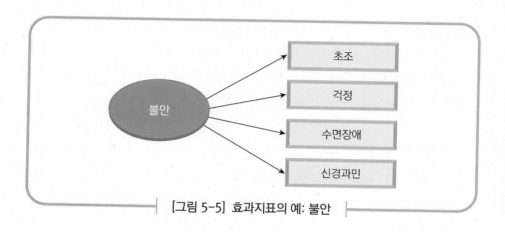

[그림 5-5] 효과지표의 예: 불안

2) 원인지표과 내적일관성

앞에서 서술한 바와 같이 일반적으로 원인지표는 내적일관성을 검증하지 않는다. 이는 곧 원인지표가 내적일관성과 관련이 적다는 것을 의미한다. 예를 들어 사회자본(social capital)이 신뢰, 네트워크, 사회참여 그리고 공동의 규범과 가치라는 다중영역으로 구성되어 있다고 한다면, 사회자본이 신뢰에 영향을 미치는 것이 아니라 신뢰가 높으면 그로부터 사회자본이 향상되고, 마찬가지로 사회자본이 사회참여의 정도를 향상시키는 것이 아니라 사회참여가 높으면 사회자본이 증대된다는 것을 나타낸다고 할 수 있다. 따라서 효과지표와 다르게 원인지표는 구성개념이 측정되는 지표들을 정의하는 것(예를 들어 불안이 초조, 신경과민, 걱정, 수면장애와 같은 측정질문의 개념들에게 영향을 주는 것)이 아니라 측정되는 지표들로부터 구성개념이 정의되는 것(예를 들어 신뢰, 네트워크, 사회참여, 공동 규범의 측정개념들이 사회자본을 구성)이라고 할 수 있다. 이런 경우 측정되는 신뢰

등과 같은 지표들은 **원인지표**(causal indicator)[7]라고 불린다(Bollen & Lennox, 1991).

원인지표들은 효과지표와는 달리 지표들 사이의 관계와는 관련이 적다. 즉, 원인지표들 사이에 상관관계가 적음을 의미한다. 예를 들어 불안을 측정하는 측정항목인 걱정, 초조와 수면장애 그리고 신경과민은 상호 간에 연관이 있지만 사회자본을 구성하는 신뢰와 네트워크는 상호 간에 연관이 있다고 할 수 없다. 즉, 신뢰를 측정하는 질문항목들은 당연히 상호 간에 연관성이 있어야 하지만 신뢰를 측정하는 질문항목과 네트워크를 측정하는 질문항목 사이는 관계가 약하다고 할 수 있다. 예를 들어 사회참여를 측정하는 질문 중 하나인 투표참여 여부에 대한 질문과 신뢰를 측정하는 질문 중 하나인 가족이나 친구를 믿는 정도에 대한 질문은 상호 간에 관련성이 있다고 보기 어렵다.

원인지표가 지표들 사이에 상관관계가 없다는 것은 다음과 같은 의미를 내포한다.

- 첫째, 이미 위에서 지적한 바와 같이 원인지표들은 측정항목들의 상호관련성을 기대할 수 없다는 것이다. 이는 원인지표의 경우 동종성(내적일관성)을 검증하는 항목−총 상관관계(item−total correlation) 값이나 크론바흐 α 계수 값 그리고 요인분석 등과 같은 통계적 방법의 활용이 적절치 않음을 의미한다.
- 둘째, 효과지표와는 달리 구체적인 측정질문항목이나 측정지표가 매우 중요하다는 점이다. 예를 들어 사회자본척도에서 신뢰를 측정하지 않고 사회자본을 측정했다고 할 수 없는데 이는 사회자본을 구성하는 요인으로 신뢰가 반드시 포함되기 때문이다. 따라서 신뢰를 측정하지 않고 산출된 사회자본척도의 총 합산점수는 사회자본의 정도를 객관적으로 입증했다고 할 수 없다.

[그림 5−6]은 **구조방정식모형**(structural equation model)을 통해 나타나는 사회자본과 사회자본을 구성하는 원인지표와의 관계를 나타낸다.

---

7) 원인지표는 형성지표(formative indicator)라고도 불린다.

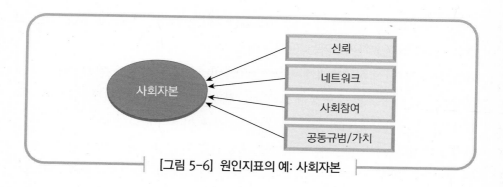

[그림 5-6] 원인지표의 예: 사회자본

7. 측정항목선택의 과정

지금까지 제시한 측정항목(지표)선택의 과정을 그림으로 제시하면 [그림 5-7]
과 같다.

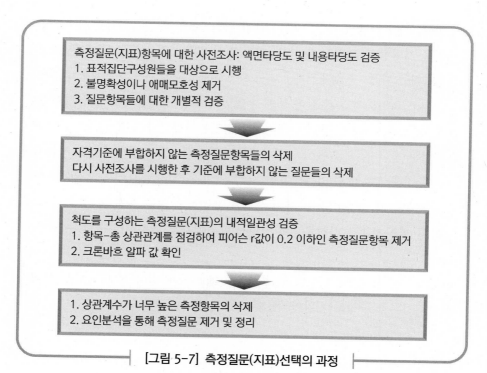

[그림 5-7] 측정질문(지표)선택의 과정

제5절 ┊ 척도개발모델

측정도구로서 척도를 개발하는 것은 지수를 개발하는 것과 같이 여러 단계를 거쳐 이루어진다. 지수를 개발하는 것보다 척도를 개발하는 것이 어려운 작업이라는 것은 척도를 개발하는 것이 지수개발 시 고려하여야 하는 것보다 더 많은 조건을 고려하여야 하기 때문이다. 척도를 개발하는 단계에 대해서는 여러 학자가 제시한 모델들이 존재한다. 학자들이 제시한 대표적인 척도개발단계들에 대해 소개하면 다음과 같다.

1. Swanson과 Holton의 척도개발단계

Swanson과 Holton은 2005년 『조직조사(*Research in Organization*)』라는 책에서 척도개발단계를 제시하였다. 그들은 척도개발을 크게 척도를 개발하는 단계와 척도를 검증(또는 실험)하는 단계로 나누어 제시하였다. 척도를 개발하는 단계는 크게 5단계로 구분되며 개발된 척도를 검증하는 단계는 크게 7단계로 구분된다. 이들 단계를 그림으로 나타내면 [그림 5-8]과 같다.

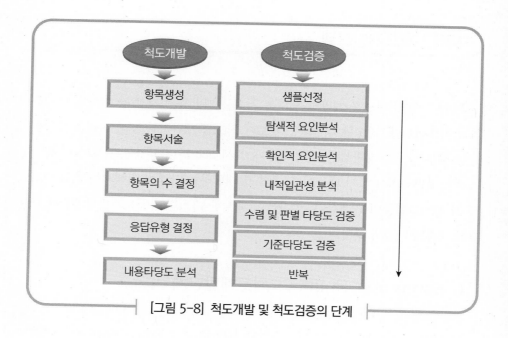

[그림 5-8] 척도개발 및 척도검증의 단계

　이러한 척도개발 및 척도검증의 단계 중 척도개발의 4단계를 설명하면 다음과 같다.

1) 질문항목 생성

　Swanson과 Holton은 척도를 구성하는 질문문항을 생성하기 위한 방법으로 연역적인 방법과 귀납적인 방법을 제시하였다. 질문항목의 생성은 척도개발의 첫 단계로서 척도개발자는 이론적 배경에 대한 조사와 문헌조사 그리고 선행연구를 통해 측정하려는 추상적 개념에 대한 정의를 명확히 하고 추상적 개념을 측정을 위해 조작화하는 과정이 필요하다. 조작화된 개념을 측정하기 위한 질문항목을 개발하는 데 있어 연역적인(deductive) 접근방법은 '위로부터의 구분' 내지는 '논리적 구분'이라고 불리는 반면에, 귀납적(inductive) 접근방법은 '아래로부터의 구분' 또는 '집단화구분'이라고 불린다. 보통 척도나 지수를 개발함에 있어 질문문항을 도출하는 경우 위의 두 방법을 동시에 활용하는 것이 일반적이다.

(1) 연역적인 방법

질문항목을 생성하기 위한 연역적 방법은 문헌조사 및 선행연구를 통해 자료를 수집하고 수집된 자료에서 질문을 도출해 내는 방식을 일컫는다. 이를 위해서는 먼저 이론적 조사를 통해 추상적 개념에 대한 정의가 이루어져야 하며 이를 바탕으로 질문문항에 대한 자료수집을 시행할 수 있다. 예를 들어 '조직적 사회자본'을 측정하기 위해서는 조직적 사회자본에 대한 정의가 이루어져야 하며 이를 바탕으로 조직적 사회자본을 측정하는 질문문항이 도출될 수 있다.

(2) 귀납적인 방법

귀납적인 방법은 연역적인 방법과 같이 이론적 토대를 바탕으로 질문문항을 도출하는 것이 아니라 직접적인 질문에 대답하는 조사대상자들을 대상으로 직접 측정하려는 개념에 대해 그들의 생각을 듣고 질문문항을 생성하는 방법을 일컫는다.

2) 질문항목 서술

질문항목을 생성하게 되면 구체적인 질문을 서술하여야 하므로 질문서술을 하는 항목서술단계가 필요하다. 질문은 될 수 있는 한 간단하고 짧은 것이 좋다고 할 수 있으며 전문적인 용어를 피하고 조사대상자들이 이해하기 쉽고 알기 쉬운 단어를 사용하여 서술하는 것이 필요하다. 특히 모든 질문은 측정하려는 개념의 범위를 벗어나지 않고 측정하려는 것에 초점이 맞추어져 있어야 한다(보통이는 내적일관성 점검을 통해 확인할 수 있다). 예를 들어 조직적 사회자본이 '조직 안에서 이루어지는 사회관계의 특성을 반영하는 자원'이라고 정의된다면 조직적 사회자본에 대한 모든 질문문항은 이 정의의 범위 안에서 서술되어야 한다. 따라서 지역사회나 가족 또는 친구들과의 관계를 반영하는 자원에 대한 질문은 수정 내지는 제거되어야 한다. 또한 하나의 질문에서는 하나의 대답만을 유도할 수 있도록 문항을 서술하는 것이 중요하다. 예를 들어 "조직 안에서 나는 다른 직원들과 많은 시간을 같이하며 좋은 친분을 유지하고 있다."라는 질문은 하나의 질문에 두 가지의 의미를 질문하므로 좋은 질문서술이라고 할 수 없는데, 이는 많은 시간을 같이 작업한다고 해도 좋은 친분을 유지하지 않는 경우도 존재하기 때문이다. 또한 역대답을 유발하는 역질문(Reverse question) 역시 될 수 있으면 피하는 것이 좋은데, 이는 응답자들에게 혼란을 가져다주어 측정오류나 편향이 발생할 가능성이 있기 때문이다(Harrison & McLaughlin, 1991).

3) 질문항목 수 결정

한 척도는 몇 개의 질문항목으로 구성되는 것이 가장 이상적인가에 대한 명확한 대답은 존재하지 않는다. 하지만 일반적으로 척도를 구성하는 질문항목은 응답자들이 지루해하지 않고 피곤해하지 않는 정도의 수로 구성하는 것이 좋다고 알려져 있다(Schmitt & Stults, 1985; Schriescheim & Eisenbach, 1991). Harvey와 동료들(1985)은 하나의 구성개념을 측정하기 위해 적어도 4개 이상의 질문을 구성하여야 문항들에 대한 공통성을 조사하는 것이 가능함을 주장하였다. 예를 들어 사회자본을 구성하는 구성요소인 신뢰를 측정한다고 했을 때 신뢰에 대해 4개 이상의 질문을 사용하여야 공통성을 점검하는 것이 가능하다는 것이다. Cook과 동료들(1981)은 적절한 내적일관성신뢰도를 확보하기 위해서는 하나의 구성요소에 3개 이하의 질문을 구성하는 것(즉, 신뢰를 측정하기 위해 3개 이하의 질문을 구성)이 좋다고 주장하였지만, Carmines와 Zeller(1979)는 질문항목이 늘어난다고 해도 척도의 신뢰도는 크게 영향을 받지 않는다고 제시하였다. 그리고 Hinkin (1995), Hinkin과 Schriescheim(1989) 등은 하나의 개념에 대한 측정항목으로 5개 이상의 질문문항에 또 다른 질문을 추가하는 것은 신뢰도를 향상시키는 것이 어렵다고 주장하였다. 이러한 연구자들의 견해에 따르면 물론 최종 질문항목의 수는 조사자가 결정하는 것이지만 하나의 구성개념을 측정하는 데 있어 4개에서 6개 이하의 질문문항을 선정하는 것이 척도의 질을 위해서 바람직하다고 할 수 있겠다. 즉, 신뢰를 측정하기 위한 가장 바람직한 질문항목의 수는 4개에서 6개 이하가 가장 적절함을 의미하는 것이다.

4) 응답유형결정

응답유형결정은 질문에 대한 응답의 유형을 결정하는 것을 의미한다. 하나의 질문에 대한 응답으로 '예'와 '아니요'만을 사용할 것인지 아니면 리커트 5점 척도나 7점 척도를 활용하여 응답을 5개나 7개로 설정할 것인지를 결정하는 것이 응답유형결정의 주된 내용이 된다. 현실적으로 보면 '그저 그렇다' 또는 '보통이다'와 같은 중립적인 응답에 대해서는 많은 논란이 있는 것이 사실이지만 응답유형은 리커트 5점 척도를 많이 이용하는 것이 일반적이라고 할 수 있다(Cook, et al., 1981). 물론 최종적으로는 조사자의 결정에 따라 다양한 응답의 유형들이 선택될 수 있다.

5) 내용타당도 검증

일단 질문항목과 응답의 유형이 개발되면 질문항목들이 측정하려는 구성개념을 적절하게 반영하는지를 확인하는 작업이 필요하다. 사회자본을 구성하는 신뢰를 예로 든다면 신뢰를 측정하는 질문들이 모두 신뢰라는 추상적 개념의 영역을 측정하는 질문들인지를 확인하는 작업이 필요하다. 통상 질문항목들의 내용타당도 검증은 측정하려는 영역의 전문가들에 의해서 이루어지는 것이 일반적이며 전문가들에 의해서 수정되고 보완된 질문항목들이 척도로 전환되는 데는 요인분석(factor analysis)을 수행하게 된다.

2. Clark과 Watson의 척도개발단계

　　Clark과 Watson(1995)은 주로 심리학 영역에서 활용 가능한 척도개발의 단계를 제시하였는데 그들이 제시한 척도개발단계는 총 5단계로 나뉘어 있다. 측정하려는 추상적 개념을 명확히 하는 개념화단계에서부터 문헌조사, 질문항목 풀(pool) 구성, 질문항목선정 그리고 마지막으로 타당도를 검증하는 단계다. 이들 단계를 그림으로 나타내면 [그림 5-9]와 같다.

　　Clark과 Watson이 제시한 척도개발단계의 특징은 질문항목을 선정하기에 앞서 문헌조사를 통해 가능한 질문항목들의 총 목록(pool)을 구성한 후 질문항목을 선정한다는 것을 척도개발단계로 구분하였다는 점이다.

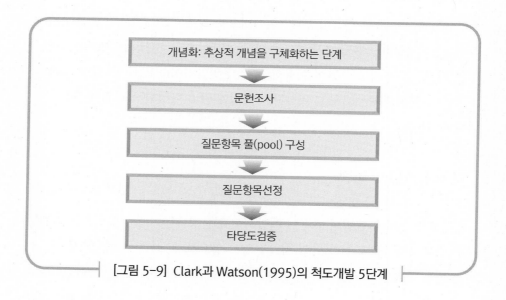

[그림 5-9] Clark과 Watson(1995)의 척도개발 5단계

3. Hinkin의 척도개발단계

Hinkin(1995)이 제시한 척도개발단계는 1989년에서 1995년까지 5년간 학술지

에 발표된 75개의 논문에서 사용된 277개의 측정도구에 대한 조사를 통해 척도를 개발하는 단계를 종합적으로 분석하여 제시하였다는 특징이 있다. 그가 제시한 척도개발단계는 Schwab(1980)이 제시한 것으로서 총 3단계로 구성되는데 첫 단계는 질문생성단계이고 두 번째 단계는 척도개발단계(질문항목을 척도유형으로 전환하는 단계)이며 마지막 단계는 척도점검단계다. 이들 단계를 그림으로 나타내면 [그림 5-10]과 같다.

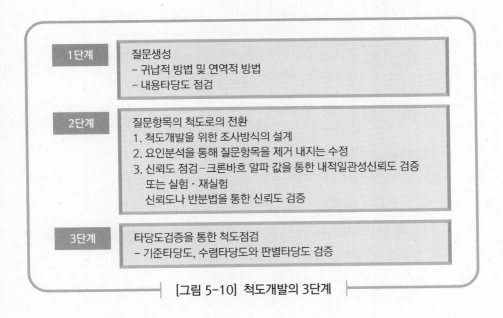

[그림 5-10] 척도개발의 3단계

4. Netemeyer, Bearden과 Sharma의 척도개발단계

Netemeyer, Bearden과 Sharma는 2003년 『척도개발과정(*Scaling Procedure*)』이라는 책에서 척도를 개발하기 위한 4단계를 제시하였다. 이들이 제시한 단계로 첫 번째 단계는 측정하려는 개념의 영역에 대한 차원성(dimensionality)을 검증하는 단계, 두 번째 단계는 질문항목을 선정하여 내용타당도를 검증하는 단계,

세 번째 단계는 1차 도출된 질문항목에 대한 탐색적 요인분석을 시행하고 질문항목들에 대한 내적일관성을 점검하는 단계, 그리고 네 번째 단계는 확인적 요인분석을 통해 최종 질문항목을 선정하고 선정된 척도에 대해 타당도를 점검하는 단계다. 이 과정을 그림으로 나타내면 [그림 5-11]과 같다.

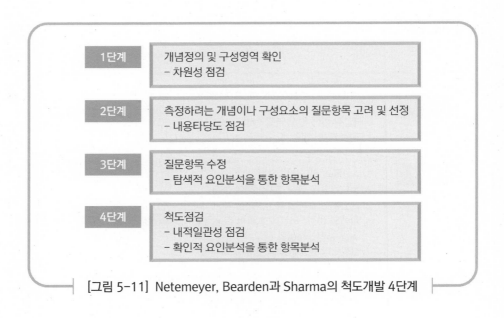

1단계	개념정의 및 구성영역 확인 - 차원성 점검
2단계	측정하려는 개념이나 구성요소의 질문항목 고려 및 선정 - 내용타당도 점검
3단계	질문항목 수정 - 탐색적 요인분석을 통한 항목분석
4단계	척도점검 - 내적일관성 점검 - 확인적 요인분석을 통한 항목분석

[그림 5-11] Netemeyer, Bearden과 Sharma의 척도개발 4단계

1) 차원성 검증

차원성 검증은 측정하려는 구성개념을 정의하고 개념이 구성하는 영역을 확인하여 구성개념의 영역이 하나의 영역으로 구성되어 있는지 아니면 다중영역으로 구성되어 있는지 확인하는 것을 나타낸다. 예를 들어 사회자본은 하나의 영역으로 구성된 단일 차원의 개념이 아니고 신뢰, 참여, 네트워크 등 최소한 세개 이상의 영역으로 구성된 다차원 개념이다. 그러므로 문헌조사 및 이론적 배경에 대한 조사를 통해 사회자본이 구성하는 다차원성을 먼저 확인하는 작업이 사회자본의 정도를 측정하는 사회자본척도를 개발하는 데 있어 가장 우선적인

과제라고 할 수 있다.

2) 질문항목 생성 및 도출

추상적 개념에 대한 정의 및 차원성 점검을 마치고 나면 구성개념을 측정하기 위한 질문항목들을 도출하는 과정이 필요하다. 어떤 질문을 할 것인지, 질문에 대한 대답의 유형은 어떠한지, 몇 개의 질문항목이 필요한지, 질문항목들은 모두 측정하려는 척도의 추상적 개념을 구체화하는 질문들인지를 점검하는 것은 이 단계에서 매우 결정적인 과업이 된다. 일반적으로 일차적인 질문항목들의 도출은 기존의 연구나 조사에 대한 문헌조사를 통해 도움을 받을 수 있으며, 도출된 질문항목들에 대한 내용타당도를 점검하기 위해 척도관련 영역의 전문가들을 대상으로 개별면접, 주요정보자면접이나 초점집단면접을 시행한다.

3) 질문항목(척도) 수정

일차적으로 도출된 예비질문항목들로 구성된 척도는 경험적 방법을 통해 수정 및 제거 그리고 보완 단계를 거쳐 세련화되는 과정이 필요하다. 이를 위해 조사대상자들을 선별하여 예비조사를 시행할 수도 있으며 질문항목들에 대한 경험적 분석을 위해 탐색적 요인분석을 시행할 수도 있다. 또한 질문항목들의 신뢰도를 점검하기 위해 내적일관성을 점검하는 것도 필요하다.

4) 개발된 척도 점검

이상의 과정을 통해 척도가 개발되면 마지막으로 척도가 측정하려는 것을 정확하게 측정할 수 있는 질문들로 구성되어 있는지에 대한 확인이 필요하며, 이를 위해 확인적 요인분석, 내적일관성분석 그리고 수렴 및 판별 타당도분석 등의 확인작업이 필요하다. 그리고 마지막으로 필요하다면 구성요인들이나 질문항목들에 대한 상대적 중요도를 점검하여 항목 간 또는 구성요소 간 가중치를 계산하는 **규준**(norms)을 설정하는 작업이 필요하다. 예를 들어 사회자본을 구성하는 요소인 신뢰, 네트워크, 규범 그리고 참여가 각각 동일한 중요도를 갖는 요소인지를 확인한다는 것으로, 만약 신뢰가 다른 요소들보다 중요하다고 생각된다면 신뢰를 구성하는 질문항목들의 값은 다른 구성영역의 질문항목들의 값보다 더 높아야 한다.

제6절 ¦ 소결

척도개발은 지수건설보다 더욱 어렵고 복잡한 과정을 거친다. 따라서 척도를 개발하기 위한 전 단계에서는 척도에 대한 보다 깊은 성찰이 필요하다. 질문에 대한 대답유형에 따라 다양한 척도가 존재하므로 척도를 개발하기 위해서는 기본적으로 이들 척도유형에 대한 특성들을 정확히 이해하고 있어야 한다. 척도는 크게 분류하면 내용상 등급척도와 순위척도로 구분된다. 일반적으로는 단순히 순위를 나타내는 거트만척도, 보가더스 사회거리척도, 서스톤척도 등과 같은 순위척도보다는 변수(질문항목들)들의 양과 질의 측면에서 평가가 가능한 리커트척도와 같은 등급척도를 많이 사용한다. 그리고 대답의 유형으로는 범주형 척도와 계속형 척도로 분류되며 일반적으로는 계속형 척도를 많이 활용하고 있다. 특히 등급척도이면서 조사대상자들의 일상생활의 기능이나 태도의 변화를 측정하기 위한 기능수준척도도 최근 그 활용이 높아지고 있다. 척도를 구성하는 질문항목들, 즉 지표들은 원인지표와 효과지표로도 구분하는데 심리학이나 교육학 그리고 미시사회복지영역의 척도들은 대부분 효과지표로 구성된다.

척도의 개발은 알려진 바와 같이 지수개발보다 더욱 복잡한 과정을 거친다.

이 장에서 여러 학자가 제시한 척도개발의 단계들을 종합하면, 척도개발은 첫째, 질문항목 선정을 위한 문헌조사단계, 둘째, 구성개념 확인단계, 셋째, 측정질문 항목 선정단계, 넷째, 요인분석 및 내적일관성 확인단계, 다섯째, 척도의 적합도 확인 및 구성타당도 검증단계, 그리고 마지막으로 상대적 가중치 또는 규준 설정 단계를 거치게 된다. 다음 장에서는 척도개발단계들에 대한 보다 상세한 내용을 다룬다.

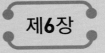
제6장

척도개발의 단계

제1절 개관

제2절 척도개발단계

제1절 ┆ 개관

　앞 장에서 학자들이 제시한 척도개발단계를 종합하여 제시하면, 첫째, 측정하려는 개념을 정의하고 구성화하는 단계, 둘째, 측정질문항목을 설정하는 단계, 셋째, 척도의 신뢰도와 타당도를 점검하는 단계로 크게 나눌 수 있다. 그리고 보다 구체적으로는 [그림 6-1]과 같이 첫째, 질문항목 선정을 위한 문헌조사단계, 둘째, 구성개념 확인단계, 셋째, 측정질문항목 선정단계, 넷째, 요인분석 및 내적일관성 확인단계, 다섯째, 척도의 적합도 확인 및 구성타당도 검증단계, 그리고 마지막으로 상대적 가중치 또는 규준 설정단계의 총 6단계로 세분화할 수 있다.

　이들 단계에서 6단계인 규준(norms) 설정의 단계는 반드시 포함되어야 하는 단계라고는 할 수 없다. 이는 통상 척도를 구성하는 요소 및 모든 질문이 동일한 측정값을 갖는다는 것을 전제로 개발되는 경우가 많기 때문이다. 하지만 만약 척도를 구성하는 구성요소 간 그리고 측정질문 간에 상대적으로 더욱 중요한 요소나 측정질문항목이 있다고 전제된다면 측정값을 달리 적용하여야 하기 때문에 상대적 중요도 및 상대적 비교를 위한 기준이 제시되어야 하는 척도개발의 6단계 과정인 규준설정단계가 필요하게 된다. 구체적인 척도개발의 단계들을 살펴보도록 하겠다.

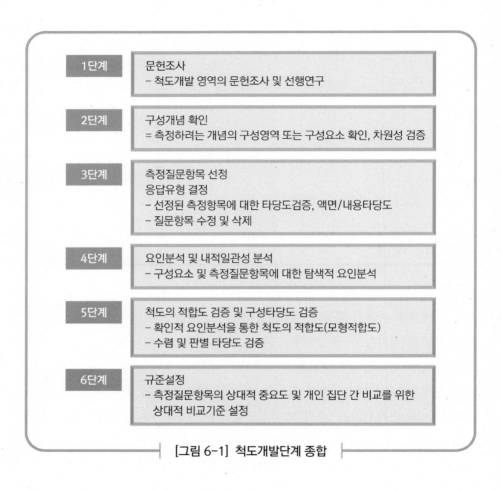

1단계	문헌조사 – 척도개발 영역의 문헌조사 및 선행연구
2단계	구성개념 확인 = 측정하려는 개념의 구성영역 또는 구성요소 확인, 차원성 검증
3단계	측정질문항목 선정 응답유형 결정 – 선정된 측정항목에 대한 타당도검증, 액면/내용타당도 – 질문항목 수정 및 삭제
4단계	요인분석 및 내적일관성 분석 – 구성요소 및 측정질문항목에 대한 탐색적 요인분석
5단계	척도의 적합도 검증 및 구성타당도 검증 – 확인적 요인분석을 통한 척도의 적합도(모형적합도) – 수렴 및 판별 타당도 검증
6단계	규준설정 – 측정질문항목의 상대적 중요도 및 개인 집단 간 비교를 위한 　상대적 비교기준 설정

[그림 6-1] 척도개발단계 종합

제2절 ┆ 척도개발단계

1. 문헌조사 및 선행연구조사

척도를 개발하기 위해서는 먼저 측정하려는 변수나 개념을 측정하는 척도의 존재 여부를 확인하는 것이 가장 중요하다. 측정하려는 개념을 측정하는 척도가 이미 존재한다면 굳이 많은 시간을 들여 가며 새로운 척도를 개발하는 것이 의미가 없을 수 있기 때문이다. 그러나 첫째, 측정하려는 개념을 측정하는 척도가 없는 경우, 둘째, 기존에 존재하는 척도의 신뢰도나 타당도에 문제가 있다고 판단되는 경우, 셋째, 외국의 척도를 번역하여 사용하는 경우는 새로운 척도를 개발하는 것이 필요하다.

척도를 개발함에 있어 가장 우선적으로 하여야 하는 것은 측정하려는 개념이 혼합측정도구가 필요한 혼합측정개념인지 아니면 단일측정도구가 필요한 단일측정개념인지를 파악하는 것이다. 지수나 척도는 혼합측정도구이므로, 측정하려는 개념이 단일한 차원을 가진 측정개념이라고 한다면 단일한 지표를 통하여 측정이 가능하기에 혼합측정도구의 개발을 필요로 하지 않는다. 측정하려는 개념이 직접 측정이 불가능한 복잡하고 다중적인 영역을 포함하는 개념이라고 한다면 척도개발의 필요성이 있다고 볼 수 있다.

특히 잘 정의된 구성개념의 중요성은 척도의 타당도와도 깊은 연관이 있는데, 이는 측정하려는 것을 잘 측정하는지를 확인하는 타당도가 측정하려는 개념의 정의와 구성개념이 포괄하는 영역에 의해 많은 영향을 받기 때문이다(Netemeyer et al., 2003). 따라서 측정하려는 개념에 대한 정의 및 개념의 영역을 확인하는 것은 측정도구의 타당도를 확보하는 가장 우선적인 작업이라고 할 수 있다. 만약 측정하려는 개념의 영역이 너무 넓게 정의된다면 측정하려는 범위를 벗어난 이외의 것을 측정하게 되는 문제가 나타날 수 있다. 결국 척도의 타당도는 철저한 문헌조사에서부터 시작된다고 할 수 있다.

측정하려는 개념에 대한 기본적 이해를 바탕으로 개념을 측정하기 위한 측정도구가 현존하는지를 파악하기 위하여 가장 우선적으로 시행하여야 하는 것은 문헌조사다. 문헌조사를 통하여 측정하려는 개념을 측정하는 척도가 존재하지 않거나 위에서 지적한 이유 중 하나에 해당되는 사유가 있다고 한다면 척도개발의 필요성이 크다고 할 수 있다. 선행연구를 통하여 측정하려는 개념의 척도가 존재하지 않는다면 그다음 순서는 측정하려는 개념, 즉 구성개념의 영역 및 측정요소를 **문헌조사**를 통하여 확인하는 것이다. 문헌조사는 측정도구의 이론적 배경을 조사하기 위해서도 필요하다. Cronbach와 Meehl(1955), Loevinger(1957) 등은 측정도구의 개발과 측정도구의 타당도와 연관하여 이론의 중요성을 주장하였는데, 그들은 사회과학분야에서 잠재적 변수를 측정하기 위해서는 구성개념이 **이론적 틀**(theoretical framework)에 기초하여야 함을 강조하였다. 척도개발에 있어 문헌조사의 필요성은 다음과 같다.

- 첫째, 문헌조사는 척도를 개발하는 연구자들에게 구성개념의 이론적 틀을 확인할 수 있도록 해 준다. 이를 바탕으로 연구자들은 구성개념의 정의뿐만 아니라 경계, 차원성 그리고 내용영역(content domain)을 밝힐 수 있으며 나아가 구성개념을 측정하는 데 있어서의 약점이나 강점을 알 수 있다.
- 둘째, 철저한 문헌조사는 수렴 및 판별 타당도와 같은 구성개념의 타당도검증과 관련된 내용을 밝히는 데 도움을 준다.
- 셋째, 철저한 문헌조사는 연구자들이 측정하려는 척도가 과연 필요한가에 대한 명확한 대답을 가질 수 있도록 해 준다. 문헌조사를 통하여 측정하려는 개념을 측정하는 척도가 이미 존재한다고 한다면 당연히 척도개발은 불필요하게 된다.

문헌조사 이외에 측정하려는 개념의 정의 및 영역을 확인하는 방법으로는 **전문가**를 활용하여 구성개념의 정확성과 포괄성을 확인하는 방법이 있다. 즉, 척도개발의 영역에서 일하는 개인이나 전문가들에 의해 개념이 잘 정의되었는지 그리고 개념이 측정하려는 영역을 잘 포괄하고 있는지를 확인받는 것이다. 구체적으로 전문가를 활용하는 방안으로는 전문가 개개인들에 대한 개별면접 및 초점집단면접조사를 통한 방안들이 있을 수 있다.

2. 구성영역 또는 구성요소 확인: 차원성검증

측정하려는 개념의 구성영역 및 구성요소를 확인하는 것은 혼합측정도구의 개발 초기 단계에서 매우 중요한 과정이다. 측정하려는 개념이 하나의 측정영역 (dimension)으로만 구성되어 있다면 하나의 영역에 대한 측정만 이루어지는 것이 당연하지만, 만약 측정하려는 개념이 여러 영역을 포함하는 다중영역의 속성을 가지고 있다면 측정영역은 하나 이상의 영역이 된다.

차원성(dimensionality)을 검증하는 것은 질문항목의 동종성(또는 동질성)을 확인하는 것이라고 할 수 있다. 단일차원성은 측정하려는 잠재변수가 하나의 속성으로만 구성되어 있는 것을 의미하며, 다중차원성은 잠재변수가 여러 개의 속성으로 구성되어 있는 것을 의미한다. 차원성검증은 결국 위에서 지적한 측정하려는 구성개념이 하나의 요소로 구성되어 있는 단일차원성인지 아니면 여러 개의 요소로 구성되어 있는 다중차원성인지를 확인하는 것이라고 할 수 있다. 즉, 구성개념이 하나의 요소로 측정 가능하다고 한다면 질문항목들은 모두 하나의 측정요소만을 측정하는 항목들로 구성되어 있어야 질문항목의 동종성이 확보된다고 할 수 있다.

예를 들어 사회통합척도를 개발한다고 하면 가장 우선적으로 사회통합에 대한 개념을 정의한 후 사회통합을 구성하는 영역을 확인하는 것이 중요하다. 사회통합에 대한 이론적 연구 및 선행연구를 통해 **사회통합**이 사회포용과 사회자본으로 구성되는 개념이라고 한다면 사회통합의 영역은 사회자본과 사회포용이라는 두 영역이 된다. 하지만 사회자본 역시 측정하기 어려운 개념이다. 사회자본을 측정하기 위한 측정요소를 선행연구를 통하여 확인한 결과 사회자본이 신뢰, 네트워크, 참여, 안전 그리고 공동의 규범이나 가치로 구성되는 개념이라고 볼 수 있다면, 사회자본의 측정요소는 신뢰에 대한 측정질문, 참여에 대한 측정질문, 네트워크에 대한 측정질문, 안전에 대한 측정질문, 그리고 공동의 규범에 대한 측정질문으로 구성된다. 그리고 신뢰를 측정하는 질문들은 모두 신뢰만을 측정하는 질문들로 구성되어 있어야 한다. 신뢰를 측정하는 질문들이 모두 신뢰만을 측정하는 질문인지를 검증하는 것은 내적일관성 검증이라고 한다. 결국 사회통합은 두 영역, 즉 사회자본과 사회포용으로 구성되고 사회자본은 다시 신뢰, 네트워크, 참여, 안전 그리고 공동의 규범으로 구성된다는 것을 확인하는 것이 차원성검증이라고 할 수 있다.

　이상에서 설명한 사회통합의 차원성검증을 그림으로 나타내면 [그림 6-2]와 같다.

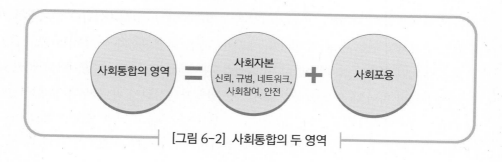

[그림 6-2] 사회통합의 두 영역

　따라서 사회통합을 측정하기 위한 측정질문은 사회통합의 두 영역인 사회자본을 구성하는 측정질문들과 사회포용을 구성하는 측정질문들로 구성된다고 결론지을 수 있다. 결국 척도를 개발함에 있어 측정하려는 측정개념의 영역을 확인하고 측정영역을 측정하기 위한 측정요소들을 확인한 후 측정질문을 선정하는 것이 올바른 순서라고 할 수 있다. 만약 사회자본의 측정질문은 신뢰가 7개 문항, 안전이 5개 문항, 네트워크가 10개 문항, 참여가 9개 문항 그리고 공동의 규범이 5개 문항이고 사회포용은 단일 개념으로 측정질문이 15개 문항으로 구성된다고 한다면, 사회통합의 척도를 구성하는 질문은 사회자본 36개 문항과 사회포용 15개 문항을 합해 총 51개 문항이 된다.

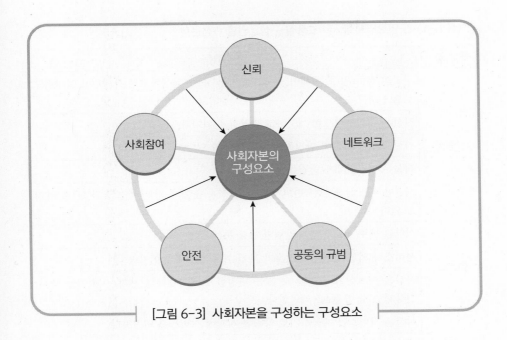

[그림 6-3] 사회자본을 구성하는 구성요소

　만약 측정하는 측정개념이 하나의 측정영역으로 구성되어 있고 하나의 측정영역이 다양한 측정요소로 구성되어 있다고 한다면 이 역시 다양한 구성요소를 측정하는 다양한 측정질문으로 구성된 척도가 개발된다. 예를 들어 노인요양시설 서비스품질척도를 개발하기 위해 서비스품질에 대한 개념을 선행연구를 통해 고찰한 결과 노인요양시설 품질개념이 유형성, 권리성, 접근성, 신뢰성, 응답성, 확신성, 공감성, 협력성의 8개 요소로 구성되어 있다고 한다면 각각의 구성요소별 측정질문항목들이 만들어진다. 즉, 각각의 구성요소에서 각기 다양한 측정질문으로 구성된 척도가 개발된다. 차원성검증은 노인요양서비스 품질이라는 개념을 구성하는 구성요소가 유형성을 포함하여 8개의 요소로 구성되어 있는가를 확인하는 것이라고 할 수 있다.

　〈표 6-1〉은 지은구, 이원주, 김민주(2014)가 개발한 노인요양시설 서비스품질척도의 구성요소별 질문항목의 예다.

🖊 〈표 6-1〉 노인요양시설 서비스품질 구성요인별 측정문항

구성요인	측정질문
유형성	시설의 장비(침대, 휠체어, 물리치료기구 등)은 위생적으로 관리되고 현대적으로 보인다.
	시설은 내외부적으로 깨끗하고 깔끔한 분위기다.
	시설 직원들은 밝고 단정한 용모를 갖추고 있다.
	시설은 어르신에게 안전한 공간이다.
	시설은 어르신을 위한 편의시설(휴식공간, 승강기, 강당, 산책공간 등)을 가지고 있다.
접근성	식단은 매주 어르신에게 알림판 등을 통해 알 수 있다.
	서비스나 시설에 관련된 자료가 보기 쉬운 장소에 놓여져 있다.
	시설은 어르신이 참여할 수 있는 다양한 프로그램(생신잔치, 어버이날 행사, 건강체조, 놀이 등)을 제공한다.
신뢰성	시설은 서비스를 제공하기로 약속한 시간에 서비스를 제공한다.
	어르신에게 문제가 발생할 때 시설은 어르신을 이해하기 위해 노력하며 위안을 준다.
	시설(직원)은 믿을 만하다.
	시설은 어르신 및 가족에 대한 기록을 정확하게 보관하고 있다.
	제공하기로 한 서비스와 실제 제공된 서비스는 같다.
응답성	시설은 어르신의 요구에 신속하게 대응한다.
	서비스가 제공될 시간을 어르신에게 정확하게 알려 준다.
	시설의 직원으로부터 어르신이 요구하는 서비스를 기대할 수 있다.
	시설의 직원은 어르신을 도울 의지가 있는 것 같다.
	서비스는 어르신의 상태나 의사를 반영하여 제공된다.
확신성	직원들은 충분한 업무지식 및 기술을 갖추고 있다.
	직원들은 어르신에게 예의 바르고 친절하다.
	직원들과 같이 있으면 안전함을 느낀다.

공감성	직원은 어르신의 편의를 최우선적으로 고려한다.
	직원은 어르신에게 관심을 가지고 있다.
	직원은 어르신이 무엇을 원하는지를 잘 알고 있다.
	시설에서 제공되는 서비스는 어르신에게 편리한 시간에 제공된다.
	어르신의 희망과 의견이 반영된 서비스가 제공된다.
	직원들은 어르신의 심신(몸)상태를 잘 파악하고 있다.
권리성	시설은 어르신의 사생활과 자존심을 존중한다.
	시설은 서비스를 제공할 때 어르신에게 설명하고 동의를 얻는다.
	어르신은 언제나 서비스를 거절 및 중지시킬 수 있다.
	시설은 어르신에 대한 기록(돌봄기록이나 의료기록 등)을 어르신이나 가족의 요구 시 언제나 제공한다.
	시설은 어르신을 다른 사람과 차별하지 않고 동일하게 대한다.
협력성	시설에는 자원봉사자가 자주 찾아온다.
	시설은 어르신이 위급 시 연락할 수 있는 가족 및 기타 긴급연락처를 파악하고 있다.
	간호사 그리고 요양보호사들은 서로 도와주고 잘 지낸다.
	어르신의 상황(현재의 몸 상태) 등에 관한 정보가 직원들 간에 공유되어 있다.

▣ 차원성검증을 위한 탐색적 요인분석

요인분석은 통상 **탐색적 요인분석**(Exploratory factor analysis: EFA)을 의미하는데, 척도개발에 있어 탐색적 요인분석은 다음과 같은 중요한 두 기능을 수행한다.

- 첫째, 구성개념의 차원성검증
- 둘째, 측정질문항목의 내적일관성 검증

추상적 구성개념을 명확히 하는 것은 지수나 척도와 같은 혼합측정도구 개발에 있어 가장 우선적으로 조심하여야 하는 부분이다. 구성개념이 일차원성으로 구성된 개념이라고 한다면 어려움이 없이 측정요소들에 대한 확인 및 측정질문 선정단계로 나아갈 수 있지만, 만약 구성개념이 다차원성으로 구성된 개념이라고 한다면 차원성을 검증하기 위한 통계방법으로 요인분석을 시행할 수 있다. 또한 측정영역을 구성하는 각각의 측정요소는 각기 상이한 질문들을 포함하는데 요소별로 산정된 측정질문들의 내적일관성 정도를 측정하기 위한 통계방법으로도 요인분석이 활용된다.

예를 들어 사회자본이 신뢰와 네트워크, 안전, 참여, 공동의 규범으로 구성되어 있는 다차원성 개념이라고 한다면, 이러한 사회자본의 다섯 가지 의미의 다차원성을 검증하기 위해 요인분석을 시행할 수 있다. 그리고 신뢰라는 측정요소를 측정하기 위한 측정질문들이 모두 신뢰를 측정하는 질문들로 구성되어 있는지를 확인하는 것(내적일관성신뢰도) 역시 요인분석을 통해 검증할 수 있다.

3. 측정질문 선정 및 응답유형 결정

척도개발의 3단계는 측정을 위한 질문항목을 선정하고 질문에 대한 응답유형을 결정하는 단계다. 3단계의 두 내용을 구체적으로 설명하면 다음과 같다.

1) 측정질문 선정

측정질문을 선정하는 것은 문헌조사를 통해 측정하려는 개념에 대해 측정 가능한 모든 측정질문문항으로 구성된 **질문항목 풀**(item pool)에서 전문가집단을 대상으로 하는 타당도검증 결과를 바탕으로 일차적인 예비질문문항을 선정하는 과정을 나타낸다. 따라서 측정질문문항을 선정하는 단계에서는 질문항목 풀을 구성하고 풀 중에서 일차적인 질문항목을 선별하게 되므로 질문항목 풀을 구성하는 것이 가장 중요한 작업이 된다. 질문항목 풀을 구성하는 것은 문헌조사를 통해서 이루어지는데, 선행연구에 대한 조사에서 측정하려는 개념과 가장 유사한 또는 관련이 있는 개념에 대한 척도나 지수가 존재한다면 기존 척도나 지수를 구성하는 질문항목은 모두 예비질문항목 풀 안에 포함시킬 수 있다. 문헌조사를 통해 기존의 척도나 지수가 포함하는 질문항목들을 수정하여 질문항목 풀을 구성할 수 있으며 때로는 조사자가 직접 선행연구를 바탕으로 측정항목을 진술하는 것도 가능하다. 하지만 이 모든 경우에 있어서 모든 질문항목이 반드시 측정하려는 개념과 직간접적인 연관이 있는 질문들로 구성되어 있어야 하는 것이 질문항목 풀을 구성하는 데 있어 매우 중요한 원칙이라고 할 수 있다. 질문항목 풀에서 측정하려는 질문항목을 선별하여 선정하기 위해 가장 일반적으로 활용할 수 있는 방법은 전문가들을 대상으로 액면타당도[1]와 내용타당도를 검증하는 것이다. 척도를 구성하는 질문문항의 타당도와 연관하여 반드시 숙고하여야 하는 사안은 다음과 같다(Netemeyer et al., 2003).

- 첫째, 척도를 구성하는 모든 질문항목은 측정하려는 구성개념의 범위 안에서 서술되어야 하며 내용타당도가 검증되어야 한다. 내용타당도는 구성개념을 정확히 측정하도록 측정질문이 설정되어 있는가를 확인하는 것으로 결국 모든 측정질문항목은 측정하려는 구성개념의 이론적 영역과 일치되어야 한다.
- 둘째, 질문항목 선정에 있어 액면타당도 역시 수행되어야 한다. 액면타당도가 높은 질문항목들로 구성된 척도는 당연히 응답자들로부터 응답의 비율을 향상시킬 수 있다. 액면타당도는 구성개념의 이론적 영역을 측정질문이 측정하는가를 검증하는 내용타당도와는 다르게 질문문항의 서술수준이나 서술의 명확성 여부, 응답유형이나 질문에 대한 설명이나 질문을 읽고 응답하는 지침(instruction) 등을 확인하는 것이다. 액면타당도는 가장 낮은 단계의 타당도

---

1) 액면타당도(face validity)는 안면타당도라고도 불린다.

검증방법으로 '측정질문들이 보기에 맞는 것 같다 또는 잘 서술된 것 같다' '측정질문항목이 측정하는 것을 측정하는 것처럼 보인다'와 같은 즉각적인 느낌이나 판단에 의존한다.

결국 질문항목을 선정하는 과정은 [그림 6-4]와 같이 나타낼 수 있다.

[그림 6-4] 질문항목 선정의 과정

특히 조사자가 직접 선행연구를 바탕으로 질문항목을 개발하는 경우에 우선적으로 고려하여야 하는 점들은 다음과 같다.

- 첫째, 진술의 명확성: 진술의 명확성은 측정질문들이 명확하게 진술되어야 한다는 것을 의미한다. 좋은 질문은 응답자들이 그 의미를 정확하게 이해할 수 있도록 질문항목이 서술되어 있어야 한다. 즉, 질문의 초점이 분명하여야 한다. 이를 위해서는 먼저 사용하는 단어의 수준이 응답자들이 이해할 수 있는 정도의 수준에서 사용되어야 하며, 질문은 될 수 있는 한 짧고 간결하여야 하며, 사투리나 전문용어의 사용은 피하여야 한다.
- 둘째, 단어의 반복성: 단어의 반복성은 질문항목에 단어들을 반복적으로 사용하는 것을 나타내는데 불필요한 단어의 반복적 사용은 적절치 않다.
- 셋째, 부정적 그리고 긍정적 진술: 통상 질문문항은 긍정적인 의미의 진술로 이루어질 수도 있고 긍정적인 진술에 부정적인 진술이 함께 섞여 있을 수도 있지만 통상 응답실수를 줄이기 위해 부정적인 진술은 삼가는 것이 좋다.

2) 응답유형 결정

척도가 지수와 가장 큰 차이점은 척도는 질문응답에 있어 일정한 유형(pattern)을 가진다는 점임을 이미 제시하였다. 따라서 척도를 개발하는 데 있어 질문항목을 선정하는 것만큼이나 질문항목에 대한 응답에 있어 어떠한 응답유형을 따르도록 설계할 것인가도 매우 중요한 사안이다. 응답유형에 따라 질문의 진술역시 바뀌게 되므로 질문항목과 응답유형은 밀접한 연관을 가지고 있다. 응답유형은 범주형과 계속형으로 나뉜다. 범주형 응답유형은 '예'와 '아니요', '여자'와 '남자' 등과 같이 두 개 중에 하나를 선택하는 방식이다. 그리고 계속형 유형은 응답의 정도나 강도를 나타내기 위해서 응답이 두 개 이상으로 나타나는 것을 의미한다.

계속형 응답유형으로 일반적으로 가장 많이 사용되는 유형은 리커트 5점 척도다. 리커트 5점 척도는 응답의 강도에 따라 응답의 유형이 이루어지는 대표적인 경우다. 예를 들어 응답이 총 5개로 구분되며 매우 좋아한다, 좋아한다, 보통이다, 싫어한다, 매우 싫어한다 등과 같다. 질문 및 응답유형에 따른 척도의 유형은 리커트척도 외에도 의미차별척도 등 다양하다.

응답이 두 개로 나뉘는 범주형 척도는 대답이 단순하므로 응답시간이 단축될수 있다는 장점이 있지만 다른 한편으로 모든 응답자가 하나의 답, 즉 '예' 또는 '아니요'에만 체크할 가능성이 존재하여 응답의 분포가 불균형을 이루게 될 가능성을 배제할 수 없다. 따라서 그런 경우를 피하여 질문문항을 진술하는 것이 중요하다. 리커트척도와 같은 계속형 응답유형의 척도는 응답자들의 응답에 대한수준이나 강도 그리고 동의의 정도 등을 파악하기가 용이한 것으로 알려져 있다.

계속형 응답유형을 선택하는 경우 통상 5점이나 7점 척도가 가장 많이 사용된다. 계속형 응답유형을 선택하는 경우 한 가지 숙고하여야 하는 점은 응답이 짝수로 이루어지는지 아니면 홀수로 이루어지는지를 결정하여야 한다는 점이다. 통상 응답이 5점이나 7점과 같이 홀수로 이루어지는 경우 '그저 그렇다' '보통이다' 등과 같은 중간값을 갖게 된다. 그런데 짝수 값을 갖는 응답이 더 좋은지 아니면 홀수 값을 갖는 응답이 더 좋은지에 대한 명확한 판정을 하기란 쉽지 않다. 하지만 중간값도 유효한 응답이므로 중간값을 갖는 홀수로 이루어지는 응답유형이 더 바람직하다고 알려져 있다(Netemeyer et al., 2003). 계속형 응답척도의 가장 큰 장점은 범주형 응답척도에 비해 응답자의 입장에서 선택할 수 있는 응답이 많다는 것이라고 할 수 있다.

4. 탐색적 요인분석 및 내적일관성 검증

요인분석은 요인을 추출하기 위하여 활용된다. 즉, 척도개발단계에서 탐색적 요인분석은 질문항목들(요인들)을 삭제하기 위하여 사용된다고 할 수 있다. 요인분석을 통하여 질문항목들을 정비하게 되면 질문항목들은 측정하려는 구성요인들을 보다 정확하게 측정할 수 있도록 내적일관성이 향상된다고 할 수 있다. 요인분석을 통한 요인추출방법은 다양하지만 일반적으로는 아이젠 값을 통한 요인추출방법이 가장 많이 활용된다(Floyd & Widaman, 1995; Hair et al., 1998; Netemeyer et al., 2003; Sharma, 1996). 요인추출을 위한 요인분석의 내용을 살펴보도록 한다.

1) 주성분분석과 공동요인분석

요인분석은 앞에서도 설명한 바와 같이 구성개념의 차원성을 확인하기 위해서도 사용되지만 질문항목들 간의 동종성, 즉 내적일관성을 확인하기 위해서도 사용된다. 척도개발 4단계에서 시행하는 탐색적 요인분석의 주된 목적은 구성개념과 구성요인의 측정질문과 거리가 있는 질문항목들을 제거하여 질문항목들 간의 내적일관성신뢰도를 향상시키는 데 있다. 요인을 추출하기 위한 방법은 통상 주성분분석과 공동요인분석으로 분류된다.

(1) 주성분분석

차원성을 검증하기 위해서는 **주성분분석**(principal components analysis 또는 주성분요인분석, principal components factor analysis)을 시행하게 된다. 주성분분석은 다변량분석으로 여러 변수로부터 몇 개의 주성분을 추출하는 것이며 **차원**(dimension)을 축소하기 위해 사용된다. 주성분분석을 통해 찾은 주성분들은 변수(구성요인이나 구성영역)들을 설명하기 위한 새로운 축(axis)이 되는데 원래의 축이 회전된 것이므로 의미가 변하게 된다. 예를 들자면 초조, 걱정, 수면장애, 신경과민 등이 불안이라는 주성분으로 설명된다면 불안은 회전된 새로운 축이 된다고 할 수 있다. 주성분분석에서는 차원을 축소하는 것이 목적이므로 주성분에 대한 의미를 파악하거나 의미를 부여하지는 않는다. 예를 들어 주성분 요인분석을 통해 사회서비스 품질을 측정하는 구성요인을 분류하였더니 7개의 차원으로 분류되고 1개의 차원이 주성분으로 분류되지 않는다면 하나의 요인은 삭제된다.

(2) 공동요인분석

공동요인분석(common factor analysis)은 여러 개의 질문문항 중에서 같은 의미의 질문을 한다고 생각되는 문항들을 묶어 주는 역할을 한다. 따라서 변수(척도개발에서는 질문문항들)들 간의 구조를 파악하는 데 활용된다. 즉, **주성분분석이 차원을 축소(삭제)하는 것이 목적이라고 한다면, 공동요인분석은 변수들을 공동의 요인으로 또는 차원을 묶어 주는 것이 목적**이라고 할 수 있다. 예를 들어 선행연구의 결과 사회자본을 구성하는 구성요인이 명확하지 않은 경우 또는 사회자본이 몇 개의 영역 또는 차원으로 구성된 개념인지를 알 수 없는 경우 주성분분석을 통한 요인분석보다는 공동요인분석을 수행하게 된다. 따라서 공동요인분석은 요인의 구조를 파악하는 데 도움을 준다고 할 수 있다.

2) 요인추출

척도개발에서 요인추출은 요인분석을 통하여 질문항목을 삭제하여 질문항목의 수를 결정하는 것을 의미한다. 요인분석을 통해 측정하려는 것과 연관이 없는 질문항목을 삭제하는 방법으로는 첫째, 요인적재치(또는 요인적재량, factor loading)를 통한 방법, 둘째, 아이젠 값(eigen value)을 통한 방법, 셋째, 스크리 검사(Scree test)를 통한 방법, 넷째, 총분산 중에 요인을 설명하는 비율에 따라 결정하는 방법(누적분산비율을 통한 방법) 등이 있다.

(1) 요인적재량

요인적재량(factor loading)은 질문항목(변수)과 구성요인 간의 상관관계를 나타내 주며 각각의 질문은 요인적재량이 가장 높은 요인에 속하게 된다. 요인적재량이 어느 정도가 되어야 유의미한 변수, 즉 질문문항으로 채택할 것인지에 대한 절대적인 기준은 존재하지 않으나, 통상 요인적재량이 0.4 이상이면 받아들일 수 있는 수준의 변수이고 0.5 이상이면 바람직한 변수(질문항목)가 된다. 요인적재량은 조사대상자의 수, 즉 샘플의 수와 밀접한 연관이 있다고 알려져 있는데, 통상 조사대상자의 수가 최소 100~300개 정도는 되어야 요인적재량을 통한 요인추출이 의미가 있다고 보고된 바 있다(Clark & Watson, 1995; Comrey, 1988; Floyed & Widaman, 1995; Hair et al., 1998).

(2) 아이젠 값

아이젠 값은 요인의 고유치라고 불리며 카이저(Kaiser) 규칙 또는 카이저-거트만(Kaiser-Guttman) 규칙(Guttman, 1954; Kaiser, 1960)이라고도 불리고 Latent Root 규칙이라고도 불린다. 요인추출방법으로 사용되는 아이젠 값은 요인이 설명할 수 있는 분산의 정도를 의미하는 것으로서 아이젠 값이 1이면 변수 하나 정도의 분산을 축약하고 있다고 해석 된다 즉, 아이젠 값은 개별 요인, 즉 질문항목

의 설명력을 의미하며 개별 요인이 전체 요인모델에 얼마나 기여하는지를 나타
내 준다. 척도개발의 예를 들면 만약 질문항목 하나의 아이젠 값이 1이라고 한다면
그 질문항목이 측정하려는 측정요인을 최소한 하나 이상 설명한다는 것을 의미한
다. 통상 아이젠 값은 1 이상이어야 한다.

(3) 스크리 검사(Scree test) 방법

스크리 검사(Scree test)를 통해 요인의 수를 결정하는 것은 그래프를 이용하는
방법이다. 즉, 아이젠 값과 요인의 수에 대한 분포를 그래프로 그려서 아이젠 값
이 갑자기 작아지는 변화폭이 큰 지점을 의미 있는 요인의 수, 즉 질문항목의 수
로 판단하는 것이다. 스크리 검사는 아이젠 값의 변화가 명확하게 구별되지 않
는 경우도 있고 경계가 두 곳 이상에서 발견될 수도 있어 분석가의 주관적인 판
단이 많이 좌우되는 요인추출방법이다(조준한 외, 2008).

(4) 누적분산비율을 통한 방법

누적분산비율(cumulative percentage of variance)을 통해 요인을 추출하는 방법
은 총분산 중에 요인을 설명하는 비율에 따라 요인의 수를 결정하는 방법이다.
누적분산비율을 사용하는 방법은 각 변수의 아이젠 값을 변수의 개수로 나누면
각 요인이 설명할 수 있는 누적분산비율이 나타나는데 이 누적 값이 60% 이상일
경우 적절한 요인들, 즉 질문항목이 선정되었다고 판단하는 방법이다. 물론 Steven
(1996)은 각 요인이 누적적으로 전체 공통분산의 75% 이상을 설명하는 것이 바
람직하다고 주장하였으며, Gorsuch(1983)는 75~85%의 분산이 누적적으로 설
명되면 더 이상의 요인을 추가하지 않는다고 설명하였다.

5. 확인적 요인분석 및 구성타당도 검증

확인적 요인분석은 척도를 구성하는 예비질문항목들에 대한 내용타당도 검증

과 탐색적 요인분석을 통해 삭제되거나 수정된 질문항목들로 구성된 예비척도
가 과연 적합한 척도인지를 확인하기 위해 사용된다. 즉, 확인적 요인분석은 척
도를 개발하는 모형의 적합도를 검증하기 위하여 시행한다. 결국 탐색적 요인분
석이 측정하려는 구성개념의 차원성, 즉 개념을 구성하는 영역이나 구성요인을
탐색하고 질문항목들의 내적일관성을 검증하기 위하여 사용된다고 한다면, 확
인적 요인분석은 일차적으로 탐색적 요인분석을 통해 추출된 질문항목들로 구
성된 척도가 측정하려는 구성개념을 측정하는 데 적합한지를 확인하는 데 사용
된다. 예를 들어, 사회자본을 측정하는 척도가 신뢰, 네트워크, 안전, 공동의 규
범 그리고 참여라는 요인으로 구성된 개념(차원성)임이 탐색적 요인분석을 통하
여 도출되었다고 한다면, 확인적 요인분석은 이 5개의 요인구조가 과연 사회자
본을 구성하는 척도의 요인구조로 적합한지를 확인하는 것이다. 따라서 확인적
요인분석단계는 척도의 적합성을 결정짓는 척도 개발 및 검증에 있어 매우 중요
한 단계임을 알 수 있다. 확인적 요인분석을 통하여 척도의 적합성이 검증된다
고 한다면 마지막으로 척도가 측정하려는 것을 측정하는지를 검증하는 구성타
당도 검증단계가 필요하게 된다. 최종적인 척도의 구성타당도 검증은 통상 수렴
및 판별 타당도검증을 통해 확보된다.

1) 확인적 요인분석

(1) 확인적 요인분석의 필요성

확인적 요인분석(confirmatory factor analysis)은 척도의 이론적 구조를 확인하
기 위해 사용된다. 즉, 척도개발단계에서 확인적 요인분석은 측정하려는 개념을
구성하는 구성요인과 측정질문항목들의 관계에 관한 이론적 가정을 확인하기
위해 사용된다. 쉽게 설명한다면, 척도개발에서 확인적 요인분석은 구성개념의
영역, 즉 혼합측정개념인 구성개념의 차원 그리고 구성요인과 질문항목들과의 관
계에 관한 이론적 가정을 확인하기 위해 사용된다. 이 외에도 척도개발의 마지막

단계에서 확인적 요인분석은 다음과 같은 목적으로 사용된다.

- 첫째, 확인적 요인분석은 우선적으로 척도를 개발하는 모형의 적합도를 검증하기 위하여 사용된다.
- 둘째, 확인적 요인분석은 척도개발의 마지막 단계에서 질문항목들의 내적 일관성과 척도의 타당도를 검증하는 데 사용된다.
- 셋째, 확인적 요인분석은 또한 척도의 차원성에 위협을 주는 측정질문항목들을 최종적으로 삭제하는 데 사용된다.

개발된 척도가 구성개념을 측정하기에 적합한 척도(또는 모형)인지를 확인하기 위해서는 모형적합도를 확인하여야 하는데, 모형적합도를 확인하기 위해서는 적합도지수를 살펴보아야 한다. 다시 말해, 탐색적 요인분석을 통해 개발된 척도(기초모델)가 측정하려는 개념을 정확히 측정하는지를 확인하기 위하여 개발된 척도를 검증하게 되면 확인적 요인분석을 통해 개발된 척도의 측정질문항목에 대한 수정이 이루어져 보다 개선된 척도(제안모델)를 얻게 된다.

적합도지수는 절대적합지수, 증분적합지수 그리고 간명적합지수 등으로 구분된다. 절대적합지수로 가장 대표적인 것이 카이스퀘어(x^2)다. 절대적합지수는 척도(모형)의 전반적인 적합도를 평가하는 지수이며, 증분적합지수는 기초모델에 대한 제안모델의 적합도, 즉 확인적 요인분석을 통해 얻은 척도가 이전 척도에 비해 어느 정도나 향상되었는지를 평가하는 지수다. 그리고 간명적합지수는 모델의 간명도와 연관이 있는 지수다. 각각의 지수와 적합성 여부를 결정하는 지수 값의 기준을 살펴보면 〈표 6-2〉와 같다.

〈표 6-2〉 모형적합도 지수의 내용

유형	적합지수	최적모델
	x^2	>0.05

	GFI(goodness of fit index)	0.09 이상, 1.0에 가까울수록
절대 적합지수	RMR(root mean square residual)	0.05 이상, 0에 가까울수록
	RMSEA(root mean square error of approximation)	0.05 이상, 0에 가까울수록
증분 적합지수	NFI(normed fit index)	0.09 이상, 1.0에 가까울수록
	CFI(comparative fit index)	0.09 이상, 1.0에 가까울수록
	TLI(Turker–Lewis index)	0.09 이상, 1.0에 가까울수록
간명 적합지수	AGFI(adjusted goodness of fit index)	0.09 이상, 1.0에 가까울수록
	AIC(Akaike information criteria)	작은 값일수록(다른 모델과 비교)

자료: Kenny(2012)의 내용을 근거로 작성.

(2) 확인적 요인분석과 탐색적 요인분석

요인분석(탐색적 요인분석)이 요인을 주로 탐색하여 측정하려는 것과 관련이 없는 요인을 축소하는 데 사용된다면(즉, 질문항목들의 축소), 확인적 요인분석은 요인을 확정하는 데 사용된다(즉, 질문항목의 확정)고 할 수 있다. 특히 확인적 요인분석은 개발하려는 척도가 선행이론에 근거하여 개발된 것인가를 검증한다. 척도개발에서 탐색적 요인분석은 주로 확인적 요인분석의 전단계로 이용된다. 다시 말해, 척도에 전제되어 있는 구조를 확인하기 위해 확인적 요인분석을 시행하기에 앞서 질문항목들을 축소하기 위해 탐색적 요인분석을 먼저 시행하게 되며, 확인적 요인분석은 삭제된 측정질문들로 구성된 척도가 측정하려는 것을 정확하게 측정하는 구조로 이루어진 것인지를 확인하고 질문항목들을 최종적으로 확정한다고 할 수 있다.

(3) 탐색적 및 확인적 요인분석을 통한 척도개발의 예

사회복지영역을 포함하여 사회과학 전 영역에서 이루어진 척도개발에 대한 실천적인 연구들을 보면 대부분 탐색적 확인분석을 통해 질문항목을 축소하고 질문항목들의 내적일관성을 검증한 예비척도, 즉 요인분석을 통해 1차적으로 수정된 질문항목을 대상으로 최종적으로 확인적 요인분석을 시행하여 질문항목을 축소한 후 구성타당도가 검증된 최종 척도를 제시한다.

지은구 등(2013)은 지역종합사회복지관의 서비스품질을 측정하는 척도를 개발하였다. 이들이 개발한 척도개발과정을 보면, 선행연구를 통하여 사회복지관의 품질을 측정할 수 있는 서비스품질척도를 개발한 후 지역사회복지관 관계자들 15명을 대상으로 FGI를 실시하여 척도에 대한 액면 및 내용 타당도를 점검받았다. 그 후 지역사회복지관의 중간급 이상 직원 50명을 대상으로 파일럿테스트(pilot test)를 실시하여 지역사회복지관들이 자체적으로 품질을 관리하기 위한 최저기준선 개발의 일환으로 예비서비스품질 척도의 질문항목을 개발하였다. 파일럿테스트 결과 총 31개 문항이 도출되었으며 31개 문항으로 구상된 서비스품질척도의 적합성을 점검하기 위하여 전국의 414개 지역사회복지에서 근무하는 사회복지사들을 대상으로 설문조사를 시행하였다. 〈표 6-3〉은 도출된 31개의 서비스품질척도의 예비문항이다.

✎ 〈표 6-3〉 31개 예비 측정문항

측정변수	측정문항
Q1	우리 기관은 약속된 서비스가 제공되는지를 매주 확인한다.
Q2	우리 기관은 약속된 서비스 시간을 엄수하며, 이를 수시로 점검하여 보고한다.
Q3	우리 기관은 이용자에 대한 기록유지와 보관을 위해 전산프로그램을 사용하고 있다.
Q4	우리 기관은 서비스 제공을 위한 서면계약의 절차를 공식화하고 있다.
Q5	우리 기관은 이용자들에게 서비스 비용 및 지불방식에 대한 정보를 제공한다.
Q6	우리 기관은 이용자들에게 서비스 정보(제공시간, 빈도, 기간)를 서비스 전(前)에 제공한다.
Q7	우리 기관은 모든 서비스를 지정된 장소에서만 제공하고 있다.
Q8	우리 기관은 서비스의 위해성 및 위험요인에 대한 정보를 정확히 제공한다.
Q9	우리 기관은 서비스 이용자의 기본 권리에 대한 정보를 정확히 제공한다.

Q10	우리 기관은 이용자 중심의 서비스제공철학을 담고 있는 고객서비스헌장을 명문화하고 있다.
Q11	우리 기관은 연 1회 이상 이용자 욕구조사를 실시하고 있다.
Q12	우리 기관은 이용자의 요구사항을 반영하기 위해 매월 정기적인 콘퍼런스를 실시하고 있다.
Q13	우리 기관은 이용자의 욕구사정 결과에 근거한 서비스 제공을 원칙으로 하고 있다.
Q14	우리 기관은 서비스 제공 계획 수립 시 이용자의 참여를 적극 독려하고 있다.
Q15	우리 기관은 서비스 내용과 전달방식의 변경 시 이용자의 의사를 우선 반영한다.
Q16	우리 기관은 이용자에게 다른 기관에서 제공되는 유사 프로그램에 대한 정보를 제공하고 있다.
Q17	우리 기관은 불만접수 방법을 명시하는 지침이 있다.
Q18	우리 기관은 이용자의 요구사항이나 불만사항이 접수되면 48시간 이내에 해결한다.
Q19	우리 기관은 이용자의 불만사항을 해결하는 별도의 담당부서(인력)를 배치하고 있다.
Q20	우리 기관은 위기개입이 필요한 대상자의 경우 24시간 이내에 개입이 이루어진다.
Q21	우리 기관은 다른 기관으로 의뢰가 필요한 경우 1주일 이내에 의뢰를 완료한다.
Q22	우리 기관은 이용자나 이용자 가족이 접근하기에 용의한 곳에 위치하고 있다.
Q23	우리 기관은 친절한 직원에 대한 인센티브제도(친절직원 선정, 휴가, 연수, 금전적보상, 인사반영 등)를 한 가지 이상은 제공하고 있다.
Q24	우리 기관은 이용자들을 대상으로 직원의 친절도를 매년 1회 이상 정기적으로 점검한다.
Q25	우리 기관은 직원들이 풍부한 직무(서비스)관련 지식을 갖도록 독려한다.
Q26	우리 기관은 전문가다운 면모를 갖추기 위한 직원행동요령(상담 및 전화응대 요령, 사례관찰 방법, 복장 및 태도 등에 대한 지침 등이 기록된)을 정해 두고 있다.
Q27	우리 기관의 홍보물과 자료집, 서비스 안내문은 쉽게 접할 수 있다.
Q28	우리 기관의 프로그램은 이용자 가족이 참여할 수 있다.
Q29	우리 기관은 서비스 이용자들에게 직원의 전문성과 자격을 공개하고 있다.
Q30	우리 기관의 서비스 장비는 현대적이다.
Q31	우리 기관의 시설은 쾌적하게 유지되고 있다.

자료: 지은구 외(2013), p. 361, 〈표 4〉에서 재인용.

설문조사를 통해 수집된 자료를 대상으로 첫째, 탐색적 요인분석을 실시하여 요인구조를 개발하였으며, 둘째, 탐색적 요인분석으로 확인된 요인구조의 경험적 타당도를 확보하기 위하여 전체 잠재요인을 대상으로 측정변수들의 확인적 요인분석을 실시하여 모형적합도의 유의미한 결과를 확인하였고, 셋째, 타당도 분석을 통해 수렴타당도 및 판별타당도 평가를 실시하였다. 평가 결과 잠재요인 신뢰도 값(CR, .855 이상)과 평균분산추출값(AVE, .796 이상, 상관계수 제곱＝.384)이 모두 정적인 상관관계를 보였고, 표준오차추정구간값(.632/.608)이 지역사회복지관 서비스 품질관리척도 7개의 변수들 간에 동일하다는 가설을 기각함으로써 수렴 및 판별 타당도를 확보하였다. 이들의 척도개발과정을 그림으로 나타내면 [그림 6-5]와 같다.

그들이 제시한 지역사회복지관의 서비스품질척도의 탐색 및 확인적 요인분석의 과정을 구체적으로 살펴보면 다음과 같다.

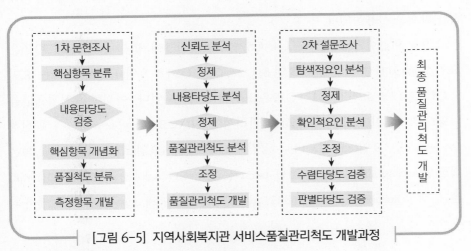

[그림 6-5] 지역사회복지관 서비스품질관리척도 개발과정

자료: 지은구 외(2013), p. 359, [그림 1]에서 재인용.

① 탐색적 요인분석

총 31개 문항으로 이루어진 척도의 적절성을 평가하기 위해 탐색적 요인분석을 실시하였다. 우선 수집된 자료로 요인분석이 가능한지를 확인하기 위해 KMO 검정을 실시한 결과 .747이었으며, Bartlett의 구형성 검정에서 유의확률이 .000 으로 본 자료가 요인분석으로 적절함이 확인되었다. 즉, 다수의 변수는 정보손실을 최소화하면서 소수의 요인으로 축약될 수 있다. 탐색적 요인분석은 다수 측정변수 간의 관계(상관관계)를 분석하여 변수들의 바탕을 이루는 공통차원들을 통해 이 변수들을 설명하는 것이다. 본 연구는 지역사회복지관 서비스 품질 관리척도 개발문항으로 〈표 6-3〉에서 31문항으로 출발하여, 자료 자체를 분석하는 것으로 분석결과로부터 모집단의 특성에 관한 추정을 하지는 않는다. 단지 위의 문항 중 기본적으로 상관관계가 높은 측정변수들끼리 집단화하였다. 집단화하는 방법으로는 요인회전을 실시하였다. 요인을 회전하는 방법으로는 요인구조가 뚜렷할 때까지 요인을 회전시키는 직각요인회전(요인 간의 독립성을 유지하는)방식을 사용하였다.[2]

요인을 회전함으로써 변수 Q4, Q5, Q6은 요인 1에, 변수 Q14, Q15, Q16은 요인 2에, Q11, Q12, Q13은 요인 3, Q22, Q27, Q28은 요인 4, Q30, Q31는 요인 5, Q11, Q12는 요인 6, Q17, Q19은 요인 7에 적재되었다. 이러한 요인적재값을 바탕으로 1요인(rig4, rig5, rig6)은 권리성(Right), 2요인(ass14~ass16)은 확신성(Assurance), 3요인(emp11~13)은 공감성(Empathy), 4요인(acc22, acc27, acc28)은 접근성(Accessibility), 5요인(tan30, tan31)은 유형성(Tangibles), 6요인은(rel1, rel2)은 신뢰성(Reliability), 7요인(res17, res19)은 응답성(Responsiveness)으로 분류되

---

2) 요인회전방식에는 앞에서 설명한 바와 같이 직각회전방식과 사각회전방식이 있다. 사회과학 일반에서는 모든 변수(즉, 질문항목들)가 상호 간에 연관이 있을 것이라고 전제하여 직각회전 방식보다는 사각회전방식을 채택하여야 한다는 주장도 있지만 본 연구에서는 변수들이 독립적이라고 생각하여 직각회전방식을 채택하였다.

었다. 〈표 6-4〉는 요인구조와 요인명을 나타내 준다.

✐ 〈표 6-4〉 요인구조와 요인명

요인	요인명	측정문항명
요인 1	권리, Right	Q4(rig4), Q5(rig5), Q6(rig6)
요인 2	확신, Assurance	Q14(ass14), Q16(ass16)
요인 3	공감, Empathy	Q11(emp11), Q12(emp12), Q13(emp13)
요인 4	접근, Accessibility	Q22, Q27, Q28
요인 5	유형, Tangibles	Q30(tan30), Q31(tan31)
요인 6	신뢰, Reliability	Q11(rel11), Q12(rel12)
요인 7	응답, Responsiveness	Q17(res17), Q19(res19)

자료: 지은구 외(2013), p. 362, 〈표 6〉에서 재인용.

분석 결과 〈표 6-5〉와 같이 7개 측정변수 모두가 요인적재값이 .40 이상, 아이젠 값은 1 이상으로 나타났고, 전체누적 분산설명력은 64.16%의 설명력을 보이고 있다. 공통성은 그 변수의 분산이 추출된 요인들에 의해 설명되는 정도를 가리키며 7개 변수의 공통성은 모두 .50보다 크므로 분석하는 데 문제가 없으며 신뢰도 분석결과 .763의 값을 보였다. 결국 탐색적 요인분석을 통하여 총 31개 의문항은 18개 문항으로 축소되었으며 19개 문항은 총 7개의 요소로 각각 분류되었다. 〈표 6-5〉는 탐색적 요인분석의 결과를 나타내 준다.

〈표 6-5〉 지역사회복지관 서비스 품질관리척도 탐색적 요인분석 결과

항목	요인분석							공통성
	권리성	확신성	공감성	접근성	유형성	신뢰성	응답성	
rig6	.818							.681
rig5	.793							.691
rig4	.645							.536
ass16		.814						.703
ass15		.685						.586
ass14		.618						.548
emp13			.762					.622
emp12			.709					.553
emp11			.523					.758
acc22				.728				.559
acc27				.605				.528
acc28				.574				.527
tan31					.825			.737
tan30					.818			.709
rel1						.804		.706
rel2						.724		.693
res19							.833	.730
res17							.714	.680
Eigen-value	2.02	1.75	1.69	1.62	1.56	1.54	1.37	
누적설명(%)	11.20	20.94	30.32	39.35	48.00	56.56	64.16	

자료: 지은구 외(2013), p. 362, 〈표 7〉에서 재인용.

② 확인적 요인분석

위의 탐색적 요인분석의 결과를 바탕으로 총 18문항을 확인적 요인분석의 결과자료로 사용하였다. 탐색적 요인분석을 통해 개발된 지역사회복지관 서비스 품질관리척도의 요인구조의 경험적 타당도를 확보하기 위하여 확인적 요인분석을 수행하였다. 분석도구로는 AMOS 18.0을 사용하였고 최대우도추정법(Maximum

likelihood estimation)을 이용해 요인적재량을 추정하였다. 모형적합도 분석 결과
CMIN/DF＝1.317, RMR＝.008, GFI＝.927, CFI＝.934, IFI＝.938, TLI＝.911,
RMSEA＝.040으로 추천기준치를 충족하여 서비스품질을 측정하는 측정모형이
적합한 것으로 나타났다(χ^2＝150.126 d.f.＝114, probability＝.013).

〈표 6-6〉 모형 적합도

지 수	CMIN/DF	RMR	GFI	CFI	IFI	TLI	RMSEA
지수값	1.317	.008	.927	.934	.938	.911	.040

자료: 지은구 외(2013). p. 363, 〈표 8〉에서 재인용.

2) 구성타당도 검증

척도개발에서 척도의 구성타당도를 검증하는 방법은 통상적으로 수렴타당도
및 판별타당도의 검증을 통해서 이루어진다. 확인적 요인분석을 통해 이론적 가
정에 가장 적합한 척도가 개발되면 개발된 척도에 대한 구성타당도를 검증하여
야 한다. 확인적 요인분석은 SPSS와 같은 통계프로그램을 통해서 시행되어 간편
한 측면이 있지만 구성타당도를 검증하는 것은 본인이 직접 계산을 하여야 한다
는 불편함이 있다. 척도개발에서 대표적으로 수행하는 구성타당도 검증방법은
수렴 및 판별 타당도검증이다.

(1) 수렴타당도

수렴타당도(convergent validity)는 집중타당도라고도 불리며 동일한 개념을 측정
하기 위하여 서로 다른 방법으로 측정한 값 사이에 높은 상관관계가 있어야 한다
는 것을 나타낸다. 쉽게 말하면, 몸무게를 측정하기 위해서는 체중계가 필요하
며 여러 체중계를 가지고 나의 몸무게를 측정한다고 해도 비슷한 몸무게가 측정
되어야 한다는 것을 나타낸다. 다시 말해, 수렴타당도는 동일한 개념을 측정하기

위한 측정질문항목들이 어느 정도 일치하는가를 검증하는 것이라고 할 수 있다. 예를 들어 신뢰를 측정하는 질문항목들 사이에는 높은 상관관계가 있어야 수렴타당도가 있다고 할 수 있다. 수렴타당도를 검증하는 방법은 첫째, 분산추출의 평균(variance extracted: VE) 값을 기준으로 사용하는 방법, 둘째, 개념신뢰도(construct reliability: CR) 값을 기준으로 하는 방법, 셋째, 표준화 회귀계수(standardized regression weights) 값을 기준으로 하는 방법 등이 있다. VE 값은 통상 0.5 이상이면 수렴타당도가 있는 것으로 해석한다. CR 값은 0.7 이상이면 수렴타당도가 있는 것으로 해석한다. 또한 표준화회귀계수 값은 일반적으로 표준화된 회귀계수 값이 0.5 이상이면 수렴타당도를 확보한 것으로 판단한다(송지준, 2012).[3]

■ 수렴타당도 검증의 예

지은구 등(2013)이 제시한 수렴타당도 검증방법은 위에서 제시된 방법 중 개념신뢰도 값(CR 값)을 통한 검증방법이다. 수렴타당도는 한 변수와 다른 변수 간의 측정한 값 사이에는 높은 상관관계가 있어야 한다. 따라서 동일한 개념을 측정하는 여러 문항이 어느 정도 일치하는가를 검증한다. 예를 들어 지역사회복지관 서비스 품질관리척도를 측정하는 문항들 간에는 높은 상관관계가 존재해야 수렴타당도가 있다고 할 수 있다. 반대로 판별타당도는 변수들 간의 상관관계가 낮아야 확보될 수 있다. 다음은 개념신뢰도를 구하는 공식을 나타낸 것이다.

$$CR = \frac{(\sum SRW)^2}{(\sum SRW)^2 + \sum VAR}$$

* CR=construct reliability, 개념신뢰도
** SRW(standardized regression weights. SPSS에서는 표준화된 요인적재치인 Estimate을 의미함)

---

3) 개념신뢰도(CR) 및 분산추출 평균값(VE) 그리고 표준화회귀계수값을 구하는 방식은 구조방정식모델을 설명한 통계서적을 참고하기 바란다. 본 연구에서 제시한 구성타당도를 검증하는 방식에 대한 기본적인 계산방식은 송지준(2012)의 제26장을 참고하기 바란다.

표준화 추정치와 분산을 가지고 개념신뢰도 값을 계산할 때, 변수 값의 입력은 해당 변수의 오차항 번호를 확인하여 Estimate 값을 가지고 계산하여야 한다. 그리고 개념신뢰도를 이용하여 수렴타당도를 검증할 때는 개념신뢰도가 .70 이상이면 수렴타당도가 있다고 해석한다. 먼저 지역사회복지관 서비스 품질관리척도로 권리성(Right)과 확신성(Assurance)을 계산하여 보면 다음과 같다.

$$Right = \frac{(.670+.723+.579)^2}{(.670+.723+.579)^2+(.041+.038+.084)} = .960$$

$$Assurance = \frac{(.504+.645+.627)^2}{(.504+.645+.627)^2+(.092+.074+.103)} = .921$$

지역사회복지관 서비스 품질관리척도로서 권리성의 경우 잠재요인 신뢰도 값이 .70보다 높은 .960으로 수렴타당도가 있다고 평가할 수 있으며, 확신성의 경우도 .921로 수렴타당도가 있다고 평가할 수 있다. 다음에서 동일한 개념으로 모든 변수의 잠재요인 신뢰도 값을 계산한다.

$$Empathy = \frac{(.574+.515+.530)^2}{(.574+.515+.530)^2+(.067+.184+.113)} = .878$$

$$Accessibility = \frac{(.415+.705+.393)^2}{(.415+.705+.393)^2+(.127+.062+.200)} = .855$$

$$Tangibles = \frac{(.758+.636)^2}{(.758+.636)^2+(.055+.117)} = .919$$

$$Reliability = \frac{(.868+.560)^2}{(.868+.560)^2+(.038+.084)} = .944$$

$$Responsiveness = \frac{(.351+.970)^2}{(.351+.970)^2+(.219+.011)} = .884$$

7개 변수의 개념신뢰도 값을 계산한 결과 〈표 6-7〉과 같이 모든 변수에서 개념신뢰도 값이 .70 이상(Bagozzi, 1980; Lages et al., 2005)으로 높은 수렴타당도를 확보하였다고 할 수 있다.

✏️ 〈표 6-7〉 지역사회복지관 서비스 품질관리척도 개념신뢰도 값

	권리성 Right	확신성 Assurance	공감성 Empathy	접근성 Accessibility	유형성 Tangibles	신뢰성 Reliability	응답성 Responsiveness
CR	.960	.921	.878	.855	.919	.944	.884

자료: 지은구 외(2013), p. 366, 〈표 9〉에서 재인용.

(2) 판별타당도

판별타당도(discriminant validity)는 서로 다른 변수들 간에는 그 측정치에도 분명한 차이가 나야 한다는 것을 전제한다. 즉, 한 변수와 다른 변수 간의 상관관계가 낮아야 판별타당도가 확보되었다고 할 수 있다. 예를 들어 사회자본을 구성하는 요소 중 신뢰와 참여에 대한 측정질문들은 상호 간에 상관관계가 낮아야 한다는 것을 의미한다. 만약 신뢰를 측정하는 질문과 참여를 측정하는 질문이 상호 간에 상관관계가 높으면 그 질문항목은 잘못 선정된 항목이므로 삭제되거나 수정되어야 한다. 수렴타당도는 변수 사이의 상관관계가 높아야 하지만 판별타당도는 변수 사이의 상관관계가 낮아야 한다는 점에서 차이가 있음을 알 수 있다.

판별타당도를 검증하는 기준은 첫째, 평균분산추출(average variance extrcated: AVE) 값으로 평가하는 방법, 둘째, 표준오차추정구간(two standard error interval estimates)으로 평가하는 방법 등이 있다(송지준, 2012).

■ 판별타당도 검증의 예

다음은 판별타당도를 평가하기 위하여 평균분산추출(AVE) 계산식을 나타낸 것이다. 판별타당성을 평가하는 가장 엄격한 방법으로 평균분산추출(AVE) 값을 기준으로 사용하고 있다. 즉, AVE 값을 가지고 판별타당성을 평가하기 위해서는

변수 간 상관계수의 제곱값이 AVE 값보다 낮으면 판별타당성은 확보되었다고 할 수 있다. 그리고 상관계수가 1이라는 가설을 기각하는지 보아야 한다(Fornell & Larcker, 1981).

$$AVE = \frac{(\sum SRW^2)}{(\sum SRW^2) + \sum VAR}$$

다음은 평균분산추출(AVE) 값을 기준으로 판별타당도를 점검하였다. 가장 높은 상관계수 값을 보이는 변수는 공감성(Empathy)과 확신성(Assurance)으로 계수 값은 .620으로 나타났다. 이 값을 제곱하면 .384 값이다. 각각의 추정치와 오차항을 확인하여 AVE 값을 도출하였다.

$$Right = \frac{(.670^2 + .723^2 + .579^2)}{(.670^2 + .723^2 + .579^2) + (.041 + .038 + .084)} = .940$$

지역사회복지관 서비스 품질관리척도로서 권리성(Right)의 경우 AVE 값이 .940으로 나타났다. 이는 상관계수의 제곱 값이 .940보다 낮아야 한다는 판별타당성이 확보되었다. 다음에서 동일한 개념으로 모든 변수의 AVE 값을 계산하였다.

$$Assurance = \frac{(.504 + .645 + .627)^2}{(.504 + .645 + .627)^2 + (.092 + .074 + .103)} = .875$$

$$Empathy = \frac{(.574^2 + .515^2 + .530^2)}{(.574^2 + .515^2 + .530^2) + (.067 + .184 + .113)} = .796$$

$$Accessibility = \frac{(.415^2 + .705^2 + .393^2)}{(.415^2 + .705^2 + .393^2) + (.127 + .062 + .200)} = .855$$

$$Tangibles = \frac{(.758^2 + .636^2)}{(.758^2 + .636^2) + (.055 + .117)} = .888$$

$$\text{Reliability} = \frac{(.868^2 + .560^2)}{(.868^2 + .560^2) + (.038 + .084)} = .884$$

$$\text{Responsiveness} = \frac{(.351^2 + .970^2)}{(.351^2 + .970^2) + (.219 + .011)} = .859$$

7개 변수의 AVE 값을 계산한 결과 〈표 6-8〉과 같이 모든 변수에서 AVE 값이 .400 이상(Bagozzi, 1980; Lages et al., 2005)으로 높은 판별타당성을 확보하였다고 할 수 있다.

✏️ 〈표 6-8〉 지역사회복지관 서비스 품질관리척도 AVE 값

	권리성 Right	확신성 Assurance	공감성 Empathy	접근성 Accessibility	유형성 Tangibles	신뢰성 Reliability	응답성 Responsiveness
AVE	.940	.875	.796	.855	.888	.884	.859

자료: 지은구 외(2013), p. 363, 〈표 10〉에서 재인용.

다음으로 판별타당성은 변수들 간의 상관관계가 낮아야 확보되었다고 할 수 있기 때문에 변수들 간에 동일하다는 가설을 기각하는지를 보아야 한다(송지준, 2011). 가장 높은 상관계수 값을 보이는 변수는 공감성(Empathy)과 확신성(Assurance)으로 계수값은 .620이고 이에 해당하는 표준오차(S.E)는 .006의 값을 나타내었다. 다음은 판별타당성을 검증하기 위한 표준오차추정구간식을 나타낸 것이다.

$$\text{상관계수} \pm (2 \times \text{standard error}) \neq 1$$

검증 결과 상관계수가 1이라는 가설을 기각하여 위에서 제시된 측정모형의 판별타당성은 확보되었다고 볼 수 있다.

$$.620 + (2 \times .006) = .632 \neq 1$$
$$.620 - (2 \times .006) = .608 \neq 1$$

6. 상대적 가중치 및 규준 설정

규준을 설정하는 단계는 질문항목이나 하위 구성개념들 간의 상대적 가중치 및 타인이나 타 집단 또는 타 지역과의 상대적 비교를 위한 규준을 설정하는 단계를 포함한다. 즉, 척도를 구성하는 구성요소와 측정항목들 중에 어느 요소가 더 중요하고 덜 중요한지 그리고 측정질문항목들 중에는 어느 항목이 더 중요하고 덜 중요한지를 측정척도 안에서 비교하는 것이 상대적 가중치다. 질문항목들 사이에 상대적으로 더 중요하고 덜 중요한 질문항목이 있다면 이들에 대한 측정값이 달리 계산되는 것이 측정실수를 줄이는 방법일 수 있다. 예를 들어 사회자본을 구성하는 요소가 신뢰, 네트워크, 공동의 규범, 안전, 참여라고 가정하면 사회자본을 구성하는 요소는 총 5개 영역이 된다. 그런데 사회자본을 구성하는 각각의 영역이 20%의 중요성이 있다고 가정하면 모든 구성요소가 동일하게 20%의 중요성을 지니게 되어 동일한 값을 갖게 되지만 만약 다섯 가지 요소 중 신뢰라는 요소가 다른 요소들에 비해 중요도가 더 높다고 인정된다면 신뢰에 대한 측정값은 당연히 다른 요소들에 비해 높은 측정값을 부여하여야 한다고 할 수 있다.

통상적으로 지수나 척도를 구성하는 모든 구성요소 그리고 질문항목은 모두 동일한 값을 갖는다고 전제된다. 하지만 때로는 질문항목들의 특성을 고려하여 항목들 사이에 또는 측정개념을 설명하는 구성요소들 사이에 상대적으로 측정값을 달리 부여하여야 하는 경우가 발생하게 되고, 이를 위해 구성요소들 간 또는 질문항목들 간에 부여되는 점수에 대해 상대적 가중치를 고려하는 경우가 발생하게 된다.

규준은 개발된 척도를 이용하여 측정하였을 경우 나타난 측정값과 같은 척도를 사용하여 나타난 다른 사람이나 집단 또는 지역사회와의 측정값을 비교하여 어느 정도에 위치하는지를 판단하기 위해 사용하는 기준이라고 할 수 있다. 규준을 판단하기 위해서 가장 많이 활용하는 방식은 이미 제4장 지수의 개발에서 설명한 바와 같이 첫째, 평균점수를 활용한 방법, 둘째, 나이/성별을 이용한 방법, 셋째, 퍼센타일을 이용하는 방법, 넷째, 표준점수 또는 표준화된 점수를 이용하는 방법 등이 있다.

■ 상대적 가중치 설정의 예

이원주와 지은구(2015)는 최근 노인요양시설의 성과를 측정하기 위한 성과측정모형을 개발하였다. 그들은 노인요양시설의 한국형 성과측정모형을 개발하기 위해 일차적으로 국내 및 국외 선행연구를 통하여 노인요양시설의 성과를 가치관점, 과정관점 그리고 결과관점을 통합하는 체계로 보았다. 가치관점을 구성하는 요소는 비전관리, 가치관리, 신뢰관리, 과정관점을 구성하는 요소는 자원관리, 이용자관리, 인적관리, 협력관리, 그리고 결과관점을 구성하는 요소는 서비스질관리와 결과관리로 구성됨을 제시하였다. [그림 6-6]은 그들이 제시한, 한국형 노인요양시설의 성과측정을 위한 측정영역 및 측정요소다.

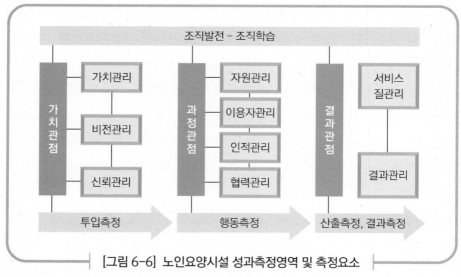

[그림 6-6] 노인요양시설 성과측정영역 및 측정요소

자료: 이원주, 지은구(2015)에서 재인용.

이원주와 지은구는 선행연구를 통하여 일차적으로 9개 구성요소의 총 57개 측정영역에서 총 278개의 예비질문항목을 선정하였다. 그 후 전문가들을 대상으로 하는 2차에 걸친 성과측정척도에 대한 내용타당도 검증을 통하여 최종적으로 가치관리 6문항(3문항 제거), 비전관리 8문항(4문항 제거), 신뢰관리 5문항(12문항 제거), 자원관리 7문항(8문항 제거), 이용자관리 9문항(8문항 제거), 인적관리 12문항(7문항 제거), 협력관리 10문항(5문항 제거), 서비스 질 관리 6문항(10문항 제거), 결과관리 11문항(7문항 제거)으로 9개 구성요소의 37개 영역에서 총 74문항으로 구성된 예비척도를 개발하였다. 그런 다음 그들은 설문조사를 통하여 노인요양시설의 성과측정모형의 적합도를 검증하였다. 〈표 6-9〉는 그들이 제시한 노인요양시설 성과측정척도 예비척도의 문항 수다.

◢ 〈표 6-9〉 노인요양시설 성과측정영역 및 예비문항의 수

관점	성과측정 구성요소	성과측정영역	지표별 문항 수	영역별 문항 수
가치 관점	가치관리	시설의 환경윤리 규정 및 운영규정	2	6
		시설장의 운영철학과 리더십	4	
	비전관리	조직운영의 투명성, 책임성 노력	5	8
		시설의 미션과 비전을 위한 실천정도	1	
		운영위원회 구성의 적절성 및 시행도	1	
		조직의 비전에 대한 직원의 이해도	1	
	신뢰관리	시설의 직원채용 공정성(공개채용 등)	1	5
		정책이나 기준에 부합	2	
		생각과 아이디어 공유	2	
과정 관점	자원관리	시설 후원금 관리에 대한 정기적 보고	2	7
		법정인원수 대비 수요인력	3	
		후원 및 후원자의 체계적인 개발	2	

		이용자의 비밀보장	1	
	이용자 관리	서비스 정보제공	2	9
		이용자의 고충처리	2	
		인권보장(학대예방 등) 및 권리존중	2	
		양질의 급식제공	2	
		신입사원 교육 및 직원의 자기계발 지원	3	
		직원의 직무평가 및 보상정도	3	
		직원급여의 적절성	1	
	인적관리	직원의 업무 만족도	1	12
		직원의 연월차 사용	1	
		직원의 휴식프로그램	1	
		직원의 권리보호	1	
		직원의 업무향상과 능력개발	1	
		체육, 모임, 동호회 증진	1	
		시간외 근무를 하는 직원	1	
	협력관리	직원제안제도의 활용과 수용	2	10
		새로운 서비스 및 프로그램 개발 · 연구	2	
		지역사회자원개발 및 연계	4	
결과 관점	서비스 질 관리	기관운영의 개방성	1	6
		이용자 소리반영	2	
		서비스 매뉴얼	3	
	결과관리	대상자에 대한 사례관리	1	11
		이용자 만족도	8	
		정기적으로 자체평가를 실시	1	
		결과향상을 위한 지속적인 노력	1	
3개 관점, 9개 구성요소의 측정영역 및 문항 수		37개 영역	74개 문항	

자료: 이원주, 지은구(2015)에서 재수정.

이원주와 지은구는 노인요양시설의 성과를 구성하는 가치관점, 과정관점 그리고 결과관점의 세 관점이 모두 동일한 중요성을 갖기보다 상이한 중요도를 갖는다고 가정하였다. 또한 각 관점별 측정영역 역시 상이한 중요도를 갖는다고 가정하고 측정영역 및 측정질문문항들의 상대적 중요성을 검증하고 가중치를 적용하기 위해 이원비교방식의 AHP(Analytic Hierarchy Process)분석 방식을 사용하여 상대적 가중치를 점검하였다.

AHP분석은 다기준의사결정영역에서 선택할 수 있는 여러 가지 대안을 체계적으로 순위화하고 가중치를 비율척도로 도출하는 방법을 제시한다. AHP의 유용성은 표준화된 비율척도를 이용하여 유형의 요소뿐만 아니라 정량적인 요소와 정성적인 요소도 함께 고려함으로써 다양한 측정기준을 종합화하여 중요 영역에 대한 선택기준(남찬기, 김병래, 2003; 이정, 이상설, 2005)과 대안들의 우선순위 및 가중치를 합리적으로 도출하는 기능(김우형, 2003)을 하는 것으로 알려져 있는데, 이들은 상대적 중요도를 측정하기 위한 AHP분석은 Expert Choice 2000을 이용하여 도출된 관점을 각각 두 개씩 묶어서 서로 비교하는 이원비교방식(pairwise comparison method)을 적용하였다. 즉, 노인요양시설의 모형을 계층화하여 가치, 과정 그리고 결과 관점과 9개의 측정영역별로 가중치를 두어 전문가 조사를 한 후, 조사한 설문지를 통하여 속성별 상대적 가중치와 개별 응답자의 일관성 비율(consistence ratio: CR)[4]을 산정하였다.[5]

이들은 계층구분을 통한 중요도 분석을 위해 〈표 6-10〉과 같이 9점 척도로 조사를 진행하였다. 이 표에는 설문지에서 상대적 중요도를 나타내는 척도의 의

---

4) Saaty(1980)는 일반적으로 일관성 비율(consistency ratio)이 0.1(CR≦0.1)을 넘게 되면 의사결정자가 논리적 일관성을 잃은 것으로 판단하여 수정할 필요가 있다고 한다.

5) AHP에서는 일관성을 검증하기 위해서 평균무작위지수(random index: RI)를 사용하는데 일관성을 검증하기 위해 일관성지수(consistency index: CI)를 평균무작위지수로 나눈 일관성 비율(consistency ratio: CR)을 사용한다. 일반적으로 통계적 검증을 통해 CI의 신뢰성을 보장하는 임계치는 0.1, 즉 일관성 비율(CR)의 신뢰성을 보장하는 임계치는 10%다.

✏️ 〈표 6-10〉 AHP에서 사용되는 척도

이원비교 척도	평가의 의미(A가 B보다)
1	같은 정도로 중요(equally)
3	약간 더 중요(moderately)
5	매우 중요(strongly)
7	극히 중요(very strongly)
9	절대적으로 중요(extremely)
2, 4, 6, 8	중간 정도로 중요

자료: Saaty(1977).

미가 제시되어 있다. 조근태 등(2005)은 AHP 적용 절차를 다음과 같이 설명하고 있다. 첫째, 의사결정 문제를 상호 관련된 의사결정사항들의 계층으로 분류하여 의사결정계층을 설정하고, 둘째, 의사결정요소들 간의 이원비교로 판단자료를 수집하며, 셋째, 고유값을 사용하여 의사결정요소들의 상대적 가중치를 추정하고, 넷째, 평가대상이 되는 여러 대안에 대한 종합순위를 얻기 위해 의사결정요소들의 상대적 가중치를 종합하는 것이다.

〈표 6-11〉은 AHP분석에서 사용되는 이원비교 매트릭스를 노인요양시설 성과측정관점별 이원비교값을 행렬로 배열하고 이로부터 문제별 가중치를 산정하는 과정을 예를 들어 나타낸 것이다. '가치관점 i는 과정관점 j와 비교하여 어느 정도 중요한가?'에 대한 답으로 똑같다, 약간, 꽤, 매우, 절대적 등으로 구분된 1점에서 9점까지의 점수를 사용한다. 그리고 중간값으로 상황에 따라 좋다, 만족스럽다, 가능성이 있다와 같이 표현될 수 있다.

〈표 6-11〉 AHP에서 사용되는 관점별 이원비교 예시 $A(a_{ij})$

	가치관점	과정관점	결과관점
가치관점	1	a_{12}	a_{13}
과정관점	$1/a_{12}$	1	a_{23}
결과관점	$1/a_{13}$	$1/a_{23}$	1

자료: 이원주, 지은구(2015)에서 재인용.

그들이 사용한 성과의 세 관점에 대한 상대적 중요도 측정의 최종 설문구성은 〈표 6-12〉와 같다.

〈표 6-12〉 노인요양시설 성과측정모형 상대적 중요도 설문구성

노인요양시설의 성과측정모형에서 제시하는 기준 A와 기준 B 중에서 어느 부분이 얼마나 더 중요하다고 생각하십니까?

기준 A	중요	←															→	중요	기준 B
V영역	9	8	7	6	5	4	3	2	1	2	3	4	5	6	7	8	9		P영역
V영역	9	8	7	6	5	4	3	2	1	2	3	4	5	6	7	8	9		P영역
P영역	9	8	7	6	5	4	3	2	1	2	3	4	5	6	7	8	9		P영역

* V(Value, 가치), P(Process, 과정), P(Product, 결과).
자료: 이원주, 지은구(2015)에서 재인용.

〈표 6-13〉은 설문조사를 통하여 최종적으로 도출된 노인요양시설의 3개 관점과 9개 측정영역의 상대적 가중치와 우선순위 그리고 환산치를 나타낸 것이다.

〈표 6-13〉 노인요양시설 성과측정모형의 상대적 가중치와 우선순위 및 환산치 설정

측정관점	상대적 가중치	순위	목표 환산치	측정영역	상대적 가중치	순위	목표 환산치
Value P	.126	3순위	13.00%	가치관리	.088	3순위	1.00%

				비전관리	.243	2순위	3.00%
				신뢰관리	.669	1순위	9.00%
				Total	1.000(100%)		13.00%
Process P	.416	2순위	41.00%	자원관리	.045	4순위	2.00%
				이용자관리	.599	1순위	24.00%
				인적관리	.244	2순위	10.00%
				협력관리	.111	3순위	5.00%
				Total	1.000(100%)		41.00%
Product P	.458	1순위	46.00%	서비스질관리	.750	1순위	34.00%
				결과관리	.250	2순위	12.00%
Total	1.000(100%)		100%	Total	1.000(100%)		46(100)%

주: 1. 프로그램처리 과정에서 소수점 셋째 자리 절사로 .001만큼 차이날 수 있음.
  2. 목표 환산치는 측정관점 가중치에 측정영역 가중치를 가중한 것임.

[그림 6-7]은 최종적으로 도출된 노인요양시설의 3개 관점과 9개 측정영역의 상대적 중요도를 나타낸 것이다.

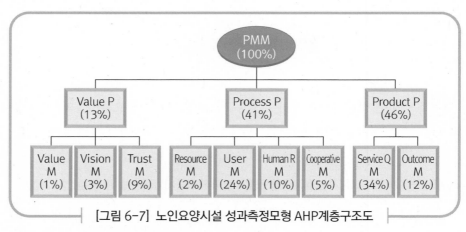

[그림 6-7] 노인요양시설 성과측정모형 AHP계층구조도

자료: 이원주, 지은구(2015)에서 재인용.

이 그림에서 보면 이들이 도출한 가치관점의 상대적 중요도는 13%이고 과정관점은 41%이며 결과관점은 46%로서 결과관점이 제일 중요하고 그다음이 과정관점이며 가치관점은 상대적인 중요도가 제일 약한 것으로 나타났다. 이러한 결과는 측정값의 총점을 100점으로 한다면 가치관점의 점수 합은 총 13점이며 과정관점의 총합은 41점이고 마지막으로 결과관점의 점수 합은 46점으로 구성된다는 것을 나타낸다.

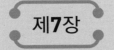
제**7**장

좋은 측정도구의 기준

제1절 ┆ 측정도구의 기준

　수량적 속성을 측정하는 측정도구가 좋은 측정도구인지를 판단하는 가장 중요한 기준으로는 일반적으로 세 개의 기준을 활용한다. 첫 번째는 신뢰도이고, 두 번째는 타당도이며, 세 번째는 민감도다(Zikmund et al., 2010).

　첫째, 민감도는 측정도구가 응답의 다양성을 정확하게 측정할 수 있어야 한다는 것을 나타낸다. 즉, 민감도는 하나의 개념(대상이나 물건 또는 변수나 질문)이 가지고 있는 다양성을 측정하는 측정도구의 능력이라고 정의할 수 있다. 측정도구를 선택하는 데 있어 조사자들은 측정도구가 대상이나 물건 또는 변수들의 차이를 반영하는 것을 선호한다. 다시 말해, 동의한다와 동의하지 않는다로 구분되는 대답보다는 매우 동의한다, 조금 동의한다, 그저 그렇다, 다소간 동의하지 않는다, 전적으로 동의하지 않는다 등과 같은 대답을 선호한다. 즉, 예와 아니요와 같은 이분법적인 대답보다는 태도 변화에 대한 미묘한 차이를 반영할 수 있는 대답을 선호한다. 따라서 민감도는 개념에 대한 질문항목을 늘린다든지 또는 응답점수를 촘촘히 더하는 것에 의해서 향상될 수 있다(Zikmund et al., 2010). 또한 조사자들은 소득수준이나 가족 수 등과 같이 숫자로 나타내는 대답을 더욱 선호하는데, 이는 숫자가 차이를 분명하게 나타내 주기 때문이다(지은구, 2008).

둘째, 신뢰도와 타당도의 측면에서 보면 측정을 위해 정보를 수집함에 있어서 다양한 측정도구의 적용이 가능한데 어떤 측정도구가 사용되든지 간에 획득할 수 있는 정보나 자료에 있어서 나타나는 중요한 문제는 획득한 정보나 자료가 얼마나 신뢰할 수 있고 타당한 자료인가에 있다고 할 수 있다. 이는 측정을 통해서 취득한 정보 또는 자료가 어느 정도 신뢰할 수 있고 타당한 것인지를 나타내는 것으로 곧 신뢰도와 타당도를 의미한다.

어떤 측정도구를 사용하든지 간에 응답자들로부터 완벽한 정보를 수집한다는 것은 불가능하다. 어떤 사람은 의도적으로 질문에 대답을 회피할 수도 있고, 본인의 생각과 다른 대답을 할 수도 있으며, 질문을 이해하지 못해서 엉뚱한 대답을 할 수도 있다. 따라서 가장 신뢰할 수 있는 그리고 가장 타당한 대답을 구하기 위해 노력하는 것이 최선이라고 할 수 있다. 결국 조사자들은 측정의 실수를 줄이기 위해서 신뢰도와 타당도를 고려하게 되는 것이다. 신뢰도와 타당도의 강조는 사용되는 측정도구가 가장 적절한 측정도구인지, 측정을 위해 사용하는 측정도구와 다른 측정도구는 상호 연관이 있는지 등을 밝혀 주는 **타당도**(validity)에 관심을 나타낸다. 또한 조사자는 측정도구가 반복된 측정을 통해서도 같은 결과를 가져다주는지를 나타내는 **신뢰도**(reliability)에도 관심을 기울이게 된다. 일반적으로 조사자들은 신뢰도와 타당도가 조사 또는 조사결과의 객관성을 높여 준다고 확신한다.

Babbie(2007)는 좋은 측정도구(measurement quality), 즉 측정도구의 질을 결정하는 기준으로 다음의 다섯 기준을 제시하였다.

- 첫째, 질이 좋은 측정도구는 간결성, 정확성, 신뢰도와 타당도를 포함한다.
- 둘째, 신뢰도는 같은 측정도구로부터의 동일한 결과를 얻는 것을 의미하지만 타당도는 측정되어야 하는 것이 정확하게 측정되고 있는가를 반영한다.
- 셋째, 조사자들은 조사-재조사방법, 반분법, 설정된 측정도구의 활용, 그리고 조사자에 의해 수행된 실험을 통하여 측정도구의 신뢰도를 조사할 수 있

어야 하고 향상시키기 위해 노력하여야 한다.

- 넷째, 측정도구의 타당도를 사정하기 위한 판단기준은 액면타당도, 기준타당도, 구성타당도, 개념타당도를 포함한다.
- 다섯째, 신뢰할 수 있는 측정도구는 종종 측정하려는 개념이 가지고 있는 의미의 풍부성을 줄이는 것을 필요로 한다. 즉, 상이한 개념은 상이한 측정도구를 사용하여야 한다.

제2절 ┊ 신뢰도

신뢰도는 측정도구의 내적일관성을 측정하는 지표다(Zikmund et al., 2010). 따라서 일반적으로 내적일관성은 신뢰도를 이해하는 가장 중요한 열쇠다. 만약 측정도구가 무엇인가를 여러 번 측정하였지만 매번 같은 결과를 만들어 낸다면 그 측정도구는 신뢰할 수 있다. 하나의 척도로 체중계를 예로 들자면 어떤 사람이 체중계에 올라갈 때마다 몸무게가 다르다고 한다면 어느 누구도 그 체중계를 신뢰할 수 없을 것이다. 내적일관성은 측정도구의 동일성(또는 동종성, homogeneity)을 대표한다.

Greenstein(2001)은 신뢰도를 보다 세밀하게 구분하였는데, 그에 따르면 신뢰도는 안정성과 일관성이라는 두 가지 유형이 있다. 만약 측정도구가 구성개념을 실행화하는 데(즉, 추상적 개념을 측정 가능한 구체적 개념으로 전환하는 데)적합한 방식이라고 한다면 그 측정도구는 사용될 때마다 같은 결과를 산출하여야 한다. 이것을 일반적으로 신뢰도의 안정성(stability)이라고 부른다. 그리고 서로 다른 사람의 조사자가 같은 측정도구를 사용하여 조사를 하였더라도 같은 결과가 산출되어야 하는데 이를 신뢰도의 일관성(consistency)이라고 부른다.

신뢰도를 확인하는 가장 대표적인 방법은 반분법, 알파(α) 값 그리고 조사-재조사방법 등이 있다.

1. 반분법

반분법은 질문문항들을 임의적으로 두 그룹으로 나누어 두 그룹의 응답결과에 대한 상호 간의 연관성(상관관계)을 보는 것이다. 상관관계가 높으면 당연히 내적일관성이 높은 것이다. 반분법은 **짝수-홀수법**으로도 일컬어진다. 짝수-홀수법은 반분법과 같이 전체 문항을 짝수 질문과 홀수 질문으로 나누어 구분하여 두 그룹 간의 상관관계가 높다면 내적일관성이 높다고 간주된다. 즉, 질문지(즉, 척도)를 반반씩 나누어 조사를 하여도 비슷한 결과가 나오고 두 척도(질문지)의 상관관계가 높으면 신뢰도가 높은 것으로 이해될 수 있다. 반분법의 가장 큰 딜레마는 척도를 어떻게 반분하는가에 있다. 즉, 척도(질문지)를 홀수와 짝수로 나누는가 아니면 처음 반과 나중 반으로 나누는가 등의 방법이 작위적이라는 점이다. 이러한 문제점을 극복하게 해 주는 방법이 크론바흐 α값이다. 통상 전체 문항들의 평균 알파 값이 0.6 이상이면 내적일관성이 있는 것, 즉 전체 질문문항을 신뢰할 수 있는 것으로 간주한다. 반분법은 질문문항들을 임의적으로 두 그룹으로 나누어 두 그룹의 응답결과에 대한 상호 간의 연관성(상관관계)을 보는 것이다. 상관관계가 높으면 당연히 내적일관성이 높은 것이다.

2. 크론바흐 α: 알파계수

크론바흐 α값은 척도가 여러 항목의 질문들로 구성되어 있는 경우 가장 많이 사용하는 신뢰도 측정방법이다. 알파계수는 여러 항목으로 구성된 척도에서 모든 가능한 질문의 반분방법의 평균을 계산하여 일관성을 나타내 준다. 즉, 알파계수는 척도나 측정도구에 포함되어 있는 상이한 항목(또는 질문)들이 한곳으로 집중(수렴)되는지 아닌지를 입증한다. 알파계수는 타당도를 입증하지는 않지만 통상적으로 많은 조사자는 알파계수를 척도의 질을 나타내는 지표로 활용한다 (Zikmund et al., 2010). 알파 값의 범위는 1에서 0으로, 0에 가까우면 가까울수록 일관성이 없으며 1에 가까우면 가까울수록 일관성이 높은 것으로 해석한다. 일반적으로 알파계수가 0.80에서 0.95 사이에 있으면 신뢰도가 매우 좋은 것으로 해석되며, 0.70에서 0.80 사이에 있으면 좋은 신뢰도를 나타내고, 0.60에서 0.70 사이에 있으면 받아들일 수 있는 정도의 신뢰도를 나타내 준다. 그리고 알파 값이 0.60 이하에 있으면 신뢰도는 낮은 것으로 해석된다.

3. 조사–재조사방법

조사–재조사방법(test–retest method)은 측정도구의 안정성을 확인하기 위해 조사자가 각각 다른 시간에 응답자에게 같은 척도나 측정도구(또는 질문지)를 수행하는 방법이다. 만약 같은 척도나 측정도구를 사용하여 같은 조건하에서 각기 다른 시간에 조사를 수행하여 같은 결과를 낳았다고 한다면 그 측정도구는 안정성이 확보된다고 할 수 있다. 즉, 조사–재조사 신뢰도 측정방법은 측정도구의 반복성을 나타낸다고 할 수 있다.

조사–재조사 신뢰도 측정방법의 한계는 크게 두 가지로 요약될 수 있다. 첫 번째 문제점은 처음 조사에 응한 응답자가 두 번째 조사에 영향을 미칠 수 있다는 점이고, 두 번째 문제점은 처음 조사와 두 번째 조사 사이에 시간 간격이 벌어지는 경우 응답자의 태도나 성향이 바뀔 수 있어 결과에 영향을 줄 수 있다는 점이다. 따라서 처음 조사와 두 번째 조사 사이의 상관관계가 낮게 나오는 경우 오랜 시간이 경과함에 따라 응답자의 태도가 변하여 신뢰도가 낮아질 수 있다.

제3절 ┆ 타당도

　좋은 측정도구는 일관성이 있어야 하고 정확하여야 한다. 일관성은 신뢰도와 연관이 있고 정확성은 타당도와 연관이 있다. 정확성이란 얼마나 측정도구가 의도한 개념을 측정할 수 있는지를 다룬다. 정확성은 타당도와 연관이 있으므로 타당도는 우리가 측정하려고 하는 것을 정확하게 측정하고 있는가라는 질문과 연관이 있다. 타당도를 확보하는 것은 쉬운 작업이 아니다. 예를 들어 직무성과 측정도구는 온전하게 직원들의 직무성과를 반영하여야 하지만, 만약 직무성과 측정도구에는 포함되어 있지 않은 관리자와 직원과의 우정이 직무성과에 영향을 미친다고 한다면 직무성과 측정도구의 타당도는 낮아지게 된다. 만약 사회적 자본을 신뢰라고 정의하고 측정을 한다면 신뢰만이 사회적 자본을 구성하는 구성개념이 아니므로, 즉 신뢰가 사회적 자본과 같지 않으므로 타당한 척도라고 할 수 없게 된다.

　위에서 지적한 바와 같이 타당도는 조사자가 얼마나 잘 구성개념을 측정하는가와 연관이 있다. 예를 들어 삶의 질을 측정하는 측정도구가 온전하게 삶의 질을 측정할 수 있는가에 대한 질문의 답이 타당도라고 할 수 있다. 측정방식의 타당도를 측정하는 가장 이상적인 방법은 측정결과와 구성개념의 실제 가치를 비교하는 것이다. 하지만 우리가 측정하려는 추상적 구성개념은 실제적 가치를 측정할 수 없기 때문에 이는 불가능하다고 할 수 있다. 예를 들어 프로그램의 만족이라는 추상적 개념을 측정하는 데 프로그램의 만족이라는 개념을 반영하는 실제적 가치는 존재하지 않는다(즉, 만족이라는 감정은 만질 수도 없고 느낄 수도 없고 볼 수도 없다). 얼마나 클라이언트들이 사회복지사들의 개입행동이나 치료에 대해서 만족하는지 또는 어떻게 클라이언트들의 프로그램에 대한 만족의 실제 수준을 알 수 있는지에 대한 대답은 간접적인 방식을 통해서, 즉 인간행동이나 사회적 행동에 대한 측정은 간접적인 방식을 통해서 측정할 수밖에 없다. 결국 구성개념의 실제적 가치를 알려고 할 때 우리는 구성개념의 측정과정이 완벽하지 않음을 인정하고 인지하여야 한다. 이러한 실제 가치와 측정된 가치 사이의 차이 또는 상이성을 **측정실수**(measurement error)라고 부른다. 이러한 측정실수를 줄이기 위하여 측정도구의 타당도를 나타내 주는 지표들이 나타났는데 액면타당도, 기준타당도, 구성타당도, 내용타당도, 수렴타당도, 판별타당도 등이 그것들이다 (지은구, 2008). 이와 같은 타당도의 확인 여부를 나타내 주는 다양한 지표는 측정도구의 타당한 정도를 나타내 준다. 측정도구가 측정하려고 하는 것을 정확히 측정하는지를 입증하는 다양한 방법들을 구체적으로 살펴보기로 한다.

1. 액면타당도

액면타당도(face validity)는 측정도구(예를 들어 질문지 또는 구체적인 질문)가 측정하려고 기대하는 것을 측정하는가를 살피는 것을 의미한다. 액면타당도는 전문가들의 주관적 동의에 의해서 입증될 수 있다. 예를 들어 가정폭력 예방프로그램 만족을 평가하는 질문지에 대해 가정폭력기관의 담당자들이 주관적으로 동의하였다면 그 질문지는 가정폭력 예방프로그램의 만족에 타당한 질문문항을 포함하고 있다고 예측할 수 있다. 즉, 특정 분야의 전문가들이 보았을 때 측정도구가 측정하려고 하는 것을 측정하는 데 있어 문제가 없다고 인정하면 액면타당도는 입증된다고 볼 수 있다. 액면타당도는 전문가들의 견해를 고려하는 것이므로 가장 낮은 수준의 타당도 입증방법이라고 할 수 있다. 이는 구성개념을 측정하는 측정도구 또는 질문지가 추상적 개념을 측정하는 경우 구성개념에 대한 질문지에 대해서 또는 측정도구에 대해서 전문가들의 의견이 상이하게 나타날 수 있기 때문이다. 사회적 자본을 측정하는 질문지에 대해서 전문가들이 사회적 자본에 대해 상호 간에 상이한 개념을 가지고 있다면 사회적 자본척도는 액면타당도를 확보하는 것이 쉽지 않게 된다.

2. 내용타당도

내용타당도(content validity)는 얼마나 측정도구가 측정하려고 하는 관심영역이나 분야를 포함하고 있는지를 나타내는 것이다. 즉, 질문지에 있는 질문문항들이 측정하려는 전체 영역을 잘 반영하고 있는지를 나타내는 것이라고 할 수 있다. 질문문항들이 측정하려는 영역을 잘 반영하고 있다면 타당도는 입증될 수 있지만 문항들이 측정하려는 범위를 넘어서는 것이라면 그 질문문항들을 포함하고 있는 측정도구로서의 질문지는 타당도를 입증하였다고 말할 수 없다. 만약 중간고사의 시험범위가 1장에서 5장까지라고 한다면 학생들은 시험문제가 그 범위 내에서 제출될 것이라고 생각할 것이지 시험범위를 벗어난 6장이나 7장 등에서 제출될 것이라고 생각하지 않는다. 따라서 시험문제가 5장까지의 범위 내에서 제출되었다면 내용타당도가 입증된다고 할 수 있지만 그렇지 않다면 내용타당도는 입증되지 못하게 된다. 즉, 사회복지관에서 근무하는 사회복지사의 직무성과를 측정하기 위한 측정도구라고 한다면 사회복지관의 업무와 연관이 있는 성과측정 질문문항들이 측정도구에 포함되어야 하지 사회복지사의 개인적 업무와 관련이 있는 질문문항들이 포함되어서는 측정도구의 내용타당도가 입증될 수 없다.

3. 기준타당도

기준타당도(criterion validity)는 내가 사용하는 측정도구가 실제 적용하였을 때 작동하는가라는 질문과 연관이 있다. 기준타당도는 크게 예측타당도(predictive validity)와 동시적 타당도(concurrent validity)로 나뉘는데 예측타당도와 동시적 타당도는 모두 새로운 측정도구와 기준이 되는 측정도구 사이에 시간적으로 관계가 있는지에 의존한다. 즉, 동시적 타당도는 현재와 연관이 있고 예측타당도는 미래와 연관이 있다.

　예측타당도는 측정도구가 미래의 행동이나 조건을 예측할 수 있는 능력을 반영하고 있는지를 살피는 것이다. 즉, 질문이 응답자의 미래 행동이나 조건을 예측할 수 있는 의미를 포함하고 있는지를 밝히는 것이라고 할 수 있다. 예를 들어 직업훈련 프로그램의 만족을 평가하는 데 있어 직업훈련 프로그램의 종료까지 얼마나 많은 교육수업을 결석하였는지에 대한 질문을 할 수 있는데, 훈련생들이 교육수업을 많이 빠졌을 경우에 프로그램에 대한 만족이나 기대가 낮아서 결석을 한 것으로 예측할 수 있게 된다.

　동시적 타당도(concurrent validity)는 하나의 측정도구가 유효한 것으로 판단된 이전의 측정도구와 반드시 연관이 있어야 한다는 것을 의미한다. 즉, 새로운 측정도구가 이전의 측정도구와 마찬가지로 유효한 것이라고 한다면 동시적 타당도는 입증된다. 예를 들어 사람들이 낡은 측정에서 높은 점수를 받았다고 하면 새로운 측정에서도 높은 점수를 받아야 한다. 다시 말해, 두 개의 측정이 비슷한 개념을 측정하는 것이라면 비슷한 결과를 가져다주어야 한다(Newman & Kreuger, 2003).

4. 구성타당도

　구성타당도(construct validity)는 측정도구가 측정하려는 (구성)개념을 정확하게 대표하는지를 나타내 준다. 예를 들어 직업훈련 프로그램의 만족에 대한 측정은 프로그램에 있는 직원들에 대한 만족이나 직업교육 내용에 대한 만족 등과 같은 구성개념의 측정과 상관관계가 있음을 짐작할 수 있다. 결국 구성타당도는 얼마나 개념을 잘 측정하는지를 알려 주는 지표라고 할 수 있다. 구성타당도는 액면타당도, 내용타당도, 기준타당도, 수렴타당도, 판별타당도 등을 포함한다(Zikmund et al., 2010). 만약 측정도구가 우리가 기대하는 것을 측정하는 것 같아 보이고(액면타당도), 우리의 관심영역을 적절하게 포함하고 있다면(내용타당도) 다음으로는 수렴타당도와 판별타당도를 검증하여야 한다. 구성타당도에 포함되는 액면타당도, 기준타당도, 수렴타당도, 판별타당도 등은 모두 측정도구가 얼마나 유일하고 독특한지를 나타내 준다. 통상 구성타당도는 수렴타당도와 판별타당도를 통해 검증할 수 있으며 요인분석이나 구조방정식모형을 통해서도 검증할 수 있다. 수렴타당도와 판별타당도의 구체적인 내용은 다음과 같다.

▣ 수렴타당도

수렴타당도는 구성개념이 실제 관련이 있는 것과 연관이 있어야 한다는 것을 나타내 주는 지표다. 상품의 품질에 있어 이용자의 만족과 이용자의 구매의사는 연관이 있음을 예측할 수 있기에 이용자 만족과 이용자 구매의사를 측정한다면 두 변수는 긍정적으로 연관이 있어야 한다. 만약 이용자 구매의사와 이용자 만족이 의미 있는 상관관계를 나타내지 않는다면 두 측정도구의 수렴타당도는 문제가 있음을 나타내 준다. 만약 이용자 만족과 이용자 구매의사가 완전히 다른 개념이라고 한다면 두 변수 사이의 상관관계는 높지 않아야 할 것이다.

즉, 수렴타당도는 서로 다른 측정도구를 사용하더라도 동일한 개념을 측정한다면 그 측정(결과)값은 하나의 차원으로 수렴하여야 함을 나타내는 것이다. 예를 들어 학업성취를 측정하기 위하여 주관식시험과 객관식시험을 치렀다면, 학업성취도에 있어 주관식시험과 객관식시험의 상관관계는 높게 나타나야 한다. 상관관계가 모두 높게 나타난다면 수렴타당도가 높다고 할 수 있다.

▣ 판별타당도

판별타당도는 측정도구가 얼마나 유일하고 독특한가를 나타내 준다. 상이한 개념을 측정하는 경우 서로 다른 측정도구를 사용한다면 그 측정값 간에는 차별성이 나타나야 한다. 예를 들어 어휘력과 수리력을 측정하는 측정도구의 경우 어휘력과 수리력의 상관관계가 낮게 나타난다면 판별타당도는 높다고 할 수 있다.

▣ 결과타당도(또는 귀결타당도)

타당도를 검증하는 데 있어 또 하나의 중요한 방법이 결과타당도를 검증하는 것이다. 결과타당도(consequences 또는 consequential validity)는 측정도구가 성취하려는 목적이나 기대하는 결과를 가져다주는가를 검증하는 것이다. 즉, 기대하는 결과를 가져다준다면 결과타당도는 검증되는 것이며 그 반대로 측정도구가 기대하는 결과를 가져다주지 않는다면 결과타당도는 확보되지 않는다. 무엇인가를 측정하기 위해서는 측정을 위한 목적이 있으며 측정은 이러한 목적을 성취하는 것이 일차적 과업이라고 할 수 있다(Linn & Gronlund, 1995). 즉, 결과타당도는 측정을 통해서 이루려고 한 것을 성취하였는지를 나타내 준다. 결과타당도는 Messick(1989)이 처음 소개하였으며 후에 Shepard (1993)가 측정에 있어 부정적/긍정적 그리고 의도하지 않은/의도한 결과가 반드시 조사되어야 함을 강조하면서 구성타당도 검증의 한 방법으로 인정되었다.[1]

결과타당도는 인문 사회과학 영역에서 보다 중요한 타당도의 한 종류라고 할 수 있는데, 이는 결과타당도가 가치 지향적이고 사회적 결과를 강조하여 이에 따른 정책결정에 영향을 주는 타당도검증의 한 유형이기 때문이다. Messick(1989)은 측정도구나 조사가 가치 지향적으로 해석되어야 하고 활용에 있어 사회적 결과를 수반하여야 함을 강조하였으며, 이러한 가치지향성과 사회적 결과의 효과는 결과타당도를 통해 입증되어야 한다고 주장하였다. Messick은 측정도구나 척도를 이용하여 조사를 시행한 후 확보된 점수(score)에 영향을 미치는 가치적 의미는 반드시 확인되어야 함을 강조하면서 점수에 대한 해석이 결과의 중요성을 의미하는 것임을 주장하였다.

그는 과학적 판단은 곧 가치판단임을 주장하면서 이념, 이론 그리고 구성개념의 관계를 설명한다. 그에 따르면 이념(ideology)은 사회적 현상이나 세상을 해석하기 위한 실질적인 틀을 제공하는 공유된 가치나 신념으로 척도나 측정도구의 질문에 영향을 미치게 된다. 그는 이론이 이념에 영향을 받아 구성개념에 의미를 제공하므로 구성개념은 이론에 영향을 받음을 강조하면서, 이념과 이론이 어느 정도 영향을 미치는지가 구성개념을 측정하는 척도나 측정도구의 조사점수(score)에서 확인되어야 함을 주장하였다. 결과타당도는 특히 교육과 심리학 영역에 영향을 주었는데 사회복지영역도 사회복지 재화와 서비스의 특수한 성격으로 결과타당도는 중요한 타당도검증의 한 유형이라고 볼수 있다.

결과타당도는 얼마나 측정도구 또는 척도가 의도하지 않은 부정적인 효과를 피하고 의도한 긍정적인 효과를 성취하였는지를 검증하는 것이므로 측정도구나 척도의 활용에 따른 효과를 평가하는 것을 통해 검증된다. 만약 사회정의척도가 사회정의를 개선하는 것을 목적으로 한다고 했을 때 사회정의척도를 통해 사회정의가 실현되고 있는지를 확인하기 위해서는 사회정의의 실현 정도가 측정되어야 한다. 또한 사회적 연계망척도를 통해 개인들의 사회적 관계를 조사한다고 했을 때 연계망척도는 개인들의 사회적 관계를 향상시키는 것을 목적으로 하여야 한다. 이러한 목적성취가 척도를 통해 어느 정도 입증되고 효과가 있는지를 아는 것은 척도의 타당도검증에 있어 매우 중요한 부분이 될 수 있다. 예를 들어 사회적 자본 척도를 개발하여 측정한 결과 사회적 자본을 구성하는 여러 구성개념 중 신뢰라는 구성개념의 점수가 낮게 나왔다고 한다면, 우리 사회의 사회적 자본 측정영역에서 신뢰점수가 낮다는 함축적 의미는 무엇이고 신뢰가 낮음을 어떻게 해석하여야 하며 신뢰 향상을 위해 우리가 무엇을 해야 하는가를 심사숙고할 수 있게 된다. 이러한 기본적 토대를 제공해 주는 것이 바로 결과타당도 검증이라고 할 수 있다.

5. 타당도 종합

측정도구와 결과의 타당도는 첫째, 측정도구 또는 질문이 이끌어 내려고 하는 내용, 둘째, 측정도구의 결과와 다른 측정도구 결과 사이의 관계, 셋째, 질문 또는 측정도구가 측정하려고 하는 특성, 넷째, 결과의 해석과 활용의 중요성에 의해서 향상되거나 높아질 수 있다.

측정도구의 타당도에서 고려하여야 하는 점은 〈표 7-1〉과 같다(Linn & Gronlund, 1995).

〈표 7-1〉 타당도에서 고려하여야 하는 점

타당도의 유형	절차	의미
액면타당도	액면타당도(face validity)는 외견상 측정도구가 측정하려고 기대하는 것을 측정하는가를 살피는 것	가장 낮은 수준의 타당도

---

1) 물론 아직까지 모든 학자가 결과타당도를 구성타당도 검증의 한 방법으로 인정하는 것은 아니다(Thorndike, 2005).

내용타당도	측정항목(질문)들이 얼마나 측정하려는 것을 잘 측정하는지를 보여 줌	특정 분야의 전문가들이 보았을 때 측정도구가 측정하려고 하는 것을 측정하는 데 있어 문제가 없다고 인정하면 액면타당도는 입증됨
기준타당도	하나의 측정도구를 사용하여 측정한 결과를 다른 측정도구(또는 준거)의 결과와 비교(관련성의 정도). 새로운 검사가 기존의 검사(준거 또는 기준)와 비교해서 의도한 바의 결과를 얻는다면 새로운 검사는 타당하다고 할 수 있음 예측타당도: 한 검사의 점수가 미래 행위와의 연관성을 나타내는 정도(대입입시성적을 가지고 대학학점을 예측하는 것) 동시타당도: 개발된 검사와 이미 타당도가 인증된 기존 검사와의 상관관계를 구하여 타당도를 입증하는 것(토익점수가 높으면 토플점수도 높다고 생각하는 것)	측정결과가 얼마나 미래의 결과를 예측하는지 또는 다른 측정도구의 결과를 예측하는지를 나타냄: 한 검사가 '직무성과' 등의 특정 영역의 준거를 얼마나 잘 예측하는가를 나타냄. 준거타당도에서 타당도의 정도는 기존검사와 새로이 개발된 검사 간의 통계적 상관관계에 의해 결정됨
구성타당도	측정하려는 구성개념(또는 특성이나 질)이 측정도구에 의해 얼마나 잘 측정되는지 평가	측정항목(질문)이 측정의 특성이나 질을 얼마나 잘 해석할 수 있는지를 나타냄: 구성타당도를 검증하기 위해서는 수렴타당도와 판별타당도를 검증하여야 함
결과타당도	측정도구가 측정하려는 목적을 성취하는가? 기대한 결과와 기대하지 않은 결과의 평가(예를 들어 성과측정이 성과개선을 목적으로 한다면 성과측정결과가 성과개선을 가져다주었는가를 평가)	측정항목(질문)이 의도하지 않은 목적 또는 성과를 피하고 의도한 목적 또는 성과를 성취할 수 있는지를 나타냄

6. 타당도에 영향을 주는 요인

척도나 측정도구를 구성하는 질문들은 측정도구나 척도 또는 지수의 타당도에 영향을 준다. 측정질문의 타당도에 영향을 미치는 요인들을 정리하면 다음과 같다(Linn & Gronlund, 1995).

- 불명확한 방향: 모든 질문은 정확한 방향성을 가지고 있어야 한다. 질문항목이 응답자들에게 어떻게 대답하여야 하는지를 명확하게 제시하지 않는다면 측정도구의 타당도는 낮아진다.
- 사용된 단어나 문장이 너무 어려운 경우: 척도나 지수에 포함된 질문 중 사용된 단어나 문장이 너무 어렵다면 응답자들은 질문의 정확한 의미를 모르고 응답을 하는 경우가 발생하여 척도에 대한 타당도가 낮아질 수 있다.
- 애매모호한 진술: 질문 자체가 애매모호한 경우 응답자는 질문의 의도를 파악하지 못하게 되므로 측정도구에 대한 타당도는 낮아지게 된다.
- 부적절한 시간배정: 응답자들에게 질문을 이해하고 이에 대한 대답을 생각한 후 응답할 수 있는 충분한 시간이 제공되지 않는다면 측정도구의 타당도는 당연히 낮아지게 된다.
- 질문이 너무 쉽거나 어려운 경우: 어떤 질문항목은 너무 쉽고 어떤 질문항목은 너무 어려우면 응답자들의 차이를 파악하기기 어렵게 되어 타당도는 낮아지게 된다.
- 질문항목이 쉽게 대답을 유도할 수 있도록 되어 있는 경우: 질문이 의도하지 않게 대답에 대한 실마리를 제공하는 경우 대답에 대한 응답자들의 생각이 반영되지 않아 측정도구에 대한 타당도는 낮아지게 된다.
- 결과(outcome)를 측정할 수 없는 질문: 측정할 수 없는 것은 당연히 척도나 지수 또는 측정도구가 될 수 없다. 측정도구 또는 척도에는 반드시 측정할 수 있는 질문이 포함되어야 한다.

- 너무 짧은 질문항목들로 구성된 질문지(측정도구, 척도, 지수): 질문항목이 너무 짧은 것 역시 측정도구의 타당도를 떨어트리는 중요 요인이다.
- 질문항목의 적절하지 않은 배열: 측정질문지는 많은 질문항목으로 구성되어 있다. 하나의 구성개념을 여러 질문항목이 측정할 수도 있고 하나의 질문이 측정할 수도 있다. 따라서 질문항목은 응답자가 질문을 보다 정확히 이해하고 대답할 수 있도록 일목요연하게 배열되어 있어야 한다.
- 같은 대답을 유도하는 질문유형: 계속 '그렇다'라는 대답만을 유도하는 질문들이 나열되어 있든지 또는 응답이 1번만 지속적으로 유도하는 질문들이 포진되어 있는 경우도 측정도구, 즉 질문지의 타당도를 낮추게 하는 요인이 된다.

제4절 ¦ 좋은 측정도구가 가지고 있어야 하는 특성

측정을 위해 사용하는 측정도구(척도, 지표, 지수 등)가 좋은 측정도구이어야 한다는 것은 측정도구가 방향성, 차이에 대한 민감도, 현재성, 현실적 연계, 편향되지 않은 자료수집방법, 접근성, 체계 등과 특성을 가지고 있어야 함을 나타낸다. 각각의 특성들을 살펴보면 다음과 같다(지은구, 2008; Weiss, 1998).

- 방향성(direction): 좋은 측정도구는 반드시 방향성을 갖는다. 여기서 측정의 방향성이라는 것은 측정이 위로 상승하는 것이 좋은 것인지 아니면 아래로 떨어지는 것이 좋은 것인지 등을 나타내는 것을 의미한다. 예를 들어, 사람들은 일반적으로 실업률 지표의 상승이나 하락 또는 시험점수의 상승이나 하락을 가지고 변화의 의미를 알 수 있다.
- 차이에 대한 민감도(sensitivity to difference): 측정도구를 선택하는 데 있어 조

사자들은 측정도구가 대상이나 물건 또는 변수들의 차이를 반영하는 것을
선호한다. 다시 말해, 예와 아니요로 대답하는 질문보다는 매우 동의한다,
조금 동의한다, 그저 그렇다, 다소간 동의하지 않는다, 전적으로 동의하지
않는다 등과 같은 질문을 선호한다. 또한 조사자들은 숫자로 나타내는 대답
을 더욱 선호하는데 이는 숫자가 차이를 분명하게 나타내 주기 때문이다(예
를 들어 소득수준이나 가족 수 등).

• 현재성(currency): 측정을 위해 질문을 할 때 가장 최근의 조건이나 사건 또는
현재에 대해 질문하는 것이 바람직하다. 이는 가장 최근에 일어난 사건이나
현재의 상태에 대해서 질문하는 것이 응답자들로부터 기억을 할 수 있는 또
는 신뢰할 수 있는 대답을 확보할 수 있기 때문이다. 예를 들어, 직업교육생
들은 일주일 전에 직업교실에서 배운 것보다는 어제 직업교실에서 배운 것
을 훨씬 잘 기억할 것이다. 직업훈련 프로그램을 이수한 교육생들에게 일 년
이나 6개월 전에 그들이 교육프로그램에 대해 느꼈던 점에 대해서 질문한
다는 것은 현실성이 떨어질 수밖에 없다. 기본적으로 인간은 감정이나 태
도, 견해나 정보를 잘 기억하는 동물이 아니기 때문에 현재 순간 아니면 가장
최근에 이루어진 것을 중심으로 질문을 하는 것이 올바르다고 할 수 있다.

• 현실적 연계(realistically connected): 측정을 위해 가장 적합한 측정도구를 찾
을 때 조사자들은 현실적으로 성취할 수 있는 것을 측정하기 위한 지표나
지수 등의 측정도구를 사용하여야 한다. 즉, 측정도구가 현실적으로 측정
가능한 것을 측정하여야 한다는 것을 의미한다. 이는 만약 조사자들이 측정
도구를 사용하여 사회복지 프로그램이 성취하려는 장기적인 목적이나 목표
를 측정한다고 했을 때 현실적으로 측정하기 어려운 경우가 존재할 수 있기
때문이다.

• 편향되지 않은 자료수집방법의 사용: 측정을 위한 정보를 수집할 때 편향되
지 않은 자료수집방법을 사용하여야 한다는 것은 자료가 결과에 불합리한
영향을 미쳐서 기대하지 않은 결과를 산출할 가능성을 배제하기 위함이다.

정보나 자료를 수집할 때 취하는 다양한 행동이 수집된 자료에 본질적으로 영향을 미칠 수 있기 때문에 조사자들은 항상 대답의 객관성이나 배경에 대해 심사숙고하여야 한다. 예를 들어 프로그램에 참가한 사람들에게 프로그램의 반응에 대한 측정을 하기 위해 질문을 한다고 했을 때, 프로그램에 직접 관여해 있는 직원이 질문을 하는 경우와 프로그램과 상관없는 사람이 질문을 하는 경우 참가자들의 대답은 상이한 결과를 가져다줄 가능성이 있다. 질문에 대한 대답의 정확성은 매우 민감한 문제이지만 현실적으로 자료가 편향적일 가능성을 모두 조사한다는 것은 불가능하기 때문에 조사자들은 자료수집과정에 있어서 편향을 극복하기 위해서 노력하여야 한다.

- 접근성(accessibility): 척도나 지표, 지수 등은 모두 획득할 수 있는 것, 다시 말해 접근 가능한 것이어야 한다. 즉, 측정을 위해 반드시 필요한 척도, 지수 또는 지표라고 하더라도 현실적으로 존재하지 않거나 획득할 수 없거나 또는 접근할 수 없다고 한다면 결국 아무런 도움이 되지 않는다.
- 체계(system): 모든 측정도구는 정확하게 정의되어야 하고 규정되어 있어야 한다. 예를 들어 참가자들의 만족도를 측정하기 위해 척도, 지수나 지표를 사용한다고 하면, 만족도에 대한 정확하고 분명한 정의가 먼저 이루어지고 그에 근거해서 측정이 이루어져야 한다. 조사자들은 원하는 정보를 얻기 위하여 일반적으로 측정을 위한 질문들도 사전에 모의시험을 거쳐서 수정하고 보완하여 좀 더 명확한 그리고 분명한 형태로 질문지나 질문을 전환시킨다.

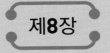

제8장

사회복지지표[*]

[*] 이 장은 지은구, 김민주(2014). 복지국가와 사회통합.
청목출판사, 제5장을 참고하여 수정 · 보완하였음.

제1절 ┊ 개관

　사회지표는 한 사회의 있는 그대로의 현실을 반영해 주는 거울과 같은 역할을 해 준다. 사회지표는 때로는 우리 사회의 현실을 있는 그대로 이해하고 인식할 수 있게 해 주는 도구로서의 역할을 한다. 따라서 사회구성원들은 각종 사회지표를 통해 우리가 어디에 와 있는지를 이해하는 데 절대적인 도움을 받는다. 또 다른 한편으로 사회지표는 연구자들에게 국가 간 비교나 지역 간 비교 그리고 특정 사회의 현상을 종단적 그리고 횡단적으로 분석하고 비교할 수 있게 하는 좋은 연구자료로서의 역할을 수행한다. 사회지표에는 빈곤율과 같은 객관적으로 수량화되어 있는 객관적 사회지표가 있는 반면 행복이나 삶의 질과 같은 사회구성원들의 주관적 인식을 나타내 주는 주관적 지표가 있다. 사회가 발전하면서 객관적 사회지표의 한계를 극복하기 위해 주관적 사회지표의 중요성이 대두되고 있지만, 여전히 한 사회의 사회경제적 발전 정도를 나타내 주는 객관적 사회지표의 수준은 미완성이다.

　대부분의 복지국가에서 공통적으로 경험하고 있는 노령화 및 저출산, 가족해체 및 각종 학대와 폭력 그리고 자살 및 중독문제의 폭발적 증가와 같은 사회적 위험수준이 어느 정도인지를 인식하고 이에 대한 대처방안을 찾는 것은 복지국가의 책무다. 현실적인 대안은 우리 사회가 당면한 사회적 위험의 수준을 보다 정확히 파악하고 인식하여야만 사회적 위험의 해결 및 예방이 가능하다는 것을 인정하는 것이다. 이를 위해 우리 사회가 현재 어디에 있는지를 나타내 주는 가장 확실한 방안은 이를 나타내주는 사회지표를 찾는 것이다. 즉, 사회지표를 찾고 이를 통해 어디에서 무엇을 어떻게 하여야 하는지에 대한 구체적이고 실천적인 방안을 찾는 것이 중요하다. 사회복지학이 최근 증거기반실천을 중요시하는 것은 이러한 증거, 즉 사회지표에 근거한 다양한 사회복지 정책 및 프로그램의 개발을 통해서 사회의 질을 보다 향상시키기 위한 노력의 일환이라고 할 수 있다.

이 장에서는 사회지표에 대한 개념정리 및 사회지표가 가지고 있어야 하는 원칙 그리고 사회지표의 유형 및 장단점 등을 소개하며 사회지표의 예로 유럽연합 국가들이 결성한 NAPincl(National Action Plan on Social Inclusion)의 사회지표와 국제기구인 OECD의 사회지표를 소개한다.

어디에 어떤 사회복지관련 사회지표가 있는지를 추적하고 밝히는 작업은 그리 쉽지 않은 작업이다. 사회복지의 수준을 나타내 주는 사회지표가 발전하면 할수록 당연히 한 국가의 사회복지수준은 발전한다. 근거 없는 복지국가에 대한 비방이나 환상은 모두 객관적 증거 또는 근거에 기초한 사회지표의 개발 및 발전을 통해서 극복될 수 있다.

제2절 | 사회지표의 개념 및 특성

1. 사회지표의 개념

사회지표는 간략히 정의하면 한 사회의 특성을 나타내 주는 도구다. Atkinson 과 동료들(2002)은 사회지표(social indicator)를 한 나라의 사회발전 수준을 평가하고 정책의 영향력을 사정하기 위한 중요한 도구라고 정의하였다. 사회지표는 주어진 문화적·지리적 영역에서 사람들의 객관적인 상황을 반영하는 사회적 측정도구다. 객관적인 상황이라는 것은 사회지표가 개인적인 사고나 인식보다는 객관적이고 수량화된 통계에 기초한다는 것을 의미하는 것이다(Diener & Suh, 1997). Bauer(1966)는 사회지표를 우리가 가치와 목적을 가지고 어디에 서 있으며 어디로 갈 것인지를 사정할 수 있도록 하는 증거의 유형이나 통계라고 정의하였으며, Olson(1969)은 사회지표가 사람들의 번영 또는 더 좋아진 것 또는 복지에 대한 변화가 옳은 방향을 가고 있는지를 해석하는 데 필요한 복지에 관한 직접적 측청도구라고 정의하였다. Zapf(1979)는 사회지표가 활동적 사회정책, 현대화, 삶의 질과 관련된 모든 통계정보를 의미한다고 정의하였으며, Esping-Andersen(2000)은 사회지표를 좋은 삶을 구성하기 위해 사람들에게 유용한 수단을 측정하는 것으로 정의하였다. 위의 정의에 따르면, 결국 사회지표는 사회적 목적 실현의 정도, 삶의 질 정도, 그리고 사회적 권리실현의 정도를 나타내며 한 사회의 사회복지수준을 평가하는 중요한 도구로서의 역할을 한다. 따라서 사회지표는 한 사회의 삶의 질을 포함하는 국민 개개인의 삶에 영향을 주는 사회복지수준을 알 수 있도록 한다는 측면에서 사회복지와 밀접한 연관이 있음을 알 수 있다.

유럽의 경우 스웨덴이 1968년 '삶의 수준조사(Level of Living Survey)'를 실시한 이후, 그리고 미국이 1969년 『사회보고서(*Toward a Social Report*)』를 출간한 이

후 사회지표는 사회구성원들의 삶의 질이나 수준을 나타내는 도구로서의 역할
을 하였으며 OECD가 2001년부터 출간하기 시작한 『한눈으로 보는 사회(*Society
at a Glance*)』, 세계은행이 1996년에 발간한 『사회발전지표(*Social Indicators of
Development*)』와 2001년 출간한 『세계발전보고서(*the World Development Report*)』,
UNDP가 2000년부터 출간하기 시작한 『인간발전보고서(*Human Development
Report*)』, 그리고 UNDP가 개발한 인간발전지수(Human Development Index)와
인간빈곤지수 2(Human Poverty Index 2) 등과 같은 사회지표들의 발전을 가져다
주었다.

　UNDP의 인간발전보고서는 한 사회의 발전수준을 나타내는 다양한 정보로 구
성되어 있으며, 인간발전지수는 삶의 표준, 지식 그리고 수명의 3개 영역의 지표
들로 구성되어 있고, 인간빈곤지수는 수명, 빈곤율, 장기실업률, 문맹률 등의 지
표들로 구성되어 한 사회 구성원들의 삶의 질, 나아가 사회복지의 수준을 측정하
는 중요한 정보를 제공해 준다. Berger-Schmitt와 Noll(2000)은 사회지표가 삶
의 질, 사회적 유대, 사회자본, 사회적 배제 등과 관련 있는 중요한 설명을 제공
해 준다고 강조하였는데, 이는 사회지표와 사회복지의 연관성을 강조하는 것이
라고 할 수 있다. 빈곤, 박탈, 낮은 교육수준이나 문맹률, 불합리한 노동시장, 나
쁜 건강, 열악한 주거상태, 불안정, 장애 등을 나타내는 사회지표들은 모두 사회
적 수준, 나아가 사회복지의 수준을 직간접적으로 인식할 수 있도록 해 준다.
Esping-Andersen(2000)은 복지수준을 나타내는 사회지표로 소득, 건강, 교육,
주거, 가족, 사회통합과 네트워크, 자유시간과 여가, 노동생활(임금수준이나 혜택
등), 정치차원(정치에 대한 참여 등), 보장(범죄 등으로부터의 보장) 등의 영역에 있
는 지표를 제시하였다.

　사회구성원들의 생활상의 상태, 즉 실업, 빈곤이나 불평등, 박탈의 정도나 생
활의 질 또는 수준 등을 나타내 주는 사회지표는 현 사회의 상황, 나아가 사회가
지향하는 그리고 성취하려고 하는 **사회적 목적과 가치**의 실현 정도를 나타내는
중요한 기준이 된다. 이러한 의미에서 사회지표는 복지경제학, 사회복지정책의

영역을 뛰어넘어 통계학, 사회학, 지역학, 정치학 등의 영역에서 중요한 학문적 연구 및 분석을 위한 자료를 제공해 준다.

사회지표는 특히 투입보다는 결과(outcome), 나아가 성과(performance)를 사정하는 도구라고 할 수 있다. 이는 사회지표가 사회의 발전수준이나 인간의 삶의 질, 생활상태 그리고 빈곤의 정도와 불평등 정도 등을 나타내는 데 있어 투입자료보다는 산출과 결과, 나아가 사회적 성과를 나타내는 자료들로 구성되어 있기 때문이다(Atkinson et al., 2002).

2. 사회지표의 원칙

사회지표로 활용되기 위해서는 몇 가지 원칙이 필요하다. 사회지표가 성과중심이고 결과를 나타낸다는 위에서 제시된 특징 이외에, Atkinson과 동료들(2002)은 사회지표의 성격, 즉 특성을 보다 상세히 구분하여 제시하고 있다. 그들은 사회지표를 단일사회지표와 복합사회지표로 구분하고 각각의 사회지표가 가지고 있어야 하는 원칙을 제시하였다. 단일사회지표는 하나의 지표가 하나의 항목이나 영역을 설명해 준다. 즉, 실업률이나 빈곤율은 사회지표이지만 보다 세분화하여 보면 하나의 지표가 빈곤이나 실업이라는 사회현상을 설명해 주는 단일사회지표라고 할 수 있다. 복합사회지표는 여러 지표가 복합적으로 포함되어 하나의 상황이나 영역을 설명해 주는 지표로서 삶의 질이나 사회발전 지표가 대표적이다. 삶의 질 지표는 빈곤율, 범죄율, 건강 정도 등 여러 사회지표의 묶음으로 구성되어 있다. 단일사회지표와 복합사회지표가 가지고 있어야 하는 속성들은 다음과 같다.

1) 단일사회지표의 원칙

단일사회지표가 가지고 있어야 하는 첫 번째 원칙은 지표가 받아들여질 수 있는 분명한 규범적 해석을 가지고 있어야 하고 나타내려고 하는 문제의 본질을 확인할 수 있어야 한다는 점이다. 사회정책의 목적을 수량화된 측정척도로 해석하는 것은 사람들이 지표가 특정 정책이 성취하려는 목적을 측정할 수 있다고 생각하여야 하며 사람들에게 지표는 분명하고 동일한 의미로 인식되고 해석되어야 함을 의미하는 것이다. 즉, 어떤 문제에 대해 수량화되어 나타내는 지표가 문제를 잘못 해석하도록 이끈다든지 잘못된 해석을 하도록 유도한다면 그 사회지표는 문제를 정확하게 수량화된 척도로 표시하지 못하였다는 것을 나타내는 것이다. 지표는 모든 대중에게 동일한 의미로 받아들여져야 하고 이해되어야 한다. 목적성취의 여부를 지표를 통해서 확인할 수 있어야 한다는 점은 결국 지표가 결과(outcome), 나아가 성과지표(performance indicator)로서의 역할을 한다는 것을 의미하는 것이다. 예를 들어, 실업률이라는 사회지표는 빈곤이나 주거가 아닌 노동시장에 개입하려는 적극적 고용노동인구의 실업 정도를 나타내며 국민들은 실업률의 향상이 노동고용정책이 반영된 결과라는 점에 대해서 인지할 수 있게 된다.

　지표가 가지고 있어야 하는 두 번째 원칙은 지표가 통계적으로 타당하여야 한다는 점이다. 즉, 지표로서 활용되기 위해 수집된 자료는 임의적인 조정을 통해서 획득된 것이 아니어야 하고 통계적으로 신뢰할 수 있어야 한다. 만약 지표가 설문조사를 통해서 획득되었다고 한다면 설문조사는 정확하고 표준적인 조사방법론이 사용되어야 한다. 또한 불명료한 질문에 의해서 나타날 수 있는 측정에러나 해석이나 코딩의 실수를 피해야 하며 지표는 가능한 한 객관적으로 타당도가 입증되어야 한다.

　지표가 가지고 있어야 하는 세 번째 원칙은 지표가 자의적인 조정에 의해서가 아니라 효과적인 정책적 개입에 반응하여야 한다는 점이다. 예를 들어, 일반 국민들은 청소년 자살문제를 줄이기 위해 제공되는 다양한 사회복지정책으로 청소년 자살률이 줄어드는 효과를 정책적 개입에 따른 청소년 자살률지표의 변화를 통해서 확인할 수 있는 것이지 자의적이고 임의적인 자료의 조작이나 조종을 통해서 확인할 수 있는 것은 아니다.

지표가 가지고 있어야 하는 네 번째 원칙은 지표가 지역이나 국가 간의 비교가 가능할 수 있어야 한다는 점이다. 특정 국가나 지역의 상황을 나타내 주는 지표는 다른 지역이나 국가의 똑같은 상황을 나타내 주는 지표와의 비교를 통해서 특정 사회의 현 수준을 비교 평가할 수 있다. 한 지역에서만 통용되는 지표는 아무리 측정 가능한 지표라고 해도 국가 간 또는 지역 간 비교가 불가능할 수 있는데, 이는 지역 간 또는 국가 간 수준을 비교하기 위해서는 객관적으로 적용 가능한 표준이나 기준 또는 원칙이 있어야 하기 때문이다. 국제적으로 적용되기 위해서는 UN이나 OECD 같은 기구에서 적용되는 지표가 자주 활용된다. 예를 들어, OECD 국가들의 대부분은 빈곤율을 국민들 중 중위소득 50% 이하가 차지하는 비율로 규정하고 있어, 국제적인 빈곤율 측정을 위한 사회지표는 전체 국민 중 중위소득 50% 이하의 국민이 차지하는 비율이라고 할 수 있다.

지표가 가지고 있어야 하는 다섯 번째 원칙은 사회지표가 시기적절하게 수정될 수 있어야 하며 수정하기 쉬워야 한다는 점이다. 지표는 사회현상을 설명해 주는 지렛대의 역할을 수행하므로 오래된 지표의 사용은 사회현상을 올바르게 해석하고 이해하지 못하도록 하는 방벽의 역할을 수행할 것이다. 따라서 지표는 항상 최신의 정보를 나타내어야 하며 시기적절하게 수정되어 올바른 사회현상을 이해하고 해석할 수 있도록 하는 것이 중요하다. 예를 들어, 빈곤을 나타내는 빈곤율 지표는 가장 최근의 빈곤율 지표를 통해서 현 사회 빈곤의 정도를 이해할 수 있으며 이를 기반으로 하여 빈곤에 대한 가장 적절한 사회복지정책을 수립할 수 있다.

지표가 가지고 있어야 하는 여섯 번째 원칙은 지표를 측정하는 측정도구가 국민들이나 기업 또는 국가에 너무 큰 부담을 주지 말아야 한다는 점이다. 지표를 구성하기 위해 필요한 정보를 수집하는 것은 국가의 의무이자 책임이다. 국가는 다양한 지표를 구성하기 위해 필요한 정보를 수집하고 취합하여 그에 맞는 정확한 지표를 공표하기 위해 노력하게 된다. 또한 새로운 사회지표가 필요하다고 인식되면 지표를 구성하기 위한 노력을 기울이게 된다. 국민들의 생활 현실을 정확히 이해하고 파악하기 위해 지표가 필요하고 지표를 개발하게 된다면 당연히 지표를 파악하기 위해 지표를 측정하기 위한 다양한 측정도구, 즉 방법을 사용하게 되는데, 측정을 위해 너무 많은 예산이 지출된다든지 많은 국민에게 생활상의 불편을 초래하게 된다면 이는 지표를 통한 측정 자체가 국민, 나아가 국가에게 부담이 된다는 것을 의미하는 것이다.

2) 복합사회지표의 원칙

여러 단일사회지표가 포함되어 하나의 상황이나 현상을 설명해 주는 복합사회지표는 단일사회지표가 갖추고 있어야 하는 원칙과는 상이한 원칙들을 포함한다. 복합사회지표의 원칙으로 지적되는 것은 첫째, 복합사회지표는 상이한 영역에서 균형을 갖추고 있어야 한다는 점, 둘째, 복합사회지표 안에 있는 단일사회지표의 가중치가 균형적이어야 하고 지표들이 상호 간에 내적일관성이 있어야 한다는 점, 셋째, 복합사회지표는 모든 국가나 사회에서 접근 가능하여야 하고 명확하여야 한다는 점이다. 이들 원칙을 보다 자세히 설명하면 다음과 같다.

- 첫째, 복합사회지표가 상이한 영역에서 균형을 갖추고 있어야 한다는 원칙은 복합사회지표가 여러 단일사회지표로 구성되어 있는 세트이므로 너무 많은 단일사회지표가 복합사회지표의 한 세트 안에 포함되지 않는 것이 바람직하다는 점을 나타낸다. 복합사회지표는 여러 단일사회지표로 구성되어 있으므로 여러 단일사회지표 중에서 선택하여 복합사회지표를 구성하게 되는데, 너무 많은 단일사회지표가 포함되면 복합사회지표의 신뢰도가 추락할 수 있다. 따라서 측정하려고 하는 다양한 영역을 나타낼 수 있는 단일사회지표들을 선정하여 복합사회지표의 세트로 구성하는 것이 필요하게 된다.
- 둘째, 복합사회지표 안에 있는 단일사회지표의 가중치가 균형적이어야 하고 지표들이 상호 간에 내적일관성이 있어야 한다는 원칙에서 상호 간 내적

일관성이란 매우 중요한 복합사회지표의 원칙이라고 할 수 있는데, 이는 복합사회지표 세트 안에 들어 있는 모든 단일사회지표가 복합사회지표로 나타내려고 하는 현상을 동일하게 나타내 주는 사회지표들로 구성되어 있어야 한다는 점을 의미하기 때문이다. 예를 들어, 삶의 만족이라는 복합사회지표 안에 들어 있는 여러 단일사회지표는 모두 삶의 만족과 연관이 있는 지표들로 구성되어 있어야 한다. 지표들이 균형적이어야 한다는 것은 여러 단일사회지표 중에서 어떤 지표가 더 중요하고 덜 중요한지에 대한 객관적인 판단하에 지표들이 나타내는 값을 균형적으로 만든다는 것을 의미한다. 지표들 간에 가중치를 주어 지표들을 균형 있게 만들어 주어야 복합사회지표가 원하는 사회현상이나 상황을 국민들이 보다 타당하고 정확하게 이해할 수 있게 된다.

- 셋째, 복합사회지표가 모든 국가나 사회에서 접근 가능하여야 하고 명확하여야 한다는 원칙은 모든 사회지표는 '읽기 쉽고 이해하기 쉽게'라는 European Commission(2000)의 원칙에 부응하는 것으로 단일사회지표와 복합사회지표에 모두 적용된다.

제3절 ┆ 사회지표의 유형

1. 객관적 사회지표와 주관적 사회지표

1) 사회지표의 두 분류: 객관적 지표와 주관적 지표

사회지표는 크게 객관적 사회지표와 주관적 사회지표로 나뉜다. 객관적 사회지표는 인간 개개인들의 인식을 측정하는 사회지표가 아니라 객관적이라고 불리는 양적 통계자료에 기초한 사회지표를 의미한다(Diener & Suh, 1997). 따라서 일반적으로 사회지표라 함은 객관적 사회지표를 나타낸다고도 할 수 있다. 객관적 사회지표가 인간 개개인들의 주관적 측면을 측정하는 데 한계가 있다는 점에서 인간봉사의 영역에서 인간을 대상으로 서비스를 제공하는 사회복지정책이나 사회정책의 영역에서 주관적 사회지표의 필요성이 꾸준히 제기되고 있는 실정이다(Diener & Suh, 1997; Veenhoven, 2002). 예를 들어, 빈곤을 나타내는 빈곤율지표는 수량화되어 나타나는 객관적 사회지표이지만 빈곤한 사람들이 느끼는 빈곤 정도를 나타내는 것은 개개인들이 빈곤에 대해 인식하고 생각하는 것이 달라서 객관적 사회지표로 나타내기가 어렵다. 그러므로 이 경우 개개인의 인식을 측정할 수 있는 주관적 사회지표가 필요하게 된다.

객관적 사회지표와 주관적 사회지표는 다음과 같은 두 가지 점에서 상이성을 나타낸다. 먼저, 객관적 사회지표는 주관적 인식과는 별개로 독립적으로 존재하는 사물이나 현상에 관심을 가지므로 객관적 사회지표와 주관적 사회지표는 측정되는 대상이 다르다. 예를 들어 누군가가 몸에 고열이 난다든지 또는 온몸에 종기가 나게 되면 사람들은 그 사람을 주관적 인식과는 상관없이 객관적으로 아프다고 생각한다. 반대로 임금노동자가 자기 자신을 중간계급에 속한다고 생각 또는 인식할 수 있지만 객관적으로(예를 들어 소득수준 등에서) 일하는 빈곤계급에 속할 수도 있다.

객관적 사회지표와 주관적 사회지표가 다른 점은 또한 사정(assessment)에서 나타난다. 객관적 측정척도는 어떤 기준에 의존한다든지 또는 외부 관찰자에 의해서 수행된다. 예를 들어, 우리나라의 빈곤율은 최저생계비라는 기준에 따라 결정된다. 반면에, 주관적 측정척도는 암묵적인 기준에 근거한 자기보고(self-report)를 포함한다.

결국 객관적 사회지표와 주관적 사회지표는 측정대상과 사정방식에 따라 상이하게 구분될 수 있는데 크게는 [그림 7-1]과 같이 네 개의 분류 조합이 나타날 수 있다.

측정대상	사정	
	객관적	주관적
객관적	①	②
주관적	③	④

[그림 7-1] 객관적 사회지표와 주관적 사회지표의 조합

자료: Veenhoven(2002), p. 4, [그림 1]에서 재인용.

먼저, 1번 조합은 사정방식도 객관적이고 측정대상도 객관적인 경우다. 예를 들어, 한 개인의 부라는 것은 화폐단위로 측정 가능하므로 사정이 객관적이며 개인의 은행잔고나 저축금액 등으로 객관적인 대상을 측정하게 된다. 2번 조합은 측정대상은 객관적인데 사정방식은 주관적으로 이루어지는 경우다. 즉, 부는 객관적으로 측정 가능한 대상이지만 그것을 개인이 인지한 부로 측정하는 경우를 말한다. 3번과 4번 조합은 측정대상이 행복이나 신뢰 등과 같이 주관적인 경우를 나타낸다. 3번 조합은 측정대상은 주관적인데 사정은 객관적으로 이루어지는 경우다. 예를 들어, 행복이라는 개념은 개인적으로 인식하는 것이 달라서 직접적으로 수량화하여 측정하기가 어렵지만 자살률과 같은 수량화된 통계자료를 통해 간접적으로 측정 또는 사정할 수 있다. 마지막으로 4번 조합은 측정대상도 주관적 대상이고 사정방식도 주관적으로 이루어지는 경우다. 예를 들어 행복이라는 주관적 대상을 자기보고서 등과 같이 주관적 인식으로 측정하는 경우를 나타낸다.

2) 객관적 사회지표의 한계

수량화되어 나타나는 객관적 사회지표로서 영유아사망률, 기대수명, 인구 1인당 의사 수, 자살률이나 실업률 등과 같은 사회지표들은 모두 특정 현상에 대해 이해하기 쉬운 수량화된 정보를 제공해 주지만 특정 현상에 대해 개인이 갖는 생각이나 인식에 대해서는 부족한 정보를 제공한다. 특별히 객관적 사회지표의 한계로 지적되는 점은 크게 두 가지로, 첫째는 관찰의 한계이고 둘째는 총체성에 대한 한계다(Veenhoven, 2002).

관찰의 한계는 사회지표가 수량화되고 물질적인 부분뿐만 아니라 정신적 부분까지 측정하려는 데서 나타나는 한계라고 할 수 있다. 예를 들어, 소득은 화폐라는 수단을 이용하여 수량화되어 측정하는 것이 가능하지만, 신뢰라는 측정대상을 사회지표로 측정한다고 했을 때 신뢰는 단순히 수량화하여 측정하기가 어렵다는 한계를 갖는다. 따라서 객관적 사회지표는 수량화해서 나타낼 수 있는 물질적인 부분은 측정하기가 쉬운 반면 개인적이고 정신적인 부분은 측정하기가 상대적으로 어렵다는 관찰의 한계를 가지고 있다.

총체성의 한계는 객관적 사회지표가 사회현상에 대해 전반적이고 총괄적인 상세한 설명을 하지 못함으로써 나타나는 한계를 의미한다. 즉, 객관적 사회지표가 전체보다는 부분을 설명한다는 것을 나타낸다. 예를 들어, 주택의 품질을 나타내는 객관적 지표는 위생상태, 전구, 공간상태 등으로 측정될 수 있지만 개인이 갖는 주택에 대한 감정은 객관적 지표로서 측정하기가 어려워 객관적 지표만으로는 주택에 대한 상세한 설명을 나타내는 것이 한계가 있다.

3) 주관적 사회지표의 필요성

사실 객관적 사회지표만으로는 특정 개인들의 상황을 이해하고 설명하는 것이 어렵다고 볼 수 있다. 객관적 사회지표의 이러한 한계로 인하여 Atkinson과 동료들(2002)은 주관적 사회지표가 필요한 이유를 다음과 같이 설명하고 있다.

- 첫째, 시민들로부터 질문에 대한 즉각적 반응이나 응답을 얻거나 알기 위해 필요하다. 빈곤측정방식인 Leyden 방식은 개개인들의 욕구를 충족하기 위해 필요한 최소한의 소득이 얼마인지를 질문하는 방식으로 이루어져 있는 대표적인 주관적 측정에 의한 측정지표라고 할 수 있다(Van Praag et al., 1982). 또한 미국의 갤럽조사에 포함되어 있는 "당신이 속한 지역사회에서 1주일 동안 4인 가구가 생활하기에 가장 적은 돈은 얼마라고 생각하는가?" 라는 질문 등은 모두 시민들의 주관적인 응답을 이끌어 내는 질문으로 객관적 지표가 갖는 한계를 어느 정도 극복할 수 있는 주관적 사회지표 구성을 위한 질문이다(Van den Bosch, 2001).
- 둘째, 시민들의 어떤 표준이나 기준에 대한 주관적 생각 등을 알기 위해 필요하다. 최저생계비를 지원받는 빈곤가구에게 빈곤으로부터 벗어나기 위해 필요한 소득은 얼마인가라는 질문은 대표적으로 (최저생계비 소득기준이라는) 표준이나 기준 등에 대한 개인적 사고를 알기 위한 질문이다.
- 셋째, 시민들 개개인이 속한 개인적 상황에 대한 주관적 평가를 위해 필요하다. 욕구를 해결하는 데 있어 개인들이 생각하는 어려움을 그들이 스스로 평가하도록 하는 질문은 개개인의 상황에 대한 대표적인 주관적 평가질문이라고 할 수 있다.

제4절 ┊ 사회지표의 속성

사회지표를 그 속성으로 분류한다면 사회지표는 앞서 지적한 바와 같이 주관적 사회지표와 객관적 사회지표로 나누는 것 이외에, 첫째, 개인적 단위의 사회지표와 가구단위의 사회지표, 둘째, 상대적 사회지표와 절대적 사회지표, 셋째, 정적 사회지표와 동적 사회지표, 넷째, 고정된 사회지표와 흐름 사회지표, 다섯째, 단일영역 사회지표와 다중영역 사회지표 등으로 구분할 수 있다(Atkinson et al., 2002). 각각의 속성을 살펴보면 다음과 같다.

- 개인적 단위의 사회지표와 가구단위의 사회지표: 사회지표를 개발하는 데 있어 가장 중심적인 문제는 사회지표가 개인단위인지 아니면 가구단위인지를 구분하는 것이다. 예를 들어, 우리나라의 빈곤율을 나타내는 최저생활비라는 사회지표는 1인 가구, 2인 가구 등 가구단위로 구분되며, 자살률은 개인단위로 자료가 수집된다. 우리가 건강에 관심이 있어 건강에 대한 지표를 개발한다고 하면 건강을 나타내는 지표는 당연히 가구단위보다는 개인단위로 측정되고 자료가 수집되어야 할 것이다.

- 상대적 사회지표와 절대적 사회지표: 사회지표는 절대적 기준과 상대적 기준의 사회지표로도 구분된다. 예를 들어 빈곤율지표로 사용되는 최저생계비는 절대적 빈곤지표이며 대부분의 OECD 가입 국가들이 통상적으로 사용하고 있는 빈곤율인 가구소득기준은 상대적 빈곤지표다. 즉, 우리나라의 절대적 빈곤지표는 생존을 위해서 반드시 필요한 재화나 서비스의 구매비용을 통해서 측정하게 되고, 상대적 빈곤지표는 반드시 필요한 재화나 서비스의 구매능력이 아닌 가구의 평균소득이나 중위소득을 기준으로 측정하게 된다. OECD 가입 국가들이 사용하는 상대적 빈곤지표는 통상 중위가구 평균소득의 50% 또는 60%를 빈곤선으로 규정하는 경우가 많다.

- 정적 사회지표와 동적 사회지표: 사회지표는 정적인 지표(static indicator)와 동적인 지표(dynamic indicator)로도 구분될 수 있다. 특정 지표는 사람이나 가구의 현 상태에 기초한다. 예를 들어, 현재 직업이 없는 사람, 특정 시점에 빈곤선 이하에 있는 가구소득 등을 나타내는 지표들은 대부분 정적 사회지표라고 분류할 수 있다. 하지만 사회지표는 특정 시점의 과거 행적뿐만 아

니라 미래의 기대를 나타내 주어야 하는 경우도 필요하다. 예를 들어 2013년을 기준으로 과거 5년 동안 노인인구 증가율을 나타내는 정적인 지표와 2013년을 기준으로 향후 5년 동안의 노인인구 증가율을 나타내 주는 지표는 동적인 지표로 구분될 수 있다.

- **고정된 사회지표와 흐름 사회지표**: 사회지표는 또한 고정사회지표와 흐름사회지표로도 분류될 수 있다. 예를 들어, 노동시장에 진입하기 위한 교육자격을 나타내 주는 지표는 흐름지표이지만, 노동시장에 지속적으로 남아 있기 위한 교육자격을 나타내 주는 지표는 고정지표다. 따라서 흐름지표는 변화를 결정해 주는 역할을 하므로 정책결정가들에게 향후 결정을 위한 매우 중요한 변화요인으로 작동할 수 있다.

- **단일영역 사회지표와 다중영역 사회지표**: 단일영역지표(one dimensional indicator)와 다중영역지표(multi dimensional indicator)는 지표가 나타내는 또는 포함하는 영역이나 수준을 나타낸다. 예를 들어 빈곤을 중위가구소득의 50%로 측정한다고 했을 때 가구소득은 현재 가구의 소득만을 나타내 주는 단일영역지표이지만, 박탈지표(deprivation indicator)로 빈곤을 나타내는 경우 박탈지표는 단순히 가구소득만을 나타내 주는 것이 아니라 다양한 영역(교육, 지식, 기술, 경험 등 자원의 부족)을 박탈이라는 개념에 담아 가구소득을 포함하여 빈곤의 다양한 영역을 나타내 준다. 앞에서 설명한 복합사회지표는 대표적인 다중영역 사회지표라고 할 수 있다.

제5절 : 사회지표의 장점과 단점

1. 사회지표의 장점

사회지표의 장점으로 지적되는 것들로는 첫째, 사회지표가 객관적이라는 점, 둘째, 사회지표가 사회의 규범적 사고나 생각을 반영한다는 점, 셋째, 사회지표가 단순히 사회의 경제적 상황이나 특정 분야에 국한되지 않고 사람들의 삶에 영향을 미치는 사회의 여러 측면(복지, 인권, 교육, 생태 등)을 측정하는 것을 허락한다는 점이다.

- 첫째, 사회지표가 객관적이라는 것은 지표가 주관적이지 않고 객관성을 유지한다는 것을 의미한다. 또한 사회지표가 객관적이라는 것은 지표가 개인적인 생각이나 사고에 의존한다기보다는 상대적으로 손쉽게 정의되고 수량화되어 있음을 나타내는 것이므로 개인적 인지력이나 판단에 따라 나타날 수 있는 측정실수(error)를 최소화할 수 있음을 의미한다. 또한 지표의 객관성으로 인해 사회지표는 시기별, 지역별 그리고 국가 간 지표가 나타내는 특정 상황에 대한 상대적 비교가 가능하기에, 특정 지역이나 사회 또는 국가의 현 상황에 대한 비교를 통한 객관적 상황을 파악하고 이에 대한 대처방안을 제시할 수 있는 근거로서 작동하게 된다.
- 둘째, 사회지표가 사회의 규범적 사고나 생각을 반영한다는 것은 사람들의 개별적 삶에 영향을 미치는 요소보다 사회 전체구성원의 삶의 질을 나타내는 측정도구로서 작동한다는 것을 의미한다. 즉, 사람들은 범죄율이 낮은 것을 선호할 것이며 깨끗한 공기를 마시는 것을 원하고 소중하게 생각할 것이다. 이는 규범적 사고는 사람들이 개인적 선호나 행복에 영향을 주는 것에 상관없이 어떤 것에는 사회적 가치나 규범이 적용되는 것을 원한다는 것을 나타

내는 것이다. 사회지표는 이러한 사람들의 사회적 가치나 규범적 사고를 나
타내는 측정도구로서의 역할을 한다.

- 셋째, 사회지표가 단순히 사회의 경제적 상황이나 특정 분야에 국한되지 않고
사람들의 삶에 영향을 미치는 사회의 여러 측면을 측정하도록 허락한다는 것은
사회지표가 단순히 경제적 상황을 나타내 줄 뿐만 아니라 건강, 교육, 오염
문제를 포함한 지구환경, 인권, 지구온난화 등과 같은 인간 삶이나 환경에
영향을 미치는 다양한 현상을 사람들이 알 수 있도록 나타내 준다는 것을
의미한다. 특히 사회지표는 경제영역을 포괄하여 다양한 영역에서 발생하
는 사회배제나 사회차별의 현상을 국민들이 알 수 있도록 하여 국가 주도의
사회통합을 위한 사회복지정책의 개발이나 제공을 위한 시초를 제공할 수
있도록 하는데, 이는 사회지표가 사회통합과 사회연대를 강조하는 사회복지의
발전과 밀접한 연관이 있음을 나타내 준다.

2. 사회지표의 단점

사회지표는 위에서 지적한 바와 같이 통상적으로 객관적이고 사회의 규범적
사고나 생각을 국민들이 이해하고 쉽게 알 수 있도록 하며 사회의 다양한 영역을
포함하여 인간 삶에 영향을 미치는 여러 측면을 나타내 준다는 장점을 갖고 있는
반면 여러 단점도 동시에 가지고 있다. 사회지표가 가지고 있는 단점으로 지적
되는 것들은 첫째, 사회지표가 국민들에게 왜곡된 또는 잘못된 정보를 제공할 수
있어 사회지표가 틀리기 쉽다는 점, 둘째, 어떤 현상을 측정하고 변수에 대한 선
택함에 있어 주관적 결정에 의해서 이루어지는 것을 피할 수 없다는 점, 셋째, 변
수에 대한 선택과 결정이 그리고 어떤 변수에 더 많은 가중치를 주는가에 대한
결정이 임의적으로 이루어질 수 있다는 점, 마지막으로 사회지표는 번영이나 복
지 등에 대한 사람들의 경험을 반영할 수 없다는 점이다. 이러한 단점들을 보다
구체적으로 살펴보면 다음과 같다.

- 첫째, 사회지표가 국민들에게 왜곡된 또는 잘못된 정보를 제공할 수 있어 사회지표가 틀리기 쉽다는 것은 여러 사회지표가 갖는 대표적인 단점이다. 예를 들어, 실업률이라는 지표는 통상적으로 직장을 찾기 위해 구직활동을 하는 실업자들만을 대상으로 하므로 국민들이 피부로 느끼는 실질적인 실업률보다 낮게 사회현상을 표현한다는 한계를 가지고 있다.

- 둘째, 사회지표가 어떤 현상을 측정하고 변수를 선택함에 있어 주관적 결정에 의해서 이루어지는 것을 피할 수 없다는 한계점은 사회지표가 아무리 객관적이라고 해도 변수를 결정하는 데 있어 결정가들의 주관적인 결정을 따를 수 있다는 점을 나타낸다. 예를 들어, 삶의 질을 측정하는 사회지표를 설정함에 있어 삶의 지표를 구성하는 변수들을 무엇으로 결정할 것인지에 대한 판단은 학자나 실천가 또는 연구자들마다 다르게 구분될 수 있지만, 삶의 질이라는 측정변수가 모든 사람이 강조하는 변수들을 포괄하지 못하고 특정한 사람들에 의해서 주관적으로 결정될 수 있음을 나타낸다. 삶의 질을 나타내는 사회지표에 문맹률이나 범죄율이 포함될 수도 있고 포함되지 않을 수도 있는데, 어떤 지표가 삶의 질 지표에 포함될 것인가에 대한 결정은 객관적으로 이루어진다기보다 정책결정가들에 의해 주관적으로 이루어지는 경우가 많기 때문이다.

- 셋째, 변수에 대한 선택과 결정이 그리고 어떤 변수에 더 많은 가중치를 주는가에 대한 결정이 조사자에 따라 임의적으로 이루어질 수 있다는 한계는 조사자가 변수를 임의적으로 결정하고 특정 변수에 대해 주관적으로 중요하다고 생각하여 임의적으로 가중치를 부여하는 경우 나타날 수 있는 한계를 의미한다. 예를 들어 삶의 질을 나타내는 사회지표에 대한 변수 선정과 측정척도에 대한 가중치를 어디에 얼마나 주어야 하는가는 삶의 질 지표가 완전히 다른 모습으로 나타날 수 있음을 의미하는 것이다. 만약 연구자들이나 실천가들이 어떤 변수에 얼마나 가중치를 주어야 하는가에 대해 합의하지 않는다면 하나의 측정척도가 아닌 다양한 지표로 구성된 삶의 질 척도는

문제가 발생할 수 있다. 어떤 변수들에 대해 가중치를 부여하는 것은 개인
적 생각에 따라 다를 수 있기 때문이다.

- 넷째, 사회지표가 번영이나 복지 등에 대해 사람들이 갖는 개인적 경험을 반
  영할 수 없다는 한계는 바로 사회지표가 개인의 주관적 인식이나 경험 그리고
  감정 등을 나타내지 않기 때문에 나타나는 문제점이다(Andrews & Withey,
  1976; Cambell et al., 1976; Diener & Suh, 1997). 개인의 갈망이나 만족 등과
  같이 방법론적 개인주의에 매몰되어 있는 경제학적 조류는 개인의 만족을
  측정하는 것을 중요하게 여기는 측면이 있으며 이러한 방법론적 토대가 바
  로 사회지표가 방법론적 개인주의에 기초하고 있지 않아 개인의 인식이나
  만족 등의 상태를 측정하지 못한다고 비판되고 있다. 사실 사회지표에 개인
  적 인식이나 감정, 태도나 경험을 포함한다는 것은 주관적 측면의 사회지표
  를 측정할 수 있다는 장점이 있지만, 현실적으로 사회지표가 객관적으로 모
  든 사람이 동의할 수 있는 사회수준이나 사회현상을 이해하고 설명하여야
  한다는 측면에서 보면 다소 작위적인 지적이라고 볼 수 있다. 개인의 생각
  은 매우 복잡하여 여러 사람의 생각을 객관적으로 측정하고 반영할 수 있는
  사회지표를 개발한다는 것은 매우 어려운 측면을 내포한다.

3. 주관적 사회지표의 한계

주관적으로 사회지표를 설정한다는 것은 사회지표에 개인적 감정이나 태도
등과 같은 개인의 주관적 인식을 포함하는 지표를 설정하는 것을 의미한다. 사
회지표가 통상 객관적이라고 일컬어지는 것은 사회지표를 설정하는 데 있어 개
인적인 인식이나 인지를 포함한다는 것이 현실적으로 어렵기 때문이다.

물론 삶의 질을 측정하는 데 있어 삶의 질에 대한 개인적 인식이나 인지를 측
정하는 것이 중요할 수 있다. 하지만 개인적인 인지나 생각을 나타내는 측정지
표를 삶의 질이라는 사회지표 안에 포함한다는 것은 삶의 질이라는 사회지표를

통해 나라별, 지역별, 집단별 그리고 개인별 측정을 함으로써 상대적 차이를 비교할 수 있는 객관적 기준을 상실한다는 것을 의미한다. 즉, 사회지표는 개인적 인식이나 감정, 느낌이나 개인적 갈망수준, 나아가 개인적 만족을 측정하는 개인적 수준의 주관적 범위를 넘어서서 개인별, 집단별 그리고 지역별, 나아가 국가별로 객관적인 기준을 적용하여 비교할 수 있도록 하여야 한다는 측면에서 주관적이라기보다 객관적이라고 할 수 있다.

　개인의 만족수준이나 개인의 인식이나 생각을 측정하는 것은 미시적 측면의 지표, 즉 인간 개개인에 대한 인식의 변화 등을 포함할 수 있는 인간행동과학, 심리학, 미시 또는 임상 사회복지실천 영역에서 활용하는 지표로는 가능할 수 있지만 사회성을 포함하는 지표로는 부적합하다. 자존감향상척도와 같은 개인의 상태나 변화를 비교하는 지표와 빈곤율이나 실업률 등과 같은 사회적 현상을 이해하고 설명하기 위한 사회지표는 그 성격이 다르다고 할 수 있다.

제6절 ┊ 사회지표의 예

1. NAPincl (객관적) 사회지표의 예

　유럽연합국가들이 결성한 NAPincl(National Action Plan on Social Inclusion)은 2001년 사회배제와 차별을 극복하기 위한 구체적인 정책을 개발하기 위하여 크게 재정, 교육, 고용, 건강, 주택, 사회참여의 6영역에서 사회지표를 설정함을 제시하였는데 각 영역에서 제시된 구체적인 사회지표들은 다음과 같다(Atkinson et al., 2002).

• **첫째, 재정:** 중위가구소득의 40%, 50%, 60% 그리고 70% 이하 가구의 비율,

빚을 가지고 있는 성인인구의 비율 등

- **둘째, 교육:** 아동1인당 교육비지출 등
- **셋째, 고용:** 빈곤선이하에 있는 고용인의 비율(일하는 빈곤층) 등
- **넷째, 건강:** 경제적 이유로 의료치료를 받지 못하는 사람들의 비율, 건강 이유로 하루 활동이 심각하게 제한받는 성인의 비율 등
- **다섯째, 주택:** 노숙인 비율, 요구한 사회주택(공공주택)의 혜택을 받지 못하는 사람들의 비율, 쾌적한 주거환경을 가지지 못한 사람 비율 등
- **여섯째, 사회참여:** 휴일에 놀지 못하는 사람 비율, 사회격리 경험, 인터넷 접근이 가능한 사람 비율, 재수감자 비율 등

2. OECD 사회지표

1) OECD 사회지표 개관

OECD는 『한눈으로 보는 사회(*Society at a Glance*)』라는 사회지표자료집을 출간하고 있다. 『한눈으로 보는 사회』의 2011년도 판에서 다양한 사회지표를 통한 OECD 국가들의 비교를 시도하고 있는데 OECD가 제시한 사회지표는 크게 자부심(self-sufficiency), 형평(equity), 건강상 지위(health status), 사회통합(social cohesion)이라는 네 개의 주제로 분류되어 있다. OECD가 『한눈으로 보는 사회』라는 사회지표자료집을 출간하는 가장 큰 목적은 OECD 국가들의 사회적 결과(social outcomes)와 사회적 대응(social responses)에 대한 정보를 제공하는 것에 있다.

먼저, OECD 사회지표자료집이 제시하는 사회적 대응은 다음과 같은 두 영역의 질문에 대한 대응을 나타내는 자료다.

- 첫째, 사회발전을 위해 어떤 진전(progress)이 있었는지를 OECD 국가들 간의 자료와 개별 국가들의 과거 자료를 비교한다.

- 둘째, 더욱 증진된 사회발전을 위한 사회행동이 얼마나 효과적이었는지를 나타낸다.

사회적 결과는 정부정책이 사회에 미치는 영향을 의미하는 것으로서 정부가 제공하는 사회복지정책을 포함하는 사회정책은 사회적 결과에 영향을 주어야 한다는 전제에 기초한다. 사회적 결과는 다음과 같은 지표를 포함한다.

- 첫째, 결과를 변화시키기 위해 제공된 자원을 국가 간 비교하고 사회적 결과와 자원을 비교한다.
- 둘째, 사회적 결과를 변화시키기 위해 들어간 자원의 변화를 비교한다.

2) OECD 사회지표의 틀

OECD의 사회지표는 크게 두 개의 영역으로 구분된다. 첫 번째 영역은 지표의 본질(nature)에 대한 영역이며 두 번째 영역은 사회정책이 영향을 미쳐야 하는 정책영역이다.

(1) 사회지표의 본질

사회지표의 본질은 크게 세 영역으로 다시 나뉜다. 첫 번째 본질은 사회적 배경이고, 두 번째 본질은 사회적 지위이며, 세 번째 본질은 사회적 대응이다. 사회적 배경은 사회정책을 이해하기 위한 변수이고 사회적 지위와 사회적 대응은 사회적 지표로 구분된다.

- 사회적 배경(social context)은 사회정책이 변화시키려는 대상이나 목표가 아니고 사회정책을 이해하기 위한 변수들(variables)을 의미한다. 예를 들어, 노동인구 중에서 노인인구의 비율은 정책의 대상(target)이 아니고 사회정책

수립을 위해 필요한 변수라고 할 수 있다. 즉, 일하는 노인들의 건강이나 세금, 연금 등과 같은 관련된 정보에 대한 배경이나 상황을 제공해 주는 역할을 한다.

- 사회적 지위(social status)는 사회정책이 가져다주는 또는 영향을 미치는 사회적 결과(social outcomes)를 나타내는 지표들을 의미한다. 즉, 국민들은 사회정책에 따라 사회적 지위가 달라진다고 할 수 있다. 사회적 지위를 나타내는 지표들은 국민들의 일반적인 상황(예를 들어 건강상황, 빈곤상황, 주거상황 등과 같은)을 나타내는 지표들이 포함된다.

- 사회적 대응(social reponses)은 지표로서 사회가 국민들의 사회적 지위를 나타내는 지표에 영향을 주는 것이 무엇인가에 대한 정보를 제공해 준다. 사회적 대응에는 정부를 비롯하여 비영리조직 활동이나 시민조직 활동이 모두 포함된다.

사회적 배경은 하나의 변수이지만 나라에 따라 변수가 아니고 사회정책의 목표로서 사회적 지위를 나타내는 지표가 되기도 한다. 예를 들어, 출산율은 사회적 정황이지만 특정 국가에게는 사회정책의 목표가 되기도 하고, 이혼율 역시 사회적 정황을 알려 주는 정보의 역할을 하지만 특정 국가에 있어 이혼율이 너무 높게 되면 이혼율을 낮추기 위한 각종 사회정책의 목표가 되어 사회적 결과를 나타내는 사회적 지위지표가 되기도 한다. OECD는 사회지표의 본질을 나타내는 사회적 배경의 위와 같은 한계로 사회지표의 본질을 사회적 대응과 사회적 지위로 한정하여 제시하고 있다(OECD, 2011).

(2) 사회지표의 정책영역

사회지표의 정책영역은 사회정책의 목표이자 사회정책이 실현되는 영역을 나타낸다. 사회지표의 본질인 사회적 지위와 사회적 대응은 크게 네 영역의 사회정책의 목표로 구분되는데 첫 번째는 자활(또는 자급자족, self-sufficiency)이고 두 번째는 형평(equity), 세 번째는 건강상태(health status)이며 마지막은 사회통합(social cohesion)이다(OECD, 2011).

- **자활**: 자활은 중요한 사회정책의 목표 중 하나다. 자활은 사람들의 활동적인 사회적·경제적 참여를 보장함으로써 그리고 삶 속에서의 자율적인 행동을 통해서 증진될 수 있다.
- **형평**: 형평 역시 가장 보편적인 사회정책의 목표다. 형평한 결과는 사람들의 자원에 대한 접근의 측면에서 측정될 수 있다.
- **건강상태**: 건강상태는 의료보장체계의 가장 근본적인 목표다. 건강상태를 개선하기 위해서는 사회정책의 중심 목표로서 건강을 강조하여야 한다.
- **사회통합**: 사회통합은 복지국가가 달성하려고 하는 주요 성취목적이자 복지국가 유지 및 발전을 위한 사회정책의 가장 포괄적인 목표라고 할 수 있다. 물론 사회통합에 대해 기본적으로 합의된 개념은 존재하지 않지만 사회통합은 타인을 신뢰하고 사람들이 지역사회로 참여할 수 있도록 한다.

(3) 영역별 세부지표

① 자활

자활영역에서 사회적 지위를 나타내는 직접적 사회지표는 고용, 실업, 학생성과이고 사회적 대응을 나타내는 직접적 사회지표는 연금을 받을 수 있는 기간, 교육비지출이다. 그리고 간접적으로 자활영역에서 사회적 지위를 나타내는 사회지표는 소득불평등, 빈곤, 소득어려움이며 간접적 사회적 대응지표로는 공공부조혜택으로부터의 탈피와 사회적 지출이 포함된다.

✎ 〈표 7-2〉 자활영역 세부 사회지표

사회적 지위	세부 지표	사회적 대응	세부 지표
고용	고용률(15세에서 64세 이하의 고용된 노동인구비율)	연금을 받을 수 있는 기간	연금을 받으면서 살 수 있다고 기대하는 연수
실업	실업률(노동인구 중에서 일자리를 찾는 사람과 일자리가 없는 사람 비율)	교육비 지출	국가 총지출에서 일 년간 지출하는 1인당 교육비 지출 액수
학생성과	국제 학생협회의 OECD프로그램 결과(OECD Program for International Student Association: PISA) 읽기점수 및 수학과 과학 점수)		
간접적 사회적 지위	**세부지표**	**간접적 사회적 대응**	**세부지표**
빈곤	중위가구소득 50% 이하인 가구비율	공공부조혜택으로부터의 탈피	지표는 평균소득에서 차지하는 총소득의 수준을 보여 줌. 혜택은 생계수당, 주거수당, 가족수당을 포함. 임금은 소득세와 각종 사회보장혜택 그리고 근로소득세제와 같은 세금복지혜택이 포함. 평균임금이 중위가구 소득의 60%에 도달하는 가구의 퍼센트
소득어려움	현재의 소득으로 생계를 꾸려가기 힘든 또는 매우 힘든 사람의 퍼센트(140개국 이상에서 시행되는 갤럽여론조사 자료에 기초함. 구체적인 질문은 다음과 같음: 다음 문장 중 당신 가정의 소득에 관한 감정을 가장 가깝게 표현한 것은?	사회적 지출	GDP에서 정부가 지출하는 사회복지지출의 비율

1. 현재의 소득으로 살기 편안하다. 2. 현재의 소득으로 그럭저럭 생활한다. 3. 현재의 소득으로 살기 어렵다. 4. 현재의 소득으로 매우 살기 어렵다.)	

② 형평

형평은 다양한 측면을 내포하는 개념이다. 형평은 결과의 형평뿐만 아니라 사회복지서비스나 경제적 기회에 대한 접근능력을 포함한다.

형평 영역에서 사회적 지위를 나타내는 직접적 사회지표는 소득불평등, 빈곤, 소득어려움이고 사회적 대응을 나타내는 직접적 사회지표는 공공부조혜택으로부터의 탈피와 사회적 지출이다. 그리고, 간접적으로 형평영역에서 사회적 지위를 나타내는 사회지표는 고용, 실업, 학생성과이며 간접적 사회적 대응 지표로는 의료비지출이 포함된다.

✎ 〈표 7-3〉 형평영역 세부 사회지표

사회적 지위	세부지표	사회적 대응	세부지표
소득불평등	지니계수(지니 값이 0이면 완전 평등한 사회이고 1이면 완전불평등한 사회)	공공부조혜택으로부터의 탈피	지표는 평균소득에서 차지하는 총소득의 수준을 보여 줌. 혜택은 생계수당, 주거수당, 가족수당을 포함. 임금은 소득세와 각종 사회보장혜택 그리고 근로소득세제와 같은 세금복지혜택이 포함. 평균임금이 중위가구 소득의 60%에 도달하는 가구의 퍼센트
빈곤	중위가구소득 50% 이하인 가구비율	사회적 지출	GDP에서 정부가 지출하는 사회복지지출의 비율

| 소득어려움 | 현재의 소득으로 생계를 꾸려가기 힘든 또는 매우 힘든 사람의 퍼센트. 140개국 이상에서 시행되는 갤럽여론조사 자료에 기초함. 구체적인 질문은 다음과 같음: 다음 문장 중 당신 가정의 소득에 관한 감정을 가장 가깝게 표현한 것은? 1. 현재의 소득으로 살기 편안하다. 2. 현재의 소득으로 그럭저럭 생활한다. 3. 현재의 소득으로 살기 어렵다. 4. 현재의 소득으로 매우 살기 어렵다 | | |

간접적 사회적 지위	세부지표	간접적 사회적 대응	세부지표
고용	고용률(15세에서 64세 이하의 고용된 노동인구비율)	의료비지출	
실업	실업률(노동인구 중에서 일자리를 찾는 사람과 일자리가 없는 사람 비율)		
학생성과	국제 학생협회의 OECD프로그램 결과(OECD Program for International Student Association: PISA) 읽기점수 및 수학과 과학 점수)		

③ 건강상태

건강영역에서 사회적 지위를 나타내는 직접적 사회지표는 기대수명, 영유아 사망률, 주관적 그리고 객관적 경험, 수도와 공기의 질이고 사회적 대응을 나타내는 직접적 사회지표는 의료비지출이다. 그리고 간접적으로 건강영역에서 사회적 대응을 나타내는 사회지표는 사회지출이 있다. 육체적 건강을 넘어서는 국민들이 심리적으로 느끼는 긍정적 그리고 부정적 경험이 건강을 나타내는 직접적 사회지표인 것은 국민들의 심리적 건강이 그들의 안녕을 나타내는 데 중요한 역할을 하기 때문이다(OECD, 2011). 또한 건강은 실업, 빈곤, 부적절한 주거상태 등과 같은 사회적 조건들과 연관이 있어 사회복지지출은 간접적 사회적 대응을 나타내는 사회지표로 설정되었다.

〈표 7-4〉 건강상태영역 사회지표

사회적 지위	세부지표	사회적 대응	세부지표
기대수명	기대수명은 출생부터 사람들이 얼마를 살 수 있는지를 기대하는 평균 생존년수	의료비지출	− GDP에서 의료서비스에 들어간 지출의 비율 − 인구 1인당 들어간 의료비지출액($)
영유아사망률	영유아사망률은 태어난 지 1년이 안 되는 유아 1,000명 중 사망하는 영유아의 수		
긍정적 그리고 부정적 경험	140개국 이상에서 시행되는 갤럽여론조사 자료에 기초함. 긍정적 경험의 구체적인 질문은 다음과 같음: 설문지에 답하는 전날 하루 동안 잘 대접받았다, 많이 웃고 즐거웠다, 흥미 있는 일을 하고 많이 배웠다, 즐거움을 경험하였다; 부정적 경험에 대한 구체적인 질문은 다음과 같음: 육체적 고통이 있는가, 걱정하는가, 슬픈가, 스트레스와 우울을 경험하였는가?		

물과 공기의 질	140개국 이상에서 시행되는 갤럽여론조사 자료에 기초함. 구체적인 질문은 다음과 같음: 당신이 거주하는 곳의 공기와 수돗물에 만족하십니까? 또는 만족하지 못하십니까?		
		간접적 사회적 대응	세부지표
		사회적 지출	GDP에서 정부가 지출하는 사회복지지출의 비율

④ 사회통합

사회통합 영역에서 사회적 지위를 나타내는 직접적 사회지표는 첫째, (타인에 대한) 신뢰, 둘째, 사회기관에 대한 확신, 셋째, 친사회적 행동과 반사회적 행동, 넷째, 투표, 다섯째, 관용이다. 그리고 간접적으로 사회통합영역에서 사회적 지위를 나타내는 사회지표는 불평등과 빈곤이다.

✒ 〈표 7-5〉 사회통합영역 사회지표

사회적 지위	세부지표	간접적 사회적 지위	세부지표
신뢰	신뢰를 나타내는 질문은 "당신은 대부분의 사람들을 믿는다고 말할 수 있으며 또한 다른 사람을 대할 때 매우 조심하십니까?"로서 두 개의 다른 자료(유럽인 사회설문조사와 국제사회설문프로그램)에 의해서 수집	빈곤	중위가구소득 50% 이하인 가구비율

사회기관에 대한 확신	사회기관에 대한 확신을 나타 내는 자료는 140개국 이상에 서 시행되는 갤럽여론조사 자 료에 기초함. 측정항목은 갤 럽이 만든 혼합부패지수임. 혼합부패지수는 법원, 군대, 정부를 포함하여 공공기관과 민간기관에 부패가 만연되어 있는가에 대한 양문형 질문으 로 구성되어 있음	불평등	지니계수(지니 값이 0이면 완 전 평등한 사회이고 1이면 완 전불평등한 사회)

친사회적
행동과
반사회적 행동
	친사회적-반사회적 행동을 나
	타내는 자료는 140개국 이상
	에서 시행되는 갤럽여론조사
	자료에 기초함.
	– 친사회적 행동은 총 3개의
	  질문으로 지난달 자원봉사
	  를 하였는지, 특정 단체나
	  기관에 기부하였는지 그리
	  고 타인을 도왔는지에 대한
	  질문으로 구성
	– 반사회적 행동은 지난해에
	  도둑을 맞은 적이 있는지,
	  폭행이나 폭력을 당한 적이
	  있는지 등에 대한 질문으로
	  구성됨		

투표	선거에 실제 투표한 투표율		
관용	관용을 나타내는 관용지수는 140개국 이상에서 시행되는 갤럽여론조사 자료에 기초함. 관용지수는 "자신이 거주하는 지역이 인종적 소수자들이나 이민자, 게이와 레즈비언이 살 기 좋은 장소인가?"에 대한 질 문으로 구성		

제7절 | 소결

사회지표는 사회의 현실을 알려 주는 바로미터의 역할을 한다. 사회가 변화하고 발전하는지에 대한 정확한 증거 또는 기반을 나타내는 지표임과 동시에 사회가 퇴보 또는 퇴행하는지를 나타내 주는 증거기반 지표이기도 하다. 우리는 사회지표의 변화를 통해서 우리가 어디에서 왔고 어디로 가고 있는지를 예측할 수 있으며 나아가 보다 나은 사회를 위한 모든 행동이나 역할의 정당성을 부여받을 수도 있다. 삶의 질 또는 사회의 질을 향상시키는 노력은 당연한 국가적 책무이지만 이를 온 국민이 알 수 있도록 다양한 정보를 제공하는 것 역시 삶의 질과 사회의 질에 대해 국가와 국민들이 같은 비전을 가지고 있는지를 확인할 수 있는 유일한 방안이라고 할 수 있다. 결국 사회지표는 한국의 복지국가로서의 좌표를 제시해 주는, 즉 우리가 어디로 가야 하는지를 나타내 주는 방향을 제시해 주는 역할을 수행한다고 할 수 있다.

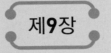
제9장

우리나라의
사회복지관련 사회지표

제1절 우리나라 사회지표의 출처(source) 및 사회지표

제1절 ┊ 우리나라 사회지표의 출처(source) 및 사회지표

이 장에서는 우리나라의 사회복지관련 현황 또는 수준 등을 파악하고 이해할
수 있도록 해 주는 공공조직을 포함한 여러 기관에서 제공되는 각종 사회복지관
련 사회지표들을 수집할 수 있는 사회지표의 출처를 제시하였다. 사회지표 출처
에는 국가통계포털, 각종 실태조사 자료, 패널조사 자료, 백서, 통계연보, 기타
연구소 및 재단 등이 실시한 자료들이 포함되며 제시되는 사회지표출처에서 확
인할 수 있는 다양한 사회복지관련 사회지표들 역시 소개하도록 한다.

1. 통계청 국가통계포털

국가통계포털(Korean Statistical Information Service: KOSIS)은 국내, 국제, 북한
의 주요 통계를 한곳에 모아 이용자가 원하는 통계를 한 번에 찾을 수 있도록 통
계청이 제공하는 원스톱(One-Stop) 통계 서비스를 말한다. 현재 180여 개 기관이
작성하는 경제·사회·환경에 관한 660여 종의 국가승인통계를 수록하고 있으며,
국제금융·경제에 관한 IMF, Worldbank, OECD 등의 최신 통계도 제공하고 있
다. 쉽고 편리한 검색기능으로 일반인들도 쉽게 이해할 수 있는 다양한 콘텐츠
및 통계설명자료 서비스를 통해 이용자가 원하는 통계자료를 쉽고 빠르고 정확

하게 찾아볼 수 있다. 국가통계포털이 제공하는 주요 서비스는 국내통계, 지역통계, 국제통계, 북한통계, 맞춤통계, 시각화콘텐츠, 공유 서비스(OpenAPI) 등이다.

1) 통계청 가계조사

① 가계조사란 국민의 생활상태를 조사하기 위하여, 각 가구의 수입과 지출의 명세나 균형을 측정하는 것을 말한다.
② **조사목적**: 소비자물가지수 편제에 필요한 가중치 모집단 자료 등 각종 경제, 사회 정책에 필요한 자료를 제공하고, 공공사업 시행으로 인한 세입자의 주거대책비 산정 및 국민주택공급대상의 기준을 설정하는 자료로 활용하기 위함이다.
③ **조사내용**: 가계소득지출, 가계자산조사, 가계금융복지조사
④ **조사주기**: 분기
⑤ **자료출처**: 통계청 사회통계국 복지통계과(☎ 042-481-2278) (http://kosis.kr/)

2) 통계청 인구동향조사

① 인구동향조사란 한 나라의 인구상황을 총체적으로 파악하기 위하여 정부가 일정한 시기에 전국적으로 인구의 실태를 조사하는 인구조사의 한 영역으로 국민의 출생, 사망, 혼인, 이혼에 대한 동태를 조사하는 것을 말한다.
② **조사목적**: 대한민국의 인구규모 및 인구구조를 변동시키는 기본적 요인인 출생·사망·혼인·이혼에 대한 현황을 파악하여, 국가의 인구·주택·보건·사회복지·교육·교통 등에 관한 정책수립 및 민간기업의 경영계획 수립에 필요한 기초자료를 제공하기 위함이다.
③ **조사내용**: 인구동태건수 및 동태율, 출생, 사망, 혼인, 이혼, 다문화
④ **조사주기**: 매월

⑤ **자료출처**: 통계청 사회통계국 인구동향과(☎ 042-481-2258) (http://kosis.kr/)

3) 통계청 사망원인조사

① 사망원인조사란 국민의 사망원인에 대해 조사하는 것을 말한다.
② **조사목적**: 대한민국 국민의 정확한 사망원인 구조를 파악하여 국민복지 및 보건의료 정책수립을 위한 기초자료를 제공하기 위함이다.
③ **조사내용**: 사망원인
④ **조사주기**: 매년
⑤ **자료출처**: 통계청 사회통계국 인구동향과(☎ 042-481-2251) (http://kosis.kr/)

4) 경제활동인구조사

① 경제활동인구조사란 만 15세 이상 인구 중 취업자와 실업자를 조사하는 것을 말한다.
② **조사목적**: 경제활동인구를 조사함으로써 국민의 경제활동, 즉 국민의 취업, 실업 등과 같은 경제적 특성을 조사하여 거시경제 분석과 인력자원의 개발정책 수립에 필요한 기초자료인 노동공급, 고용구조, 가용노동시간 및 인력자원 활용 정도를 제공하고 정부의 고용정책 입안 및 평가에 필요한 기초자료를 제공하기 위함이다.
③ **조사내용**: 경제활동인구총괄, 계절조정 경제활동인구, 취업자(63년~현재), 산업, 직업 구분류, 실업자, 실업률, 비경제활동인구, 근로형태별 부가조사, 청년층 부가조사, 고령층 부가조사, 비임금 근로 부가조사
④ **조사주기**: 월별, 분기별, 연간
⑤ **자료출처**: 통계청 국가통계포털 경제활동인구조사(☎ 042-481-2265) (http://kosis.kr/)

5) 통계청 사회조사

① 사회조사란 국민의 삶의 질과 관련된 사회적 관심사와 주관적 의식에 관한 사항을 조사하는 것을 말한다.

② **조사목적**: 사회적 관심사항, 삶의 질에 관한 사항 등 사회구성원의 주관적 관심사를 파악하여 삶의 수준과 사회적 변동을 파악하고, 사회개발정책의 기초 자료로 제공하기 위함이다.

③ **조사주기**: 각 부문별 4년 주기로 매년 부분적으로 이루어지며, 매년 3개 부문씩 시행

④ **조사내용**: 가족, 소득과 소비, 노동, 교육, 보건, 주거와 교통, 정보와 통신, 환경, 복지, 문화와 여가, 안전, 사회참여

⑤ **자료출처**: 통계청 사회통계기획과(☎ 042-481-2273) (http://kosis.kr/)

6) 통계청 임금구조기본조사

① 임금구조기본조사란 개별 근로자의 속성별 임금실태를 조사하는 것을 말한다.

② **조사목적**: 법원의 임금과 관련된 사건판결 참고자료, 최저임금심의 등 임금관련 정책 수립 및 각종 학술연구의 기초자료로 활용하고, 임금, 근로시간 및 조건, 기타 근로자 사항 등을 직종, 산업, 지역별로 조사 파악하여 제반경제 및 노동정책과 기업의 임금체계 개선을 위한 기초자료를 제공하기 위함이다.

③ **조사주기**: 1년

④ **조사내용**: 고용형태별 통계, 직종분류별 통계, 산업분류별 통계, 사업체 규모 및 학력별 통계

⑤ **자료출처**: 고용노동부 고용정책실 노동시장분석과(☎ 044-202-7259)

(http://kosis.kr/)

7) 통계청 기타조사 - 주택, 토지, 재정, 보건, 복지, 인구

통계청 기타조사는 국가통계포털에서 제공하고 있는 주택, 토지, 재정, 보건, 복지, 인구에 관련된 사항 중 위 1)~6)항에 포함되지 않은 보건, 사회, 복지 관련 지표를 총망라하여 조사하였다.

2. 실태조사

실태조사란 어떤 사물이나 현상의 실태를 조사하는 것을 말한다. 본 자료집에서는 보육 실태조사, 한부모가족 실태조사, 노인 실태조사 등 각종 폭력관련 실태조사를 통해 확인할 수 있는 자료 중 사회복지로 분류할 수 있는 자료들을 분류하였다.

1) 보육 실태조사

① 보육 실태조사는 「영유아보육법」에 근거한 어린이집 설치 및 운영, 요구 파악 등 보육 공급과 이용, 운영 전반에 걸친 조사를 말한다.
② **조사목적**: 보육정책 수립의 준거가 될 수 있는 객관성 있는 자료 생산과 어린이집 설치 및 운영, 요구파악 등 보육 공급과 이용, 운영 전반에 걸친 기초자료를 수집하여 정부가 부모, 아동 및 운영자의 입장을 고려한 효율적인 육아지원을 위한 자료로 활용하고자 함이다.
③ **조사내용**: 어린이집조사(어린이집의 설치·운영실태, 보육 영유아 현황, 보육교직원 운영실태, 보육프로그램 운영실태, 운영 평가 및 관리), 보육교사(중간 정도의 경력이 있는 보육교사를 선정하여 근무조건, 처우, 근무만족도, 보육정책에 관

한 의견, 누리과정 연수여부, 누리과정에 관한 전반적 의견)

④ 조사주기: 3년

⑤ 자료출처: 보건복지부 인구정책실 보육정책과(☎ 044-202-3546)

(http://www.mw.go.kr)

2) 한부모가족 실태조사

① 한부모가족 실태조사란 「한부모가족지원법」 제6조에 근거하여 한부모가족의 현황과 실태를 파악하기 위한 조사를 말한다.

② **조사목적**: 한부모가족에 대한 전국적 규모의 기초자료 작성 및 정책지원 개선방안 마련을 위함이다.

③ **조사내용**: 아이돌봄, 전배우자와의 관계, 양육비 소득 및 지출, 경제활동, 건강, 주거실태, 생활세계 및 사회적 지지망, 정책욕구

④ **조사주기**: 3년

⑤ **자료출처**: 여성가족부 가족지원과(☎ 02-2075-8711)

(http://www.mogef.go.kr)

3) 노인 실태조사

① 노인 실태조사란 노인의 생활 현황과 욕구를 파악하고 노인 특성의 변화 추이를 예측하기 위한 조사를 말한다.

② **조사목적**: 현재의 노인정책 및 향후 다가올 고령사회에 대응하기 위한 정책개발에 필요한 기초자료를 제공하기 위함이다.

③ **조사내용**: 일반특성 및 거주실태, 가족 및 사회적 관계, 부양교환실태, 노후생활에 대한 인식 및 태도 경제상태, 보건의료실태, 기능상태 및 수발실태, 경제활동실태 및 욕구, 생활환경, 복지서비스 관련 인식 및 욕구

④ 조사주기: 3년

⑤ 자료출처: 한국보건사회연구원 복지서비스연구실(☎ 02-380-8212)
   (http://www.kihasa.re.kr/)

4) 노후준비 실태조사

① 노후준비 실태조사는 급격히 진행되고 있는 고령화 사회에 대응하기 위해 중
   장년층의 노후 준비 정도를 측정할 수 있는 지표를 개발하기 위해 2012년
   부터 실시되고 있는 조사를 말한다.

② 조사목적: 노후준비 실태조사는 성인 남녀의 전반적인 노후준비 수준을 파
   악하여 노후준비 정도를 측정할 수 있는 지표 및 노후준비 자가점검 프로
   그램 개발을 위한 기초자료 확보를 위함이다.

③ 조사내용: 응답자 기본정보, 대인관계, 건강, 재무, 여가, 노후준비에 대한
   인식

④ 조사주기: 3년

⑤ 자료출처: 보건복지부 인구아동정책관 인구정책과(☎ 044-202-3367)
   (http://www.mw.go.kr)

5) 전국 출산력 및 가족보건복지 실태조사

① 전국 출산력 및 가족보건복지 실태조사는 갈수록 심화되는 저출산에 적절
   하게 대응하기 위한 기초자료로서 결혼, 출산, 자녀양육, 부모지원, 가족보
   건 등과 같이 직간접적으로 관련 있는 다양한 변인의 변화를 지속적으로
   조사하는 것을 말한다.

② 조사목적: 출산율과 가족생활의 안정과 방안을 도출함으로써 고령사회로
   의 급속한 이행을 지연시키고, 가족생활의 삶의 질을 개선하기 위한 정책

방안을 모색하기 위함이다.

③ 조사내용: 가구조사(가구원, 출생, 가구), 부인조사(임신 및 출산, 피임, 모자보건, 가족복지, 가족 가치관), 미혼자조사(학력, 직업, 결혼관 등)

④ 조사주기: 3년

⑤ 자료출처: 한국보건사회연구원 복지서비스연구실(☎ 02-380-8212)
   (http://www.kihasa.re.kr/)

6) 정신질환 실태조사

① 정신질환실태조사는 「정신보건법」 제4조의 2에 근거하여 질병의 유병률과 사회학적 분포 등 정신질환의 실태를 파악하기 위하여 실시하는 조사를 말한다.

② 조사목적: 주요 정신질환의 유병률을 산출하고 관련 위험요인을 분석하고, 정신질환 유병률의 시간적 추이를 조사하며, 정신질환 이환자의 정신의료서비스 이용도를 조사하기 위함이다.

③ 조사내용: 정신질환의 유병률 및 관련요인(알코올사용장애, 기분장애, 불안장애, 신체형장애, 섭식장애, 정신병적 장애 등), 정신의료서비스 이용실태 등(이때 신체형장애는 심리적 요인과 갈등이 신체적 형태로 나타나는 질환으로 피로, 식욕감퇴, 위장, 비뇨기계의 심각한 이상을 호소하나 의학적 상태로는 충분히 설명할 수 없는 경우를 말한다)

④ 조사주기: 5년

⑤ 자료출처: 보건복지부 건강정책국 정신건강정책과(☎ 044-202-2868)
   (http://www.mw.go.kr)

7) 가정폭력 실태조사

① 가정폭력 실태조사는 「가정폭력방지 및 피해자보호등에 관한 법률」(제4조의 2)에 근거하여 가정폭력 실태를 파악하기 위한 조사를 말한다.

② **조사목적**: 가정폭력의 발생양상, 의식 등의 변화를 면밀히 파악하고, 2010년 이후 추진되었던 가정폭력관련 각종 제도, 정책에 대한 일반 국민 및 가정폭력 피해자의 인지도, 체감도 등에 대해 살펴봄으로써 가정폭력관련 주요 정책(국정과제, 제4차 여성정책기본계획)을 추진하는 데 있어 실증적 근거와 대안 제시를 위함이다.

③ **조사내용**: 전국 가정폭력 실태조사(우리 사회 전반의 가정폭력 발생현황, 가정폭력에 대한 의식, 정책에 대한 인지도, 체감도 등), 취약계층 및 소수자에 대한 가정폭력 실태조사(각 집단별 가정폭력 피해실태를 파악, 가정폭력 피해자 보호지원제도 및 가정폭력 방지정책에 대한 인지도, 이용경험 등을 파악)

④ **조사주기**: 3년

⑤ **자료출처**: 여성가족부 권익증진 복지지원과(☎ 02-2075-8792) (http://www.mogef.go.kr)

8) 성폭력 실태조사

① 성폭력실태조사는 「성폭력 방지 및 피해자보호 등에 관한 법률」 제4조에 따라 3년마다 실시하는 국가통계로 성폭력 피해 경험 및 대응, 성폭력에 대한 인식, 정책에 대한 인지도 등에 대한 전국적인 조사를 말한다.

② **조사목적**: 전국 성폭력 실태조사를 통하여 한국 성폭력 문제의 심각성을 파악하고 성폭력 예방 및 대응책 개발을 위함이다.

③ **조사내용**: 개인일반사항, 성폭력피해 관련사항, 성폭력가해 관련사항 등

④ **조사주기**: 3년

⑤ 자료출처: 여성가족부 권익증진국 여성가족부가족정책과(☎ 02-2075-8772)
(http://www.mogef.go.kr)

9) 인터넷중독 실태조사

① 인터넷중독 실태조사란 인터넷 중독에 대한 실태를 파악하기 위해 실시하는 조사를 말한다.
② 조사목적: 인터넷 중독 실태를 파악하고, 인터넷 중독자의 인구학적·사회학적·정보환경적 특성을 파악하며, 인터넷 중독을 유발하는 외적 환경요인을 탐색하여 이에 대한 정책적 해결방안 수립을 위한 기초자료를 확보하기 위함이다. 또한 인터넷 중독에 영향을 미치는 주요 정보화 서비스, 개인생활, 학교 및 직장 등 사회활동과 영향관계를 파악하여 인터넷 중독해소를 위한 효과적인 정책방안을 모색하기 위함이다.
③ 조사내용: 이용시간, 기기이용빈도, 이용에 따른 영향, 금단현상 등
④ 조사주기: 1년
⑤ 자료출처: 미래창조과학부 정보문화과(☎ 02-2110-2974)
(http://www.msip.go.kr)

10) 유망사회서비스 수요공급 실태조사

① 유망사회서비스 수요공급 실태조사란 8개 사회서비스에 대해 서비스의 중단기 수요를 예측하고 이용실태를 조사하는 것을 말한다.
② 조사목적: 주요 정책대상별 사회서비스 수요의 질적·양적 측면을 객관적·과학적으로 파악하여 향후 지속적인 수요 증가에 따른 사회서비스 확충 및 실적 제고를 도모하기 위한 정책추진의 근거를 마련하고자 함이다.
③ 조사내용: 전자바우처제도 운영현황, 유망사회서비스(노인돌봄종합서비스,

노인 맞춤형운동처방서비스, 아동발달지원서비스, 취약계층 아동정서발달지원서
비스, 문제행동아동조기개입서비스, 장애아동재활치료서비스, 신모신생아도우미
서비스 가사간병방문서비스) 수요실태 및 수요예측, 유망사회서비스 유형별
수요 추정, 유망사회서비스 부가가치 창출구조 분석

④ **조사주기**: 2년

⑤ **자료출처**: 한국보건사회연구원 사회서비스정책과(☎ 02-380-8151)
(https://www.kihasa.re.kr)

3. 패널조사

패널조사란 동일한 대상자에 대하여 동일한 질문을 반복하여 그간에 의견이
어떻게 변하였는지를 연구함으로써 여론의 형성과 변동을 정확하게 파악하려는
조사방법이다. 우리나라에서 복지 및 보건 영역에서 패널조사를 시작한 것이 수
년이 되지 않지만 패널조사는 자료의 횡단적 분석뿐만 아니라 종단적 분석을 가
능하게 해 준다는 장점이 있어 사회통합관련 조사에 있어 매우 중요한 지표출처
원이다. 본 자료집에서는 패널조사의 자료들 중 사회복지관련 자료들을 집중적
으로 분류하여 제시하였다.

1) 한국복지 패널조사

① 한국복지 패널조사란 외환위기 이후 빈곤층, 근로빈곤층, 차상위층의 규모
와 실태변화를 동태적으로 파악하고 소득계층별, 경제활동상태별, 연령별
등 각 인구집단의 생활실태와 복지욕구 등을 역동적으로 파악하기 위해 실
시하는 조사를 말한다.

② **조사목적**: 전 국민의 삶의 질 현황과 변화를 지역별·연령별·계층별로 파
악하여 종단적 자료를 통한 계층별 소득변화 등을 장기간에 걸쳐 역동적으

로 분석할 수 있는 토대를 마련하기 위함이다.

③ 조사주기: 1년

④ 조사내용: 가구 및 가구원 특성, 가구경제, 가족, 건강 및 의료, 경제활동, 공공부조, 복지인식 부가조사, 사회보장, 사회보험·개인연금·퇴직금, 사회복지서비스, 생활실태, 만족 및 자원활동, 아동부가조사, 장애인 부가조사, 조사대상의 일반적 특성 및 경제활동, 종단분석, 주거 및 건강, 표본추출 및 가중치 조정.

⑤ 자료출처: 한국보건사회연구원 사회통계연구실 사회조사팀
(☎ 02-357-6258) (http://www.kihasa.re.kr/)

2) 여성가족 패널조사

① 여성가족패널조사란 가족, 일, 일상생활의 세 가지 주요 영역을 바탕으로 여성의 경제활동, 가족실태, 가족가치관, 건강 등에 관해 측정하는 조사를 말한다.

② 조사목적: 여성의 생애주기별 경제활동 지위 변화와 일자리 경험을 비롯하여, 가족과 관련한 가치의 변화, 가족관계의 변화, 가족형성 과정과 사건(event)의 변화, 가족구조의 변화 등을 종단면적으로 추적할 수 있는 자료를 구축하기 위함이다.

③ 조사내용: 가계소득지출, 가계자산조사, 가계금융복지조사

④ 조사주기: 격년[1차년도(2007년)와 2차년도(2008년) 조사는 1년 주기]

⑤ 자료출처: 한국여성정책연구원(☎ 02-313-7593) (http://www.kwdi.re.kr/)

3) 고령화연구 패널조사

① 고령화연구 패널조사란 특정년도의 제주도를 제외한 우리나라 전 지역에

거주하는 45세 이상 중고령자 등에 대해 매년 추적하여 조사하는 우리나라 최대 규모의 종단면조사(Longitudinal Survey)를 말한다.

② **조사목적**: 우리 사회에 압축적인 고령화가 진행됨에 따라 고령사회를 대비한 정책 및 제도 연구가 필요하고, 이러한 연구를 위해서 고령자의 실태와 행위양식에 관한 기초자료의 축적이 선행되어야 한다는 문제의식에서 출발하였다. 따라서 고령화연구 패널조사의 기본 목적은 우리나라 중고령 인구의 경제활동에 대한 정확한 실태조사를 통해 향후 고령사회로 변화해 가는 과정에서 개인의 행동을 예측하고 이를 토대로 효과적인 사회경제정책을 수립하고 시행하는 데 활용될 기초자료를 생산하기 위함이다.

③ **조사내용**: 가족, 건강, 고용, 소득, 소비, 자산, 주관적 기대감과 삶의 질 등

④ **조사주기**: 2년

⑤ **자료출처**: 한국고용정보원 연구개발본부 고용조사분석센터
(☎ 02-2629-7323) (http://www.keis.or.kr/www/project/survey/graying.jsp; jsessionid=0B207A4419FDD994E5AD5B4145343F6F)

4) 재정패널조사

① 재정패널조사는 소득, 지출, 조세, 복지수혜 등을 조사하는 것을 말한다.

② **조사목적**: 조세정책과 복지정책이 개별 경제주체인 가계에 미치는 영향을 분석하고, 조세에 대한 부담과 복지수혜자의 연계성을 분석하여 국민들의 조세부담과 복지수혜의 연계성분석이 가능하도록 하기 위함이다.

③ **조사내용**: 연간소득이나 소득세 납부액, 소득신고 현황 등

④ **조사주기**: 1년

⑤ **자료출처**: 한국조세재정연구원(☎ 02-2186-2114) (http://panel.kipf.re.kr/)

5) 한국의료패널조사

① 한국의료패널조사는 국민들의 의료이용과 가계의료비 지출양상, 의료전
   달시스템 및 보험체계의 동태적 변화를 파악하는 조사를 말한다.

② 조사목적: 의료이용 및 의료비 패널데이터 구축을 통해 의료이용 및 의료
   비에 대한 실증자료를 바탕으로 한 보건의료정책(evidence-based health
   policy)을 수립·시행하고, 비급여 등 본인부담관련, 의약품 지출, 민간보
   험관련 통계를 생산하기 위함이다.

③ 조사내용: 질환, 의료이용, 의약품복용, 의료비지출 및 지출원, 건강관련 인
   식 및 행태 등

④ 조사주기: 1년

⑤ 자료출처: 한국보건사회연구원 사회통계연구실 사회조사팀
   (☎ 02-357-6253) (http://www.kihasa.re.kr/)

4. 백서

백서란 정부가 정치, 외교, 경제 따위의 각 분야에 대하여 현상을 분석하고 미
래를 전망하여 그 내용을 국민에게 알리기 위하여 만든 보고서를 말한다. 백서
는 경제 및 사회 정책의 이해를 돕고 사회의 수준을 이해하는 데 매우 결정적인
자료원이다. 본 자료집에서는 경제 및 사회 영역 전반의 백서자료 중 사회복지
관련 자료들을 분류하여 제시하였다.

1) 고용노동백서

① 고용노동백서란 고용노동부가 고용과 노동분야의 문제에 대하여 그 현상
   을 분석하고 장래의 정책을 수립하기 위해 발표하는 보고서를 말한다.

② **조사목적**: 국민 모두가 고용노동정책을 이해하는 데 유용한 자료이며 더 나은 고용노동정책의 미래를 설계하는 밑거름이 되기 위함이다.

③ **조사내용**: 고용노동정책 개관 및 평가, 더 많은 고용기회와 수요자 중심의 직업능력 개발기회 제공, 더 많은 고용기회와 수요자 중심의 직업능력 개발기회 제공, 근로조건의 보호 및 차별시정, 안전하고 쾌적한 일터조성, 사회안전망 내실화를 통한 근로자의 삶의 질 향상, 고용노동행정 역량 강화

④ **조사주기**: 매년

⑤ **자료출처**: 고용노동부(☎ 1350) (http://www.moel.go.kr/)

2) 보건복지백서

① 보건복지백서란 국민의 생명, 건강 및 안전을 최우선으로 하는 보건복지정책에 대한 이해의 폭을 넓히는 데 유용한 보고서를 말한다.

② **조사목적**: 빈곤·질병·노령 등 사회적 위험으로부터 국민을 보호하고, 일자리와 균등한 사회참여 기회를 제공하며, 평생복지를 위한 생애주기별 맞춤형 보건·복지·가족 정책으로 국민의 삶의 질을 향상시키기 위함이다.

③ **조사내용**: 보건복지정책개요, 사회복지서비스

④ **조사주기**: 매년

⑤ **자료출처**: 보건복지부(☎ 129) (http://mw.go.kr/front_new/index.jsp)

3) 경제백서

① 경제백서란 매년 1회 정부가 발표하는 연차 경제보고서를 말한다.

② **조사목적**: 무역, 광공업생산, 기업, 건설, 교통통신, 재정, 금융, 물가, 노동, 농업, 국민생활 등 각 분야에 걸쳐서 1년간의 동향을 종합적으로 분석하고, 앞으로의 경제동향과 경제정책 수립을 위한 기초자료 제공을 위함이다.

③ 조사내용: 거시경제개관, 글로벌위기대응과 경제체질개선, 서민생활안정, 예산방향성, 세법개정

④ 조사주기: 1년

⑤ 자료출처: 기획재정부 경제분석과(☎ 044-215-2737)
   (http://www.mosf.go.kr/)

5. 통계연보

통계연보란 한 해 동안 일어난 어떤 사실이나 사업에 대하여 해마다 한 번씩 하는 보고나 또는 간행물을 말한다. 통계연보는 백서와 마찬가지로 각종 경제 및 사회 정책을 기획하고 수립하는 데 있어 그리고 우리 사회의 현상을 이해하고 분석하는 데 있어 매우 중요한 자료다. 본 자료집에서는 현재 시행되고 발표되는 각종 통계연보 중 사회 및 경제 정책과 관련하여 사회복지와 연관이 있는 자료들을 중심으로 분류하여 그 출처를 제시하였다.

특히 모든 지자체는 지자체의 현황(인구통계자료를 포함하여 각종 지자체 사업관련 자료)을 지역주민뿐만 아니라 일반 국민들에게 이해를 구하고 홍보하기 위하여 매년 통계연보를 발간한다. 본 자료집에서는 지자체의 통계연보가 거의 모두 비슷한 내용의 목차로 구성되어 있어 가장 대표적인 서울특별시와 경상남도 그리고 대구시 및 달서구와 송파구 등의 지자체 통계연보 중 사회복지관련 자료들만을 분류하여 소개하였다.

1) 보건복지 통계연보

① 보건복지통계연보란 인구, 보건의료, 사회복지 등에 대한 국내외 시계열 '통계표'와 '그림으로 보는 통계' '지표해설집'을 수록하여, 국민들이 보다

쉽게 활용할 수 있도록 한 자료를 말한다.

② 조사목적: 우리나라의 보건복지 현황 및 정책에 대한 이해를 돕고 보건복지 정책수립의 기초자료와 학술연구 등 다양한 목적에 적극 활용되도록 하기 위함이다.

③ 조사내용: 인구, 국민건강, 사회복지서비스, 공공부조, 사회보험, 재정・경제, 국제통계

④ 조사주기: 매년

⑤ 자료출처: 보건복지부(☎ 129) (http://mw.go.kr/front_new/index.jsp)

2) 장애인 통계연보

① 장애인 통계연보란 장애인고용촉진공단에서 2007년부터 매년 발간되는 장애인 통계집으로 국내외 장애인관련 통계현황, 특히 인구, 고용, 교육, 복지 및 사회 등 다양한 영역에서 장애인 또는 장애인 가구의 사회적・경제적 위치를 살펴보기 위한 자료를 말한다.

② 조사목적: 우리나라 장애인 현황을 체계적으로 파악할 수 있는 다양한 통계자료를 검토・종합하여 장애인관련 정책 수립 및 연구의 기초자료 제공을 하기 위함이다.

③ 조사내용: 인구, 경제, 고용, 복지, 교육, 보건, 일상생활과 사회참여, 해외 장애인

④ 조사주기: 매년

⑤ 자료출처: 한국장애인고용공단 고용개발원 조사통계부(☎ 031-728-7108) (http://www.kead.or.kr/)

3) 서울시 통계연보

① 서울특별시 통계연보는 인구, 경제, 사회, 문화, 교육 등 20개 분야 335개 주요 통계를 통해 서울의 현재 사회생활상을 알 수 있는 각종통계를 수록한 자료를 말한다.

② 조사목적: 각 분야에 대한 각종 통계자료를 정리 · 수록하여 미래예측 및 대안모색에 필요한 기초자료를 제공하기 위함이다.

③ 조사내용: 토지 및 기후, 인구, 노동, 사업체, 농림수산업, 광업 · 제조업 및 에너지, 전기 · 가스 · 수도, 유통 · 금융 · 보험 및 기타서비스, 주택 · 건설, 교통 · 관광 및 정보통신, 보건 및 사회보장, 환경, 교육 및 문화, 재정, 소득 및 지출, 공공행정 및 사법, 전국통계, 국제 통계

④ 조사주기: 매년

⑤ 자료출처: 서울특별시청 행정국 정보공개정책과 통계정보팀

（☎ 02-2133-5590) (http://stat.seoul.go.kr/)

4) 서울 마포구 통계연보

① 마포구 통계연보는 서울 마포구의 각종 통계를 수록한 것을 말하며, 2012년 12월 31일을 기준으로 18개 부문 207개 항목의 통계자료를 총망라하고 있다.

② 조사목적: 마포구의 토지, 인구, 경제, 사회와 문화 등 각 다양한 내용을 구민들이 한눈에 볼 수 있도록 하기 위함이다.

③ 조사내용: 연혁, 토지 및 기후, 인구, 노동 및 사업체, 사회보장, 농림 및 제조업, 가스 및 수도, 유통 및 금융, 주택 및 건설, 교통, 관광 및 정보통신, 보건, 환경, 교육 및 문화, 재정, 공공행정 및 사법, 전국통계, 국제통계, 기타

④ 조사주기: 매년

⑤ 자료출처: 마포구청 기획예산과(☎ 02-3153-8544) (http://www.mapo.go.kr)

5) 대구시 통계연보

① 대구광역시 통계연보는 대구의 인구, 재정, 환경, 주택·건설, 보건 및 사회보장, 교육 및 문화 등 19개 분야에 대한 각종 통계를 정리하고 있는 자료를 말한다.

② **조사목적**: 각 분야에 대한 각종 통계자료를 정리·수록하여 미래예측 및 대안모색에 필요한 기초자료를 제공하고 대구의 변화와 발전 추이를 한눈에 볼 수 있도록 하기 위함이다.

③ **조사내용**: 토지 및 기후, 인구, 노동, 사업체, 농림수산업, 광업·제조업 및 에너지, 전기·가스·수도, 유통·금융·보험 및 기타서비스, 주택·건설, 교통·관광 및 정보통신, 보건 및 사회보장, 환경, 교육 및 문화, 재정, 소득 및 지출, 공공행정 및 사법, 전국통계, 국제 통계

④ **조사주기**: 매년

⑤ **자료출처**: 대구광역시청 정책기획관실(☎ 053-803-2601)
(http://www.daegu.go.kr)

6) 대구 달서구 통계연보

① 달서구 통계연보는 달서구의 인구·경제·문화·사회 등 각 분야에 걸쳐 가능한 기본적인 통계자료를 수집, 편찬한 자료를 말한다.

② **조사목적**: 인구·교육·경제·문화·교통·환경·공공행정 등 다양한 분야의 통계자료를 심층 분석하여 지역사회 발전의 디딤돌이 되기 위함이다.

③ **조사내용**: 연혁 및 특성, 토지 및 기후, 인구, 노동, 사업체, 농림수산업, 광업·제조업 및 에너지, 가스·수도, 유통·금융, 주택·건설, 교통·관광 및 정보통신, 보건 및 사회보장, 환경, 교육 및 문화, 재정, 공공행정 및 사법, 시정통계, 전국통계, 부록

④ 조사주기: 매년

⑤ 자료출처: 달서구청 정보통신과(☎ 053-667-2481)

    (http://www.dalseo.daegu.kr/pages/opendata/page.html?mc=2211)

7) 경상남도 통계연보

① 경상남도 통계연보는 경상남도의 각종 통계를 수록한 것으로 18개 부문 320여 개 항목의 통계자료를 총망라하고 있다.

② **조사목적**: 인구, 토지 등 도 기본현황 및 도내 경제, 사회, 교육, 문화, 환경 등 다양한 통계자료를 수록하여 정책수립 · 평가 업무의 기초자료로 활용 하기 위함이다.

③ **조사내용**: 연혁, 토지 및 기후, 인구, 노동, 사업체, 농림수산업, 광업 · 제조 업 및 에너지, 전기 · 가스 · 수도, 유통 · 금융 · 보험 및 기타서비스, 주 택 · 건설, 교통 · 관광 및 정보통신, 보건 및 사회보장, 환경, 교육 및 문화, 재정, 소득 및 지출, 공공행정 및 사법, 전국통계

④ **조사주기**: 매년

⑤ **자료출처**: 경남도청 정보통계담당관실(☎ 055-211-2575)

    (http://www.cng.go.kr/02cng/07_01.asp)

8) 경남 창녕군 통계연보

① 창녕군 통계연보는 창녕군의 각종 통계를 수록한 소속기관과 유관기관의 통계자료를 말한다.

② **조사목적**: 창녕군의 발전을 위한 주요 정책결정과 학계 등의 연구활동에 유용한 길잡이가 되고, 통계를 통해 미래예측 자료로 활용하고자 함이다.

③ **조사내용**: 토지 및 기후, 인구, 노동, 사업체, 농림수산업, 광업 · 제조업 및

에너지, 전기 · 가스 · 수도, 유통 · 금융 · 보험 및 기타서비스, 주택 · 건설, 교통 · 관광 및 정보통신, 보건 및 사회보장, 환경, 교육 및 문화, 재정, 소득 및 지출, 공공행정 및 사법, 전국통계, 국제 통계

④ 조사주기: 매년

⑤ 자료출처: 창녕군청 기획감사실(☎ 055-530-1094)

    (http://www.cng.go.kr/statistics/index.asp)

6. 기타

1) 한국 성인지 통계(2013)

① 한국의 성인지 통계는 한국여성정책연구원에서 발간하는 것으로 각종 통계와 지표는 통계청, 고용노동부 등 정부 각 기관과 기타 주요 기관에서 생산한 자료를 이용하여 작성한 자료를 말한다.

② 조사목적: 여성관련 사회통계 및 지표를 집대성함으로써 여성문제 연구자 및 정책입안자에게 필요한 정보를 제공하고, 기존통계의 원자료(raw data)를 여성관련 주요 변수별(성, 교육 정도, 혼인상태 등)로 재분석함으로써 여성의 상태를 다양하게 파악하며, 매년 여성관련 지표의 체계가 사회변화에 따라 재조정됨으로써 변화에 따른 여성의 지위상태를 정확히 평가하기 위함이다.

③ 조사내용: 인구, 가족, 보육, 경제활동, 보건, 복지, 정치 및 사회참여, 문화 및 정보 안전, 국제비교 등 11개 분야 209개의 지표 제공

④ 조사주기: 매년

⑤ 자료출처: 한국여성정책연구원(☎ 02-3156-7192)

    (https://gsis.kwdi.re.kr/gsis/kr/main.html)

2) 아동청소년정책지표

① 아동청소년정책지표란 아동·청소년을 대상으로 각종 폭력이나 손상, 불건전 가치관 등으로부터 보호하기 위하여 국내 아동·청소년의 전반적인 생활·문화·교육·안전·건강·정신·신체·가치관 등 다양한 영역에 관한 문항을 조사한 자료를 말한다.

② 조사목적: 아동·청소년의 현 상황을 인지하고 미래 장기정책 수립에 반영하기 위함이다.

③ 조사내용: 기본지표, 생활, 진로, 안전, 사회참여, 인권, 건강, 교육, 비행 등

④ 조사주기: 출처별로 상이함

⑤ 자료출처: 서울시(http://www.seoul.go.kr), 부산여성가족개발원(www.bwf.re.kr), 서울대학교 사회복지연구소(http://www.snuwelfare.or.kr/introduce/institute.htm), 보건복지부(http://www.mw.go.kr), 한국여성정책연구원(http://www.kwdi.re.kr), 초록우산어린이재단 아동복지연구소(http://www.childfund.or.kr)

3) 한국은행 조사통계월보

① 한국은행 조사통계월보는 한국은행이 한 달 동안 진행한 조사자료를 작성하여 발표하는 자료를 말한다.

② 조사목적: 한국은행은 조사통계월보, 연차보고서 등의 정기간행물과 다양한 조사연구자료를 발간하여 정부와 경제계에서 널리 활용할 수 있도록 하며 일반인들에게 경제의 움직임을 쉽게 이해할 수 있도록 돕는다.

③ 조사내용: 통화금융, 물가, 국제수지, 외채, 환율, 기업경기 및 소비자동향조사, 국민계정, 자금순환, 기업경영, 산업연관표

④ 조사주기: 월별

⑤ **자료출처**: 한국은행 경제통계시스템(http://ecos.bok.or.kr)

한국은행 조사국 조사총괄팀(☎ 02-759-4172), 통계조사팀(☎ 02-759-5608)

4) 한국감정원 전국주택가격동향조사

① 전국주택매매가격동향조사는 1986년도부터 「주택법」에 근거하여 실시하는 조사로 전국 263개 시·군·구의 거래 가능한 아파트, 단독주택, 연립주택(임대 제외)을 현장조사하여 해당 표본의 실거래가격 또는 유사표본의 실거래가격을 1주 간격, 1개월 간격으로 조사하는 것을 말한다.

② **조사목적**: 전국 주택 매매가격 및 전세가격의 변동과 시장동향을 조사분석하여 정책수립 등에 활용하고자 함이다.

③ **조사내용**: 아파트, 연립주택, 단독주택 등 매매가격지수, 전세가격, 매매동향, 변동률

④ **조사주기**: 월간, 주간(아파트 일부)

⑤ **자료출처**: 한국감정원 주택통계부(☎ 053-663-8510) (http://www.kab.co.kr)

5) 사회자본 형성실태(지역복지 활성화를 위한 사회자본 형성의 실태와 과제, 2008)

① 사회자본 형성실태에 관한 연구는 합리적이고 신뢰할 수 있는 공적 제도 및 자발적 시민조직들의 규범을 토대로 경제성장과 지속 가능한 사회발전을 도모하기 위한 사회자본 형성에 관한 실태와 과제를 연구한 자료를 말한다.

② **조사목적**: 사회자본의 이론적 논의를 통해 지역사회복지 발전과의 연관성을 설명하는 과정을 이해하고, 지방자치단체를 대상으로 사회자본의 수준과 지역별 차이를 실증적으로 살펴보면서, 지방자체단체의 사회자본 수준

과 관련되는 지역사회 변인들을 규명하며, 사회자본이 사회구성원들의 복
지수준에 어떻게 개입하는지를 살펴봄으로써 지역복지 활성화를 위한 정
책적 함의를 도출하기 위함이다.

③ 조사내용: 복지자원, 사회자본, 복지체감 모형분석, 지방자치단체 사회자
본형성 실태

④ 조사주기: 부정기적

⑤ 자료출처: 한국보건사회연구원(☎ 02-380-8000) (https://www.kihasa.re.kr)

고려대학교 부설 행동과학연구소 편(2006). 심리척도 핸드북 Ⅰ. 학지사.

고려대학교 부설 행동과학연구소 편(2006). 심리척도 핸드북 Ⅱ. 학지사.

김성숙, 김양분(2001). 일반화가능도 이론. 교육과학사.

김우형(2003). AHP 기법을 활용한 중소기업의 대중국 최적 진출방안 및 경영성과 만족
　　도에 관한 연구. 서강대학교 대학원 석사학위논문.

남찬기, 김병래(2003). AHP를 이용한 전자상거래 업체의 택배업체 선정 기준에 관한 연
　　구. 인터넷전자상거래연구, 3(1), 27-42.

남현우(2001). 검사동등화 방법. 교육과학사.

박정(2001). 다분 문항반응이론 모형. 교육과학사.

성태제 편역(1991). 문항반응이론 입문. Baker, F. B. 저. 양서원.

서초구립 반포종합사회복지관, 서울대학교 실천사회복지연구회-Praxis. (2008). 제2판
　　실천가와 연구자를 위한 사회복지척도집. 나눔의 집.

송지준(2009). 논문작성에 필요한 SPSS/AMOS 통계분석방법. 21세기사.

송지준(2012). Amos 통계분석방법. 21세기사.

송미순(2007). 노인건강 연구 도구집. 군자출판사.

엄명용, 조성우(2005). 사회복지실천과 척도개발: 표준화된 척도를 중심으로. 학지사.

이원주, 지은구(2015). 노인요양시설과 성과측정. 학지사.

이순목(2002). 사회과학을 위한 측정의 원리. 학지사.

이순목, 이봉건(2002). 설문, 시험, 검사의 제작 및 사용을 위한 표준. 학지사.

이정, 이상설(2005). 인터넷 쇼핑몰 이용자의 의식 및 이미지 특성 분석: 대학생을 중심으로. 산업경영시스템학회지, 28(3), 87-97.

전경원(2006). 유아의 심리 검사와 측정. 창지사.

조근태, 조용곤, 강현수(2005). 앞서가는 리더들의 계층분석적 의사결정. 동현출판사.

조준한, 김성호, 노정현(2008). 탐색적 요인분석을 이용한 도로특성분류에 관한 연구. 대한교통학회지, 26(3), 53-66.

지은구(2008). 사회복지평가론. 학현사.

지은구(2014). 사회복지경제와 측정. 도서출판 민주.

지은구, 이원주(2015). 노인요양시설과 성과측정. 학지사.

지은구, 김민주(2014). 복지국가와 사회통합. 청목 출판사.

지은구, 이원주, 김민주(2013). 지역사회복지관 서비스 품질관리척도 개발연구. 사회복지정책, 40(3), 347-374.

지은구, 이원주, 김민주(2014). 노인요양시설 서비스품질척도 타당도 연구. 노인복지연구, Vol. 66.

지은림, 채선희(2000). Rasch 모형의 이론과 실제. 교육과학사.

Anastasi, A. (1982). *Psychological Testing* (5th ed.). New York: Macmillan.

Andrews, F. M., & Withey, S. B. (1976). *Social indicators of well-being: Americans' Perceptions of life quality*. New York: Plenum Press.

Atkinson, A. B., Cantillon, B., Marlier, E., & Nolan, B. (2002). *Social indicators: The EU and Social Inclusion*. Oxford.

Babbie, E. (2007). *The practice of social research* (11th ed.). USA: Thomson Higher Education.

Bagozzi, R. P. (1980). *Causal models in marketing*. New York: Wiley.

Bagozzi, R. P. (1994). *The Advanced Methods of Marketing Research*. MA: Blackwell Publishers.

Barnette, J. J. (2000). Effects of stem and Likert response option reversals on survey internal consistency: If you feel the need, there is a better alternative to using those negatively worded stems. *Educational and Psychological Measurement, 60*(3), 361–370.

Bartholomew, D. J. (1996). *The Statistical Approach to Social Measurement.* London: Academic Press.

Bartholomew, D. J. (Ed.). (2006). *Measurement.* Volume I. London: Sage.

Bartholomew, D. J. (Ed.). (2006). *Measurement.* Volume II. London: Sage.

Bartholomew, D. J. (Ed.). (2006). *Measurement.* Volume III. London: Sage.

Bartholomew, D. J. (Ed.). (2006). *Measurement.* Volume. IV. London: Sage.

Bauer, R. A. (1966). *Social indicator.* Cambridge, MA: MIT ress.

Belson, W. A. (1981). *The design and understanding of survey questions.* Aldershot: Gower.

Berger–Schmitt, R., & Noll, H. H. (2000). Conceptual framework and structure of a European system of social indicators. EuReporting working paper No. 9. Mannheim: Centre for Survey Research and Methodology.

Bollen, K. A. (1989). A new incremental fit index for general structural equation models. *Sociological Methods & Research, 17*(3), 303–316.

Bollen, K., & Lennox, R. (1991). Conventional wisdom on measurement: A structural equation perspective. *Psychological bulletin, 110*(2), 305.

Brennan, R. L. (2006). *Educational measurement.* Praeger.

Cadogan, J. W., Souchon, A. L., & Procter, D. B. (2008). The quality of market–oriented behaviors: Formative index construction. *Journal of Business Research, 61*(12), 1263–1277.

Cambell, A., Converse, P. E., & Rodgers, W. L. (1976). *Quality of American life.* New York: Russell Sage Foundation.

Carmines, E. G., & Zeller, R. A. (1979) *Reliability and Validity Assessment.* Beverly Hills, CA: Sage Publications.

Carton, R. B. (2006). *Measuring organizational performance: Metrics for entrepreneurship and strategic management research.* Edward Elgar Publishing.

Clark, L. A., & Watson, D. (1995). Constructing validity: Basic issues in objective scale development. *Psychological assessment, 7*(3), 309.

Coltman, T., Devinney, T. M., Midgley, D. F., & Venaik, S. (2008). Formative versus reflective measurement models: Two applications of formative measurement. *Journal of Business Research, 61*(12), 1250–1262.

Comrey, A. L. (1988). Factor–analytic methods of scale development in personality and clinical psychology. *Journal of consulting and clinical psychology, 56*(5), 754.

Congdon, P. (2004). Commentary: contextual effects: index construction and technique. *International journal of epidemiology, 33*(4), 741–742.

Cook, T. D. & Campbell, D. T. (1979). *Quasi–experimentation: Design & analysis issues for field settings*. Chicago: Rand McNally.

Cook, J. D., Hepworth, S. J., Wall, T. D., & Warr, P. B. (1981). *The experience of work*. San Diego: Academic Press.

Corcoran, K. J., & Fischer, J. (1987). *Measures for clinical practice: A sourcebook. Simon and Schuster.*

Corcoran, K., & Fischer, J. (2000). *Measures for clinical practice* (3rd ed.). Volume 1. Couples, Families, and Children. New York: Free Press.

Cronbach, L. J. & Meehl, P. C. (1955). Construct validity in psychological tests. *Psychological Bulletin, 52*, 281–302.

DeVellis, R. F. (1991). *Scale development: Theory and application*. Sage Publications.

DeVellis. R. F. (2012). *Scale development: Theory and applications* (Vol. 26). Sage publications.

Diamantopoulos, A., & Winklhofer, H. M. (2001). Index construction with formative indicators. *Journal of Marketing Research, 38*, 269–277.

Diener, E., & Suh, E. (1997). Measuring quality of life: Economic, social, and subjective indicators. *Social indicators research, 40*(1–2), 189–216.

Campbell, D. T., & Russo, M. J. (2001). *Social Measurement*. Sage Classics 3, California: Thousand Oaks.

Esping-Andersen, G. (2000). Social indicator and welfare monitoring. Social Policy and Development Programme Paper No. 2.

European Commission. (2000). 'Structural indicators, Annex 2 to the Stockholm Report', Communication form the Commission, COM(2001), 79(final/2).

Eypasch, E., Williams, J. I., Wood-Dauphinee, S., Ure, B. M., Schmulling, C., Neugebauer, E., & Troidl, H. (1995). Gastrointestinal Quality of Life Index: development, validation and application of a new instrument. *British Journal of Surgery, 82*(2), 216-222.

Ferraz, M. B., Quaresma, M. R., Aquino, L. R., Atra, E., Tugwell, P., & Goldsmith, C. H. (1990). Reliability of pain scales in the assessment of literate and illiterate patients with rheumatoid arthritis. *The Journal of rheumatology, 17*(8), 1022-1024.

Floyd, F. J., & Widaman, K. F. (1995). Factor analysis in the development and refinement of clinical assessment instruments. *Psychological assessment, 7*(3), 286.

Fornell, C. D., & Larcker, F. (1981). Evaluating structural equation models with unobservable variables and measurement errors. *Journal of marketing research,* 39-50.

Fornell, C., & Bookstein, F. L. (1982). Two structural equation models: LISREL and PLS applied to consumer exit-voice theory. *Journal of Marketing research,* 440-452.

Gorsuch, R. (1983). *Factor analysis.* Hillsdale, NJ: L. Erlbaum Associates.

Gottman, J. M., & Leiblum, S. R. (1974). *How to do psychotherapy and how to evaluate it: A manual for beginners.* Holt, Rinehart & Winston.

Greenstein, T. N. (2001). *Methods of family research.* Thousand Oaks, CA: Sage.

Guilford, J. P. (1954). *Psychometric methods* (2nd ed.). New York, NY: McGraw-Hill.

Guttman, L. (1949). *The basis for scalogram analysis.* In S. A. Stouffer, L. Guttman, E. A. Suchman, P. F. Lazarsfeld, S. A. Star, & Clausen (Eds.), *Measurement and prediction*. Princeton, NJ: Princeton University Press.

Guttman, L. (1954). Some necessary and sufficient conditions for common factor analysis. *Psychometrika, 19,* 149–161.

Hair, J. F., Anderson, R. E., Tatham, R. L., & Black, W. C. (1998), *Multivariate data analysis* (5th ed.). Englewood Cliffs, NJ: Prentice Hall.

Harkness, J. A., Van de Vijver, F. J. R., & Mohler, P. P. (2003). *Cross–cultural survey methods.* NewYork: John Wiley & Sons.

Hajkowicz, S. (2006). Multi–attributed environmental index construction. *Ecological economics, 57*(1), 122–139.

Harrison, D. A., & McLaughlin, M. E. (1991). Exploring the cognitive processes underlying responses to self–report instruments: Effects of item context on work attitude measures. *In Academy of Management Proceedings.* Vol. 1991, No. 1 (pp. 310–314). Academy of Management.

Harvey, R. J., Billings, R. S., & Nilan, K. J. (1985). Confirmatory factor analysis of the Job Diagnostic Survey: Good news and bad news. *Journal of Applied Psychology, 70*(3), 461–468.

Haynes, S., Nelson, N. K., & Blaine, D. (1999). Psychometric issues in assessment research. In P. C. Kendall, J. N. Butcher, & G. Holmbeck (Eds.), *Handbook of research methods in clinical psychology* (pp. 125–154). New York: John Wiley & Sons.

Helliwell, J. F., Layard, R., & Sachs, J. (2014). *World happiness report 2013.* Earth Institute, Columbia University.

Henson, R. K. (2001). Understanding internal consistency reliability estimates: A conceptual primer on coefficient alpha. *Measurement and evaluation in counseling and development, 34*(3), 177.

Hill, N. (1996). *Handbook of customer satisfaction measurement.* Gower.

Hinkin, T. R. (1985). Development and application of new social power measure in superior–subordinate relationship. Unpublished doctoral dissertation, University of Florida.

Hinkin, T. R. (1995). A review of scale development practices in the study of organizations. *Journal of management, 21*(5), 967–988.

Hinkin, T. R., & Schriesheim, C. A. (1989), Development and application of new scales to measure the French and Raven (1959) bases of social power. *Journal of Applied Psychology, 74*(4), 561–567.

Hoek, J. A., & Gendall, P. J. (1993). A new method of predicting voting behaviour. *Journal of the Market Research Society, 35*(4), 361–373.

Holden, R. R., Fekken, G. C., & Jackson, D. N. (1985). Structured personality test item characteristics and validity. *Journal of Research in Personality, 19*(4), 386–394.

Hudson, W. W. (1982). *The clinical measurement package: A field manual.* Chicago: Dorsey Press.

Huskisson, E. C. (1974). Measurement of pain. *The Lancet, 304*(7889), 1127–1131.

Huskisson, E. C., & Scott, J. (1978). Trials of new anti–inflammatory drug. *Annals of the Rheumatic Diseases,* 37, 89–92.

Kaiser, H. F. (1960). The application of electronic computers to factor analysis. Educational and psychological measurement. *Educational and Psychological Measurement,* 20, 141–151.

Kenny, D. (2012). Measuring model. (http://davidakenny.net/cm/fit.htm).

Keeney, R. L., & Raiffa, H. (1976). *Decision anaysis with multiple conflicting objectives.* Wiley & Sons.

Keeney, R. L., & Raiffa, H. (1993). *Decisions with Multiple Objectives: Preferences and Value Tradeoffs.* Cambridge University Press.

Kiresuk, T. J. (1994). *Goal attainment scaling: applications, theory, and measurement.* Lawrence Eribaum Associates.

Kline, P. (1986). *A handbook of test construction: Introduction to psychometric design.* Methuen.

Kubiszyn, T., & Borich, G. (2003). *Educational Testing and Measurement.* New York: Wiley.

Lages, C., Lages, C. R., & Lages, L. F. (2005). The RELQUAL scale: a measure of relationship quality in export market ventures. *Journal of business Research, 58*(8), 1040-1048.

Likert, R. (1932). A technique for the measurement of attitudes. *Archives of Psychology, 22*(140), 1-55.

Linn, R. L. (2000). *Measurement and assessment in teaching.* Prentice Hall.

Linn, R. L., & Gronlund, N. E. (1995). *Measurement and Assessment in Teaching.* NJ: Prentice Hall.

Lipták, B. G. (1995). Process measurement and analysis. Butterworth Heinemann.

Liss, P. E. (1993). *Health care need: meaning and measurement.* Avebury.

Loevinger, J. (1957). Objective tests as instruments of psychological theory: Monograph supplement 9. *Psychological reports, 3*(3), 635-694.

Malhotra, N. K. (2006). *Basic marketing research: a decision-making approach.* NJ: Prentice-Hall.

Martin, L. L., & Kettner, P. M. (1997). Performance measurement: The new accountability. *Administration in Social Work, 21*(1), 17-29.

McDonald, R. P. (1999). *Test theory: A unified treatment.* Mahwah, NJ: Erlbaum.

Messick, S. (1989). Meaning and values in test validation: The science and ethics of assessment. *Educational researcher, 18*(2), 5-11.

Miller, D. C., & Salkind, N. J. (2002). *Handbook of research design and social measurement.* Sage.

Moon, M. (1977). *The Measurement of economic welfare: its application to the aged poor.* Academic.

Morrow, J. R. (1995). *Measurement and evaluation in human performance.* Human Kinetics.

Mullen, E. J., & Magnabosco, J. L. (Eds.). (1997). *Outcomes Measurement in the Human Services: Cross-Cutting Issues and Methods.* Washington, DC: NASW Press.

Netemeyer, R. G., Bearden, W. O., & Sharma, S. (2003). *Scaling procedures: Issues and applications.* CA: Sage.

Newman, W. L., & Kreuger, L. W. (2003). *Social work research methods: Qualitative and quantitative applications.* New York: Allyn & Bacon.

Nummally, J. C., & Bernstein, I. H. (1994). *Psychometric Theory.* New York: McGraw-Hill.

OECD. (2011). *Society at a glance 2011.* OECD Publishing.

Olson Jr, M. (1969). Social indicators and social accounts. *Socio-Economic Planning Sciences, 2*(2), 335-346.

Osterlind, S. J. (1983). *Test Item Bias.* Oxford: Oxford University Press.

Osterlind, S. J. (2006). *Modern measurement: theory, principles, and applications of mental appraisal.* Pearson Merrill Prentice Hall.

Redman, B. K. (2003). *Measurement tools in patient education.* Springer Pub. Co.

Robert, L. L., & Norman, E. G. (1995). *Measurement and assessment in teaching* (7th ed.). Prentice Hall.

Pedhazur, E. J., & Pedhazur S. L. (1991). *Measurement, design and analysis: An integrated approach.* Psychology Press.

Preston, C. C., & Coleman, A. M. (2000). Optimal number of response categories in rating scales: reliability, validity, discriminating power, and respondent preferences. *Acta psychologica, 104*(1), 1-15.

Price, J. L. (1972). *Handbook of organizational measurement.* D.C: Heath and Co.

Price, J. L. (1986). *Handbook of organizational measurement.* Ballinger Pub. Co.

Saaty, T. L. (1977). A scaling method for priorities in hierarchical structure. *Journal of Mathematical Psychology, 15*(3), 234-281.

Saaty, T. L. (1980). *The analytic hierarchy process.* McGrow.

Schmitt, N., & Stults, D. M. (1985). Factors defined by negatively keyed items: The result of careless respondents? *Applied Psychological Measurement, 9*(4), 367-373.

Schwarz, N., Hippler, H., Deutsch, B., & Strack, F. (1985). Response Scales: Effects of Category Range on Reported Behavior and Comparative Judgments. *Public*

Opinion Quarterly, Vol. 49, 388–395.

Schriesheim, C. A., & Hill, K. D. (1981). Controlling acquiescence response bias by item reversals: The effect on questionnaire validity. *Educational and psychological measurement, 41*(4), 1101–1114.

Schriesheim, C. A., & Eisenbach, R. J. (1991). Item wording effects on exploratory factor–analytic results: An experimental investigation. *In Proceedings of the 1990 Southern Management Association Annual Meeting* (pp. 396–398).

Schuman, H., & Presser, S. (1981). *Questions and answers in attitude surveys: Experiments on question form, wording, and context.* Sage.

Schwab, D. P. (1980). *Construct validity in organization behavior.* In B. M. Staw & L. L. Cummings (Eds.), *Research in organizational behavior* (Vol. 2, pp. 3–43). Greenwich, CT: JAI Press.

Schwarz, N. (1999). Self–reports: how the questions shape the answers. *American psychologist, 54*(2), 93.

Schwarz, N., & Hippler, H. J. (1995). Subsequent questions may influence answers to preceding questions in mail surveys. *Public Opinion Quarterly, 59*(1), 93–97.

Seymour, R. A., Simpson, J. M., Charlton, J. E., & Phillips, M. E. (1985). An evaluation of length and end–phrase of visual analogue scales in dental pain. *Pain, 21*(2), 177–185.

Sharma, S. (1996). *Applied multivariate techniques.* New York: John Wiley & Sons.

Shepard, L. A. (1993). Evaluating Test Validity. *Review of Research in Education, 19*, 405–450. Provides examples of applications of construct validity principles to the valuation of test use.

Simmons, R. (2000). *Performance measurement & control systems for implementing strategy: test & cases.* Prentice Hall.

Stevens, S. S. (1946). On the theory of scales of measurement. *Science, New Series, 103*(2684), 677–680.

Steven, J. (1996). *Applied multivariate statistics for the social sciences.* Mahwah, NJ: Lawrence Erlbaum Associates.

Strauss, J. S., & Carpenter, W. T. (1972). The prediction of outcome in schizophrenia: I. Characteristics of outcome. *Archives of General Psychiatry, 27*(6), 739–746.

Streiner, D. L. (1998). *Health measurement scales: a practical guide to their development and use.* Oxford University.

Streiner, D. L., & Norman, G. R.. (2003). *Health measurement scales: a practical guide to their development and use* (3rd ed.). Oxford University Press.

Streiner, D. L., Norman, G. R., & Cairney, J. (2003). *Health measure scales.* Oxford University Press.

Strijov, V., & Shakin, V. (2003). Index construction: the expert–statistical method. *Environmental research, engineering and management, 26*(4), 51–55.

Swanson, R. A., & Holton, E. F. (2005). *Research in organizations: Foundations and methods in inquiry.* Berrett–Koehler Publishers.

Thorndike, R. M. (2005). *Measurement and evaluation in psychology and education* (7th ed.). Pearson Merrill Prentice Hall.

Van den Bosch, K. (2001). *Identifying the Poor. Using subjective and Consensual methods.* Aldershot: Ashgate.

Van Praag, B., Hagenaars, A. J., & Weern, H. (1982). Poverty in Europe1. *Review of Income and Wealth, 28*(3), 345–359.

Veenhoven, R. (2002). Why social policy needs subjective indicators. *Social Indicators Research, 58*(1–3), 33–46.

Viswanathan, M. (2005). *Measurement error and research design.* Sage.

Weiss, C. H. (1998). *Evaluation* (2nd ed.). Upper Saddle River, NJ: Prentice–Hall.

Worthington, R. L., & Whittaker, T. A. (2006). Scale development research a content analysis and recommendations for best practices. *The Counseling Psychologist, 34*(6), 806–838.

Wright, D. B., Gaskell, G. D., & O'Muircheartaigh, C. A. (1994). How much is 'Quite a bit'? Mapping between numerical values and vague quantifiers. *Applied Cognitive Psychology, 8,* 479–496.

Zapf, W. (1979). Applied social reporting: A social indicators system for West German Society. *Social Indicators Research, 6*(4), 397–419.

Zikmund, W. G., Babin, B. J., Carr, J. C., & Griffin, M. (2010). *Business Research Methods*, South–Western, College Pub, 8th edition.

찾아보기

내용

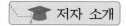 **저자 소개**

■ **지은구**(Ji, Eun Gu) __ 사회복지학 박사

현 계명대학교 사회복지학과 교수

〈주요 저서 및 역서〉
사회복지경제학연구(문화관광부선정 우수학술도서, 청목출판사, 2003)
사회복지프로그램개발과 평가(학지사, 2005)
사회복지행정론(청목출판사, 2005)
자본주의와 사회복지(청목출판사, 2006)
사회복지조직연구(청목출판사, 2006)
사회복지평가론(학현사, 2008)
사회복지재정연구(집문당, 2010)
비영리조직 성과관리(나눔의 집, 2012)
비영리조직변화연구(청목출판사, 2012)
사회복지경제분석론(청목출판사, 2013)
사회복지경제와 측정(도서출판 민주, 2014)
지역사회복지론(공저, 학지사, 2009)
사회서비스사례조사연구(공저, 청목출판사, 2009)
사회복지서비스 재정지원방식(공저, 청목출판사, 2009)
사회복지서비스의 특성과 이용자재정지원(문화체육부 선정 우수학술도서, 공저, 나눔의 집, 2010)
복지국가와 사회통합(공저, 청목출판사, 2014)
바우처와 복지국가(학술원선정 우수학술도서, 공역, 학지사, 2009)
프로그램평가와 로직모델(공역, 학지사, 2012)

〈주요 논문〉
Eun-gu Ji. 2006. A study of the structural risk factors of homelessness in 52
metropolitan areas in the U.S. *International Social Work 49*(1), 107–117 외 다수

■ **김민주**(Kim, Min Joo) __ 사회복지학 박사

전 창신대학교 사회복지학과 겸임교수
현 계명대학교 사회복지학과 BK21 플러스 지역사회통합인재양성사업단 연구교수

〈주요 저서〉
사회복지프로그램개발과 평가(공저, 공동체, 2009)
사회복지개론(공저, 공동체, 2010)
사회복지행정론(공저, 형설출판사, 2011)
장애인복지론(공저, 공동체, 2012)
사회복지현장실습(공저, 형설출판사, 2012)
복지국가와 사회통합(공저, 청목출판사, 2014)

〈주요 논문〉
돌봄 서비스 제공인력의 이직의도에 미치는 영향에 관한 비교연구(2015)
노인요양시설 서비스품질척도 타당도 연구(2014), 지역사회복지관 성과관리측정척도 타당도 연구(2014)
사회복지사가 인지하는 사회적 자본 지표개발과 타당도 연구(2014) 외 다수

사회복지 측정도구의 개발과 실제
Development and practice
of Social Welfare measurement

2015년 10월 5일 1판 1쇄 인쇄
2015년 10월 10일 1판 1쇄 발행

지은이 • 지은구 · 김민주
펴낸이 • 김진환
펴낸곳 • (주) **학지사**

121-838 서울특별시 마포구 양화로 15길 20 마인드월드빌딩
대표전화 • 02)330-5114   팩스 • 02)324-2345
등록번호 • 제313-2006-000265호

홈페이지 • http://www.hakjisa.co.kr
페이스북 • https://www.facebook.com/hakjisa

ISBN 978-89-997-0811-4   93330

정가 18,000원

인터넷 학술논문 원문 서비스 **뉴논문** www.newnonmun.com

이 도서의 국립중앙도서관 출판시도서목록(CIP)은 서지정보유통지원시스템
홈페이지(http://seoji.nl.go.kr)와 국가자료공동목록시스템(http://www.
nl.go.kr/kolisnet)에서 이용하실 수 있습니다.
(CIP 제어번호: CIP2015025715)